은퇴대국의 빈곤보고서

은퇴대국의 빈곤보고서

초판 1쇄 | 2011년 6월 15일
     6쇄 | 2012년 4월 11일

지 은 이 | 전영수
펴 낸 이 | 김성희
펴 낸 곳 | 맛있는책

출판등록 | 2006년 10월 4일(제25100-2009-000049호)
주소 | 서울시 광진구 중곡동 639-9 동명빌딩 7층
전화번호 | 02-466-1207
팩스번호 | 02-466-1301
전자우편 | candybook@gmail.com

ISBN : 978-89-93174-15-1 03330

Copyright©Candybook, 2011, printed in Korea
이 책의 저작권은 저자와 출판사에 있습니다.
서면에 의한 저자와 출판사의 허락 없이 책의 전부 또는 일부 내용을 사용할 수 없습니다.

일본에선 지금 무슨 일이 일어나고 있는가?
곧 당신에게 닥칠 충격적인 미래!

은퇴대국의 빈곤보고서

· 전영수 지음 ·

맛있는책

프롤로그 • • • • •

지금 일본에서는
무슨 일이 일어나고 있는가?
자본주의와 노후빈곤, '그 필연적 귀결'

250년 자본주의 역사가 요즘 도마에 올랐습니다. 근대적 의미의 시장경제와 관련된 자유주의 이데올로기는 경제학의 아버지로 불리는 아담 스미스Adam Smith가 정리했습니다. 대표작 『국부론』이 1776년에 출간됐으니 얼추 그 정도 시간이 흐른 셈이죠. 이후 자본주의는 여러 번 변신합니다. 20세기 초까지 사회주의와 다퉜고, 와중에 자본주의 안에서도 내적 진화를 시도합니다. '보이지 않는 손'이 작용하도록 시장에 많은 걸 맡겨두면 최적효율균형가격과 후생증대를 달성할 것이라는 믿음은 자본주도적인 산업화의 극단적 부작용이 분출되며 대공황1929년이라는 재앙을 낳았습니다. 케인지안으로 불리는 신고전학파가 등장하는 배경이에요.

유효수요를 일으켜 완전고용을 달성하자는 케인지안의 운영철학은 1960년대 후반까지 비교적 파워풀한 설명력을 자랑하며 건재합니다. 막대한 재정정책으로 시중에 유동성을 공급하면 그것이 돌고 돌아 가계소득을 늘려주었기 때문이죠. 다만 화무십일홍이라 했던가요? 케인지안의 득세는 1970년대 세계적인 경기침체로 흔들리기 시작합니다. 돈을 풀었는데도 물가상승 경기는 진작되지 않는 경기침체 딜레마에 빠지게 된 겁니다. 스태그플레이션이라고 하죠. 이때 혜성처럼 등장한 자본주의 진화모델이 통화주의학파 공급중시학파 · 한계효용학파 · 시카고학파 등으로 불림입니다. 이들은 국가금고를 훼손하는 재정정책 대신 부담 없는(?) 통화정책을 중시하죠. 금리변화로 시중유동성을 적절히 관리하면 케인지안의 한계를 극복할 것으로 내다봤습니다.

이 진화모델은 위기의 자본주의를 구해냈습니다. 1970년대 내내 모델을 가다듬다 1980년대부터 지배적인 자본주의시스템으로 채택됩니다. 영국의 대처와 미국의 레이건, 그리고 일본의 나카소네가 국가운영의 기본철학으로 이를 받아들이죠. 요컨대 '신자유주의'입니다. 통화정책을 뿌리에 두고 민영화 · 규제완화 · 감세 등의 시장친화적인 경제정책을 강조합니다. 세계시장은 빠른 속도로 열렸으며, 뭉쳐졌고, 또 커졌습니다. 1990년대엔 자본주의의 대척점에 놓였던 사회주의권마저 자멸하며 '자본주의의 승리'에 일조했습니다. 샴페인은 멋지게 터졌고 자본주의 국가그룹은 이에 도취했습니다. 시장은 점점 확대됐고, 기업은 점점 커졌습니다.

2008년 질주하던 신자유주의가 드디어 사고를 내고 말았습니다. 그것도 아주 결정적이고 치명적인 사고를 냈습니다. 금융위기입니다. 사실 금융위기는 사고 중에도 아주 고약한 인재였죠. 상위 1%가 하위 99%를 쥐락펴락하며 그들의 푼돈조차 털어내려던 저질범죄에 가까웠습니다. 고삐 풀린 자본에게 도덕은 없었고, 공동체는 없었으며, 공익은 없었습니다. 오직 탐욕과 독점, 그리고 선민의식만 있었을 뿐입니다. 다시 자본주의 대안모델이 요구되기 시작했습니다. 시장에 맡겼더니 적자생존·승자독식만 기능할 뿐 경제학의 '경세제민 經世濟民'은 철저히 무시됐기 때문입니다. 행복하도록 태어난 자연적인 생명이 시장이 만든 인위적인 빈곤 앞에 끝없이 좌절하는 모습이 일상풍경이 됐습니다. 일자리는 없고, 있어도 불안해졌습니다. 편 가르기로 차별은 일상적인데 미끄러진 하류인생에겐 올라갈 사다리조차 없습니다. 이들에게 복지는 애초부터 '그림의 떡'입니다.

일본은 부자나라입니다. 요즘 무섭게 성장 중인 중국득세에 좀 밀렸지만 여전히 세계최고의 파워국가 중 하나입니다. 그 원천은 역시 경제력입니다. 대외채권약 8조 달러만 볼까요. 천문학적입니다. 비유하면 한국이 1년간 번 돈을 안 쓰고 모아도 8년이 넘어야 되는 규모죠. 전체국부는 8,560조 엔2006년에 달합니다. 조兆 다음이 경京이니 원화라면 경으로 해석될 수밖에 없는 어마어마한 돈입니다. 일각에선 일본위기론을 내세우며 더 이상 한국의 경쟁상대가 아니라고들 합니다만, 이런 점 때문에 한 꺼풀만 더 깊이 들어가 보면 절대 만만찮은 나라란 것을 많은 이들이 공감할 수밖에 없죠. 물론 과소평가를 할 근거도 과대평가를 할 이유도 없습니다. 있는 그대로의 일본을 보는 것만으로도 한국에겐 적잖은 반면교사와 벤치마킹의 가능성을 제공하기 때문이죠.

시선을 좀 좁혀 이제 일본가계 상황을 살펴보시죠. 부자나라니 당연히 부자국민일 겁니다. 1인당 GDP가 4만3,000달러_{2010년}라니 두말할 필요가 없습니다. 보유자산을 한번 볼까요? 일본가계는 금융자산만 1,500조 엔 안팎입니다_{부채 제외}. 부동산 등 실물자산은 뺀 수치죠. 실로 어마어마한 자산가들입니다. 부자국민의 존재감은 일본을 국가부도 위기로부터 구해주기도 합니다. 가계부문의 순수 금융자산은 900조 엔 정도인데 공교롭게도 이게 일본의 국가부채와 딱 겹칩니다. 국채물량의 93%를 가계부문이 보유하고 있어 다른 나라처럼 해외채권자의 빚 독촉에 시달릴 이유가 없죠. 착한 부자국민이 기꺼이 빚을 내주고 있기 때문입니다.

그런데 요즘 일본사회가 곳곳에서 삐걱댑니다. 그것도 아주 심각한 지경의 파탄신호가 날이 갈수록 위험수위에 달하는 모습입니다. 부자나라·부자국민의 이미지와는 영 딴판일 정도죠. 격차사회·워킹푸어·네트카페 난민·위장청부·파견해고·무연사회_{고독사} 등 2000년대 중반부터 가난에 찌든 패자그룹의 갈등양상이 일본사회를 혼란에 빠트리고 있습니다. 한 마디로 요약하면 '격차심화'입니다. 이것이 신뢰붕괴, 사회분열, 복지파탄 등의 사회적 열화를 한층 심화시키고 있죠. '근로격차→소득_{자산}격차→소비격차→교육격차→건강격차→미래격차→희망격차' 등 최악의 악순환고리까지 움직이기 시작했습니다. "주먹밥이 먹고 싶다"며 아사한 사람마저 생겨났죠. 2010년 여름엔 전기료가 없어 열사병으로 사망한 고령자가 넘쳐났습니다.

그렇다면 그 이유가 뭘까요? 풍요로움이 넘쳐나는 부자나라에서 이들 기초생활조차 보장받지 못하는 빈곤국민이 양산되는 까닭은 뭘까요? 여러 이유가 있겠습니다만, 요약하면 복지시스템의 취약기반 및 기능부전이 가장 큰 배경일 겁니다. 일본은 원래 특이한 자본주의였습니다. 종업원 복지주의로도 불리는 일종의 케인지안 모델을 자국에 맞게 수정·진화시킨 형태였죠. 이때 복지모델은 기업사회로 압축됩니다. 종신고용·연공서열로 연령에 맞춰 생활급을 지급하며 복지수요를 기업이 도맡았습니다. 대신 정부는 기업성장을 위한 여러 특혜를 제공했죠. 정부복지의 기업위탁 형태였습니다. 때문에 일단 회사에만 입사하면 내집마련사택·자녀교육회사지원·노후자금퇴직금 등의 생애자금이 한 세트로 해결됐습니다. 별도로 돈을 모을 필요조차 없었죠. 이들 대기업·정규직 케이스가 아니면 엄청난 재정자금을 풀어 일자리를 보장해줬습니다. 농촌지역 공공투자가 그렇습니다. 주로 지방산업·중소기업·농촌지역의 일자리는 이렇게 정부재정으로 해결됐습니다. 이도 저도 안 될 때는 그래도 정부가 나서야 했습니다. 복지안전망의 최저기반인 생활보호제도가 그렇죠. 고령자·환자·모자가정 등 누가 봐도 근로능력이 떨어지는 경우에 한정해 선별적 복지지원이 기능했습니다.

결국 일본의 복지모델은 기업복지, 공공투자, 최후복지 등 이렇게 3대 요소로 이뤄졌습니다. 수혜비율로 보면 각각 60%, 30%, 10% 정도 될 겁니다. 결국 진짜 필요한 최후복지는 원래부터 일본열도에 별로 없었다고 보면 됩니다. 일본 복지모델의 핵심은 기업복지와 이를 뒷받침하는 공공투자가 핵심기둥이었기 때문이죠. 그런데 2000년대 이후 신자유주의가 도입되면서 많은 게 달라집니다. 앞서 설명한 대로 시장에 모든 걸 맡기면서 효율만이 최대가치로 부각됐습니다. 시장효율을 내세워 그나마 기능하던 복지체계를 순식간에 뒤틀어놓습니다. 유연화라는 이름으로 노동시장엔 비정규직이 쏟아집니다. 고용 없는 성장으로 일자리는 더 줄었죠. 경쟁논리에서 뒤지면 차별대우는 당연했고, 한번 미끄러지면 사다리는 없어져버렸습니다. 복지에 국가책임은 해체됐습니다. 필요한 건 본인책임에 따라 스스로 해결하는 작동원리가 그 자리를 대신했습니다. 탈락자와 패배자가 급증했습니다. 한편 이들을 보살펴야 할 선진국 일본의 복지망은 이미 위약할 대로 위약해졌습니다. 재정삭감이라는 이름으로 연금·의료·개호간병·생활보장은 한층 피폐해졌습니다. 2000년대 중반 이후 처절한 생활고에 고군분투 중인 일본가계가 급증한 이유입니다.

그 최우선의 피해계층이 바로 고령자들입니다. 65세 이상 고령인구는 흔히 부자로 알려졌습니다. 경제성장의 과실을 그대로 누려 유유자적의 노후생활이 가능할 것으로 기대됐기 때문이죠. 살아가기 팍팍해진 후속세대가 상대적 박탈감과 함께 세대갈등을 느낄 정도로 행복한 집단으로 그려졌습니다. 하기야 1,500조 엔의 금융자산 중 60% 이상이 노인 몫이니 오죽할까요? 실제 연금소득만으로 금전부담 없이 평생을 즐기는 노인인구가 적잖습니다. 다만 이는 평균치의 함정일 뿐입니다. 실제로 살펴보면 한계빈곤 상황에서 기초적인 의식주조차 해결하기 힘든 일본노인이 더 많습니다. 3층이라고 불리는 탄탄한 연금제도지만 턱없이 적은 액수저연금를 받거나 아예 못 받는무연금 노인들이 적잖죠. 절반가량은 또 모아둔 돈도 전혀 없습니다. 그런데 신자유주의는 이들에게 최소한의 인간적 생존권인 사회안전망마저 줄여버렸습니다. 기대했던 연금은 재정고갈로 힘들어졌고수급연령 연장조치, 일을 더하고 싶어도 기업의 정년제도는 여전히 60세에 묶여 있습니다. 이로써 평생을 열심히 일했으니 은퇴 이후엔 여유로운 삶을 살겠다는 꿈은 헛된 바람이 됐습니다. 돈이 없으면 죽을 수밖에, 혹은 죽기 위해서조차 돈이 필요한 사회가 돼버렸습니다.

최근 몇 년 새 일본노인의 궁핍하고 위험한 노후생활이 부쩍 강조되는 추세입니다. '설마' 했던 언론조차 대대적인 빈곤노인의 실상에 메스를 대는 모습입니다. 2010년 NHK가 '무연사회'를 히트시킨 배경도 여기에 있습니다. 충격은 엄청났습니다. 부자일본의 자존심을 한순간에 꺾어버릴 정도로 빈곤노인의 삶은 처절했습니다. 고립공포 속에 외롭게 죽는 이가 수두룩했습니다. 그런데도 돈 앞에 가족은 허무하게 해체됐습니다. 일본의 자랑거리였던 지역공동체는 파괴됐습니다. 도쿄주택가엔 적잖은 수의 흉가마저 생겨났죠. 준비 안 된 회사인간의 노후생활도 문제투성이였습니다. 몬스터로 불리며 왜곡된 망주妄走·폭주暴走노인이 쏟아지고 있습니다. 반면 필요한 노후자금은 나날이 증가세입니다. 인생최후의 쇼핑이라는 장례비용은 부르는 게 값이고, 개호지옥으로 불리는 노환비용은 억 엔 단위를 훌쩍 넘어설 정도죠. 죽음에도 목돈이 필요한 사회가 돼버린 셈입니다. 이들에게 노후자금 확보는 길 없는 곳에서 길을 찾아야 하는 허무한 미션이 돼버렸습니다. 그나마 연금이 있다면 좀 낫습니다. 물론 큰 도움이 되지는 않지만 말입니다. 결국 평생현역을 통해 근로소득을 확보하는 게 금전압박의 유일한 해결책인데 아직은 갈 길이 멀어 보입니다.

한마디로 정리하면 '은퇴대국의 빈곤보고서'는 현대일본의 노인빈곤 자화상입니다. 물론 문제제기의 출발이 현대일본의 노인빈곤일 뿐 실상 그 흐름과 여파는 사회전체를 관통하는 중대이슈로 귀결될 수밖에 없다는 점을 강조하고 싶습니다. 어쩌면 노후난민이란 타이틀로 우려되는 지금의 청년세대 모두에게 한층 중대한 사회경제적 현상이란 의미죠. 게다가 시간이 별로 없다는 우려도 구체적입니다. 지금 일본에서 일어나고 있는 자본주의의 치명적 딜레마와 그 충격을 고스란히 받는 중산층 이하 계층의 빈곤과 좌절문제야말로 곧 한국의 오늘·내일이슈와 크게 다를 게 없기 때문입니다. 아직 목격되지 않았다고 안도할 이유도 없습니다. 그야말로 순식간에 닥칠 파도이기 때문입니다. 지금은 위기와 기회가 공존합니다. 특히 청년 등 현역세대라면 위기를 기회로 바꿀 타이밍입니다. 한국의 내일, 본인의 장래를 즐겁고 넉넉한 풍경으로 스케치하고 싶다면 그 출발은 지금이어야 합니다. 다행스럽게도 '은퇴대국의 빈곤보고서'는 그 힌트를 제공한다고 생각합니다.

보다 구체적으로 이제 시선을 한국으로 돌려 살펴보시죠. 어떻습니까? 우스갯소리로 살림살이 좀 나아지셨습니까? 아마도 대부분은 더 힘들어졌을 겁니다. 힘들어질 수밖에 없는 경제논리·상황배경이 지속되고 있기 때문이죠. 흔히 일본의 오늘이 한국의 내일이라는 비유를 많이들 합니다. 경제규모나 성장속도를 감안할 때 한발 앞선 일본사례가 적잖은 시사점을 제공하기 때문이죠. 그런데 최소한 복지와 빈곤현실만 놓고 보면 한국이 일본보다 훨씬 빠른 것 같습니다. 몇몇 수치통계는 위험하다는 일본보다 훨씬 심각한 상태로 이미 붕괴징후가 목격된 경우마저 있습니다. 격차심화나 가족해체, 세대갈등, 결혼회피 등의 일부지표가 그렇습니다.

또 하나 지적하지 않을 수 없는 게 은퇴 이후의 생활준비입니다. 일본처럼 3층의 연금구조가 없고, 정년연장 관행조차 없으며, 지역사회의 공동체의식마저 부족한 한국에서 은퇴 이후는 곧 절대고독 · 빈곤영역으로의 추락을 의미할 뿐입니다. 그런데도 준비할 여력이 없는 게 또 현실입니다. 다만 한국의 위기사례는 그만큼 대접을 받지 못하는 느낌입니다. 어느 사회에서든 존재하는 노인사회의 절대빈곤 사례일 뿐 본인과는 거리가 멀다고 생각하는 사람이 적잖습니다. 힘들긴 해도 내 삶은 결코 뉴스 속 노인빈곤과는 다를 것으로 여기려는 심리입니다. 일부사례로 전체내용을 동일시하려는 일반화의 오류를 경계하는 시각입니다.

맞는 지적입니다. 일부로 전체를 설명해서는 곤란합니다. 하지만 그 일부가 중대한 시그널이면서 점차 확대되는 중이라면 얘기는 달라집니다. 일본노인의 은퇴 이후를 다룬 이 책의 내용은 더 이상 소수이슈가 아닙니다. 일부인 줄 알았는데 곰곰이 살펴보니 이미 말단세포까지 광범위하게 퍼진 맹독의 사회질환으로 확인됐기 때문입니다. 이런 점에서 우리는 어쩔 수 없이 일본에게서 반면교사와 벤치마킹의 교훈을 얻을 때가 됐습니다. 이대로라면 그렇잖아도 고령화속도가 빠른 한국에 대응시간조차 없는 무차별의 노후지옥이 펼쳐질 수밖에 없습니다. 부자일본이 이 정도인데 한국은 한층 열악해질 수밖에 없습니다.

서둘러 방법을 찾을 때가 됐습니다. 노후자금 마련이라면 대부분 주식 · 부동산 등 자산운용을 생각하는데, 이 오해로부터 벗어날 때도 됐습니다. 가장 중요한 건 근로소득의 확보입니다. 본연의 직업완성도를 높여 평생현역의 삶을 살아갈 때 자금압박 없는 건전한 인생 2막이 펼쳐집니다. 돈만 있다고 노후생활이 즐겁지는 않기 때문입니다. 무엇보다 빈곤노후를 해결할 사회전반의 공감확대와 제도수정이 필요해 보입니다. 지금의 복지모델과 사회안전망에는 결함이 많습니다. 더 이상 자기책임으로 복지의무를 전가해서는 곤란합니다. 신자유주의의 충격적인 부작용에서 확인되듯 행복과 후생을 업그레이드시킬 새로운 프레임이 필요합니다. 이게 무엇이든 그 지향점은 '인간성 회복'에 포커스를 맞춰야 할 것입니다. 그랬을 때 비로소 자본주의 밑거름을 제공한 아담 스미스도 지하에서 웃을 것입니다. 그간 본인이 일찌감치 언급한 인간성 중시경제『도덕감정론』대신 시장경제의 작동원리『국부론』에만 편향·강조된 억울함에서 벗어날 수 있기 때문입니다.

  일본노인을 지배하는 빈곤실상은 동시대를 살아가는 한국이 어떤 방향으로 나아가야 하는지, 그리고 개별가계는 어떤 준비를 해야 하는지 다시 한번 생각하게 합니다. 분명 힘들고 어려운 과제이며 또 피해갈 수 없어 더 고약한 숙제입니다. 기회가 허락한다면 다음에는 이와 관련된 후속내용을 다루고 싶습니다. 이런 점에서 책은 빈곤현상과 실상에 주로 주목할 뿐 구체적인 대안마련이 없다는 점이 한계로 지적될 것입니다. 책은 일본의 주요언론 기사와 전문가의 관련저서, 그리고 각종통계를 기초로 했습니다. 2010년 1년 동안 일본현지에서 듣고 보고 배운 것들이 큰 도움이 됐습니다. 많은 이들이 도움을 주셨습니다. 고개 숙여 감사함을 전합니다. 무엇보다 가족의 묵묵한 도움이 컸습니다. 서현과 현우, 그리고 아내에게 큰 빚을 졌습니다.

전영수

차례

프롤로그 • 4

1 / 무연사회
고독사와 가족해체, 그리고 재구성

무연사회의 첫 희생자 '외롭게 죽는 인생' • 19
확대재생산의 고립공포 '한숨의 노처녀·노총각' • 25
삶과 돈의 불협화음 '죽은 자는 말이 없다!' • 31
지역공동체의 파괴 '마츠리에 끈이 사라졌다!' • 40
도쿄주택가의 흉가비밀 '사라진 주인은 어디로?' • 47
무연사회 비즈니스 '눈물과 고독이 수익기회' • 54
현대 일본가족의 재구성 '한 지붕 여러 가족' • 58

2 / 불편과 왜곡
'최소불행사회'의 망주·폭주노인

노인대국에서 찾는 꽃집과 병원의 경제학 • 67
구매난민 급증 '돈 있어도 살 수 없는 세상' • 76
고령타깃 악질사기에 '노인지갑 속수무책' • 90
낮은 담을 비웃는 무거운 커튼 • 97
'몬스터'로 불리는 불편한 망주(妄走)노인 • 100
범죄유혹에 빠지는 질주하는 폭주노인 • 107
노년의 친구교제 붐 '속내를 공유하자!' • 117

3 / 목돈압박
돈 걱정에 두 번 죽는(?) 일본노인

실버산업의 진실 '황금알 vs 거품론' • 125
실버재화의 러브콜 '안 사자니 불편하고' • 135
벌벌 떠는 장례비용 '돈 깔고 누운 인생최후' • 145
슬픈 블루오션 '죽음에 돈이 있다!' • 153
늙으면 아프다는데 '준비상황은 무방비' • 161
무차별 간병지옥 '노환비용 5년에 1억 엔' • 166
커지는 노노격차 '부자노인 vs 빈곤노인' • 175

4 / 노후자금
길 없는 곳에서 길 찾기

시장규모 50조 엔 '상속에서 갈리는 은퇴 이후' • 185
치열해진 재산분쟁 '경기침체로 유산의존 증가' • 191
날개 단 용돈펀드 '고령고객 눈높이에 제격' • 199
위기의 실버창업 '60세 넘으면 언감생심' • 208
자영업자 노후위기 '국민연금조차 그림의 떡' • 214
과도한 저축의존 '쓰나미가 남긴 개인금고' • 225
은퇴 이후 적자장부 '믿을 건 저축인출?' • 231
출구 없는 노후난민 '인생 2막의 공포' • 240
무너진 금융이론 '노인이 주식을 왜 사지?' • 251

5 연금의존
똑같은 일벌레의 처지는 인생후반

연금선진국 일본의 '고령가구 평균가계부' • 265
일본가계의 노후기반 '3층 구조의 연금비밀?' • 275
허상의 모델연금 '분식된 연금계산법' • 287
세수갈등과 연금감액 '연금생활자 때리기' • 299
노후난민 300만 예약 '공적연금 사각지대' • 305
팽배한 연금불신 '사라진 내 연금은?' • 314
기업연금의 배신(?) '믿었던 내 노후는 어쩌고' • 324

6 고령근로
숙명이 돼버린 평생현역의 길

늙은 일본의 고민 '장수국가의 딜레마 풀기' • 337
퇴직 이후 빈부격차 관건은 '근로소득 보유여부' • 344
㈜일본의 신화붕괴 '사라진 회사의 노후 책임' • 350
고령근로의 힘 '84세에 월 25만 엔 근로소득' • 358
거세지는 정년무용론 '연령차별 없는 평생현역' • 365
정년연장 현주소 '제도는 좋은데 현실은 글쎄' • 374
노후웃음의 전제조건 '정년연장 위해 필요한 것' • 384
정년연장 모범기업 '베테랑을 모시는 이유' • 392

· 제1부 ·

무연사회
고독사와 가족해체, 그리고 재구성

무연사회의 첫 희생자
'외롭게 죽는 인생'

무연사회無緣社會.

일본사회가 고독에 빠졌다. 제일 큰 이유는 가난문제다. 돈이 없으니 인간관계마저 끊어진 것이다. '독신=가난' 항등식의 성립이다. 요컨대 홀로 사는 이유가 돈 문제라는 얘기다. 지금은 노인인구에 포커스가 맞춰지지만, 그 연령은 계속 낮아진다.

여기서 충격적인 사건·사고는 시작된다. 생계형 범죄부터 아사餓死·자살로까지 이어진다. 공통점은 '외로운 죽음'이다. 고독사孤獨死. 주요언론은 이를 '무연사회無緣社會'의 확대로 이해한다. 고독사가 부각된 2010년을 계기로 무연사회 후폭풍은 일본사회를 뜨겁게 달구고 있다. 문제는 시스템과 인식변화가 없는 한 마땅한 방법이 없다는 점이다.

한편에선 고독을 비즈니스로 연결시킨 신종사업도 각광이다. 풍족했던 과거를 그리는 노스탤지어는 이미 중요한 성공키워드 중 하나다. 과

거의 전성기를 떠올리며 회상에 잠길 수 있는 기회를 제공하는 사업모델은 고독을 치유한다는 점에서 인기가 높다. 고독과 소외를 경감하는 자발적인 연대부활적인 움직임도 가시적이다. 핵가족화의 부작용을 막고자 자발적으로 나선 가족의 재구성 붐과 사회적 네트워크 구축 등이 대표적이다.

연고가 사라진 일본사회의 가난보고서는 구체적이다. 동시에 무차별적이다. 무연사회의 첫 희생자로 고령인구가 거론되지만 지금의 젊은 세대도 결코 예외는 아니다. 조만간 닥칠 이들의 은퇴 이후의 삶은 불안 그 자체다. 그나마 평균적인 일본노인은 돈이나 많다. 성장수혜를 고스란히 받은 덕에 쌈짓돈이 넉넉하다. 하지만 젊은 세대는 노후불안의 핵심인 돈조차 없다. 노후준비는 아예 포기에 가깝다. 가난과 고독의 확대재생산 우려다.

2010년을 달군 외로운 죽음⋯
빈곤비즈니스까지 대두

먼저 그 배경과 내용을 살펴보자.

610조 엔2009년 기준. 일본의 대외채권 규모다. 부자나라의 행복한 성적표다. 잠시 중국에 1위 자리를 내줬지만, 금방 되찾은 영광이다. 국부國富의 상징은 또 있다. 1,500조 엔 안팎의 개인 금융자산이 그렇다. 빚대외채무이 많아도 곳간이 탄탄하니 디폴트 경고도 그러려니 싶을 정도다.

그런데 사실 속내는 괴롭다는 게 정설이다. 가난한 국민이 급격히 늘어나서다. 경제문제가 곧잘 사회문제로 번지는 원인도 여기에 있다. 일례로

2006년엔 '격차格差사회'가 불안해진 일본의 대표적인 상징단어였다.

하지만 이번엔 한발 더 나갔다. 격차의 종착을 의미하듯 '무연無緣사회'가 새로운 유행어로 떠올라서다. 승자독식의 경제논리가 공고하던 일본 특유의 사회적 네트워크마저 끊어버렸단 의미다. 무연 공포감이다. 2010년 일본사회가 아슬아슬한 이유다.

공영방송 NHK의 다큐멘터리는 일본사회의 난맥상을 특집으로 편성·방송하는 걸로 유명하다. 하지만 더 유명한 건 그 명성이다. 보도내용의 파급력과 후폭풍이 엄청나서다. 일례로 2006년의 격차사회 보도는 일본사회에 확산된 승자·패자의 자본주의 양분논쟁에 불을 붙였다. 이후 지금껏 사회불안의 원흉으로 지적되며 정권교체의 실마리를 제공했다.

일종의 후속작인 2007년의 '네트카페 난민' 특집은 아예 정치이슈로 부각되며 담당부서인 후생성을 뒤집어놓았다. '무연사회'는 이 다큐멘터리의 2010년도 기획보도다. 2010년 1월말 조용하지만 거세게 진전되는 무연사회의 난맥상이 보도된 이래 관련기사는 하루가 멀게 흘러나온다. 방송직후 1시간도 안 돼 게시판에 1만4,000여건의 댓글이 달릴 만큼 국민적 관심이 뜨거웠다.

뒤이어 4월엔 주간 『다이아몬드』를 비롯한 주요매체가 일본곳곳에 만연한 무연사회의 심각성과 대응과제를 보도하며 방안모색을 강구하고 나섰다. 지금도 여전하다. 주요포털에 무연사회라는 단어를 입력하면 방대한 관련정보가 쏟아져 나온다. 적잖은 시간이 흘렀지만 여전히 무연사회의 위기감이란 그만큼 깊고 쓰라린 관심사다.

연緣은 비유컨대 사람과의 관계이자 네트워크다. 그렇다면 무연無緣은 그 연이 없어졌거나 끊어진 상태를 뜻한다. 주변에 의지할 사람이 없는 경우다. 이들은 가족·친척·고향과 연을 끊고 지역사회와의 교류도 없다. 혈연血緣·지연地緣의 전통기능 상실이다.

그나마 회사를 다니면 끈끈하진 않아도 사연社緣에 기댈 순 있다. 하지만 회사에서 잘리면 직장동료와의 연도 단절되게 마련이다. 궁극의 고독이다. 여기엔 한국만큼 크진 않지만 학연學緣의 상실감도 더해진다. 일종의 사회적 고독·고립이다. 이때 맞이하는 죽음이 고독사孤獨死다. 무연사無緣死란 고독사의 다른 말이다. 이웃을 비롯한 타인과 인연을 맺지 않고, 맺지 않으려는 무연사회가 전제된 개념이다.

혈연, 지연, 학연, 사연 모든 게 흔들…
연(緣)이 깨진 사회

무연의 부각은 고독사 증가가 그 힌트로 작용했다. NHK 보도팀도 애초 자살의 증가이유를 취재하려 했는데, 그 과정에서 우연히 고독사가 급증하고 있다는 사실에 주목해 방향을 틀었다. 실제로 일본에선 연간 3만 2,000명의 고독사가 보고된다. 아무도 모르게 임종을 맞이하는 경우다. 게다가 대부분 사망 후 한참 뒤에야 발견된다. 냄새 등으로 신고가 있은 다음에야 발견돼서다. 역시 고령의 독신자임은 두말할 필요가 없다.

물론 독신이라도 최소한의 가족·친척은 엄연히 있다. 다만 관계가 멀어졌을 뿐이다. 주변에서 혈연인 누구누구와 연락이 끊긴 지 오래라고 담담히 말하는 사례가 흔하다. 한편에선 집단·이웃·가족관계를 번거롭게 생각해 자발적으로 인연을 끊고 고독을 택하는 이들도 늘어나는 추세다. 애정이 없음은 물론이다.

　고독사를 발견한 뒤 힘겹게 유족을 찾아 유골인수를 부탁하면 이를 거절하는 경우도 적잖다. 거절당하면 더 이상 행정기관은 할 말이 없다. 가족을 대신해 납골당에 수납하는 게 전부다. 이런 추세는 나날이 증가세다.

　무연사회의 충격이 큰 건 역설적으로 과거 일본사회의 유연有緣화가 그만큼 강했다는 뜻으로 이해할 수 있다. 요컨대 연이 없는 게 아니라 연이 기능하지 않는 게 문제란 지적이다.

　일본의 사회안전망은 흔히 개발주의 복지모델로 불린다. 기업이 고도성장기 종신고용·연공서열을 통해 근로자를 정규직으로 품으면서 생활보장에 앞장섰다. 대졸 후 신입사원으로 입사하면 평생에 걸쳐 결혼·육아·개호 등의 복지수요가 기업내부에서 해결된 셈이다. 여기에 포함되지 않는 지방경제 종사자의 경우 중앙정부의 공공투자 수요로 일자리가 보장됐다. 마지막으로 정부의 복지시스템은 여성·고령근로자 등 기업사회가 커버하지 못하는 극히 일부에 한정해 가동됐다.

개호란 곁에서 돌봐준다는 한자어이다. 우리말로는 간병·간호 정도로 바꿀 수 있으며, 스스로의 힘만으로는 자신을 돌볼 수 없는 노인질환이 그 대상이다.

　즉 일본의 사회보장시스템은 정부보단 기업이 도맡아 담당해왔다. 공적역할의 상당 부분을 가족과 기업에 전가시켰다는 얘기다. 이는 인플레시대엔 설명력이 존재했다. 하지만 이젠 깨져버렸다. 90년대 이후 복지축소·규제완화·시장개방 등의 신자유주의 운영논리가 이식된 결과다. 기업의 복지안전망이 붕괴되면서 미끄럼틀에서 미끄러진 중산층 이하의 삶은 반복해 흔들리기 시작했다.

　무연사회의 절대지분은 독신고령자에 있다. 지역사회와 가족관계의 존재모습이 급속히 변하면서 대도시 독신고령자의 사회적 고립은 상상을 뛰어넘는 정도다. 2000년 이후 고령자 대상의 복지시책을 축소시킨 개호보험 실시 등도 영향이 컸다.

개호보험제도 전에는 최하위의 심각한 생활문제를 지닌 경우 기존의 복지제도가 커버했지만 이젠 그나마 없어졌다. 공고했던 지역 커뮤니티에 무연해결을 맡기는 것도 하중이 과다해 기능부전 상태에 빠졌다. 상황이 이러니 후지와라 도모미藤原智美가 『폭주노인暴走老人』이라는 책에서 썼듯 외로워진 노인들에 의한 사회범죄가 증가할 수밖에 없다.

특히 같은 노인그룹이라 해도 여성고령자가 문제다. 돈 없이 장수하다 보니 극빈층의 상당 부분이 여성의 빈곤문제로 압축된다. 메이지대학 실태조사를 보면 독거가구의 80%가 여성이며 이중 생활보호기준에 상당하는 연 150만 엔 이하가 30%를 차지한다. 그중 그나마 정부의 생활보호를 받는 비중은 16%에 불과하다.

■ 고독사의 발생현황

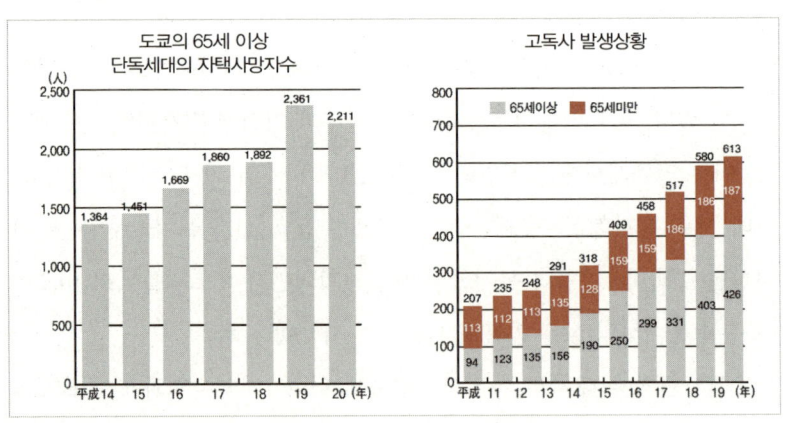

— 자료: 도쿄도람(사업개요), 도시재생기구

확대재생산의 고립공포
'한숨의 노처녀·노총각'

무연사회의 후폭풍은 신조어까지 만들어냈다. '무연사 예비군'이다. NHK 방송 이후 인터넷 등 온라인공간에서의 반향이 특히 컸는데, 이들의 절대다수는 3040세대로 요약된다. 특히 예비후보 1순위인 단신세대를 중심으로 무연사회의 희생자가 될 수 있다는 우려가 높다.

지금 상태라면 본인도 고독사의 통계대상에 오를 수 있다는 경계감은 구체적이다. 불안·공포감이 확산되면서 조만간 자신도 무연처지로 전락할지 모른다는 현실적 압박이다. 누구에게나 해당되는 눈앞의 문제일 수 있어서다. 게다가 워킹푸어에 예외는 있어도 무연여부는 장담할 수 없다. 그만큼 무연공포는 세대·빈부를 뛰어넘는 포괄적인 이슈다.

무연사회는 홀로 사는 단신세대와 관련이 밀접하다. 적어도 동거가족이 있다면 고독한 죽음은 막을 수 있어서다. 이런 점에서 무연사회의 첫 번째 키워드는 단신추세다. 단신세대는 80년 전체 세대의 20%에도 못

미쳤지만 지금은 30%에 육박했다. 3가구 중 1가구는 단신세대라는 얘기다. 2030년이면 이 비율은 40% 가까이 치솟을 전망이다.

그나마 이는 국가전체의 평균비율이다. 지역에 따라 단신세대가 지배적인 경우도 적잖다. 특히 고도성장 때 뉴타운으로 개발된 수도권 부도심 인근지역이 그렇다. 지금은 '베드타운'을 넘어 '실버타운'으로까지 불리는 고령자 집성지가 많다. 특히 절대다수는 65세 이상의 고령인구다. 사별·이혼·독신을 이유로 홀로 사는 경우다.

무연사 예비군의 커지는 공포…
단신가구라면 후보군

실제로 일본의 경우 이미 무연사회 직전단계인 독신사회에 접어들었다. 독신가구 숫자만 1,500만에 육박한다_{국립사회보장·인구문제연구소}. 관건은 증가세다. 고령가구의 단독세대 추세는 그렇다 쳐도 최근엔 젊은 세대의 단독가구가 급증세다. 유연의 절대관문인 결혼이 만만찮은 과제로 떠오른 결과다. 결혼이 약육강식의 경쟁원리에 휩싸이면서 저소득·비정규직의 경우 어쩔 수 없는 독신이 불가피해졌다. 팍팍해진 삶을 생각하면 연애 자체가 사치로 인식된다.

이대로라면 조만간 대량의 독신남성이 고독사할 것이란 경고도 잇따른다. 주간 『다이아몬드』는 "학교졸업 후 연애·취직·결혼이라는 컨베이어식의 행복보장 시대는 끝났다"며 "괴로워하다 결국엔 독신생활을 결심한다"고 했다. 이들에겐 가족·친척 등 예전 같으면 뒤를 봐줬을 사람도 별로 없다. 그들 자신도 팍팍해진 삶을 살아내기 바빠서다.

　개명改名조류도 젊은 층의 무연추세를 부추긴다. 일본인에게 개명은 낯설지 않다. 양자·데릴사위 등이 가업승계를 위해 개명하는 건 비일비재하다. 양자결연養子緣組제도 덕분이다. 그런데 최근엔 횟수제한 없이 서류만 갖춰지면 얼마든 가능한 이 제도를 이용해 개명한 이가 급증했다. 대개 신용불량자가 통장개설·휴대폰사용을 위해 호적을 사고파는 악용사례가 많다. 이름을 바꿔 대출변제 부담에서 벗어나려는 경우도 있다.

　실제 인터넷에는 개명중개 사이트가 적잖다. 브로커가 중간에 개입해 호적을 중개함으로써 일정수수료를 받아 챙기는 구조다. 그만큼 개명수요가 많다. 야쿠자를 비롯한 범죄조직이 개입된 경우까지 있는 것으로 알려졌다. 개명은 곧 형식상 새로운 탄생이다. 이름이 바뀌면 모든 행정서류가 변하는 등 과거와는 철저히 단절된다. 혈연이 전제된 기존가족과 타인이 되는 건 물론이다. 이게 무연사회를 조장하는 건 두말할 필요가 없다.

독신남성의 대량 고독사 예상…
孤男과 毒男의 사이

한편 3040세대의 독신경향은 초식草食남성을 양산했다. 여성에 소극적인 남성이 늘면서 인터넷에선 고남孤男, 한 번도 애인이 없었던 남자과 독남毒男, 독신남성 등 독신남성의 종류를 한층 세분화한 단어가 유행 중이다.

　실제로 2005년 기준 남성의 생애미혼율50세 시점에서 한 번도 결혼하지 않은 사람의 비율이 약 16%에 달한다. 6명 중 1명꼴이다. 30대로 앞당기면

38.6%, 40대는 19.6%가 미혼일 정도다. 반대로 여성의 눈높이는 높다. 젊은 여성의 경우 전업주부 지향이 강한 데다 고수입 남성만을 찾는 경향이 높다. 도쿄거주 25~34세 미혼여성의 70%가 결혼상대의 수입을 400만 엔 이상으로 기대하고 있는데, 현실은 동년배 남성의 약 80%가 그 이하를 받는다.

비정규직 남성은 그나마 기회조차 박탈당한다. 정규직 남성의 미혼율은 30대 후반에 33.8%까지 떨어지지만 파견사원은 70.7%나 된다. 참고로 30년 전 남성의 생애미혼율은 2%에 머물렀다. 결혼이 적자생존이라면 연애엔 시장원리가 적용된다. 혼자 살며 나이를 먹은 중년동정이 급증해서다. 연애경험이 없으니 결혼은 더욱 힘들어지는 악순환의 반복인 셈이다.

결국 간병이 필요한 나이가 되면 자살할 수밖에 없는 상황으로까지 내몰린단 얘기다. 이런 이유로 부모에 의지하는 패러사이트 싱글과 아직은 독신찬가를 외치는 아라포around 40세란 뜻의 경우도 무연사회의 공포로부터 자유로울 수 없다.

이들에게 결혼은 그림의 떡이자 새로운 굴레다. 사실 무연사회를 저지할 대표적인 방책은 건전하고 건강한 가족구성의 재구축이다. 끈끈한 혈연 네트워크를 재구축해 고독감·소외감을 막고 이를 통해 지역사회의 공동체를 공고히 하면 최소한 고독사 문제는 해결할 수 있기 때문이다. 그러자면 표준적인 라이프스타일에 맞게 결혼·출산·육아의 제반관문을 통과하는 게 먼저다.

다만 그러기엔 사회시스템이 너무 시장위주로 이동했다. 1%로 운영되는 적자생존·승자독식의 시장만능이 지배하면서 99%의 중간·하위 그룹이 반기를 들 수밖에 없어졌다. 이들로선 라이프스타일에 따른 모든 선택이 경제적 부담으로 여겨질 수밖에 없다. 실제 고용 없는 성장과 이익의 독식구조로 평범한 샐러리맨의 지갑은 날이 갈수록 얇아지고 있다. '무연사 예비군'으로 불려도 이를 벗어날 방법도 의지도 없어진 셈이다.

대표적인 부담이 트릴레마로 불리는 3대 인생고충이다. 결혼하면 당장 본인노후도 걱정인데 부모간병介護·자녀교육까지 떠안을 수밖에 없다는 얘기다. 그래서 트릴레마다. 과제 셋 중 만만한 것은 전혀 없다. 하나같이 철저한 준비전략과 대응자세가 필수다.

다만 현실은 정반대다. 일본의 30대 가장 대부분은 이 트릴레마에서 벗어날 희망과 기회조차 꿈꾸기 힘들다. 20~30년 앞날걱정보다는 현실생존이 더 시급한 과제다. 인구변화와 맞물린 장기·구조적인 저성장 압박 탓이다. 일본사회가 무연無緣화되고 만혼晩婚화되며 폐색閉塞화되는 이유다. 요컨대 돈 걱정을 둘러싼 집단우울이다.

해결책은 가족구축…
트릴레마 인생에 결혼해도 만혼

무연사회는 가족구축을 통해 해결할 수 있다고 했다. 하지만 요즘 젊은 일본인은 결혼을 멀리하는 경향이 짙다. 만혼晩婚화다. 만혼화의 이유는 간단하다. 돈이 없어서다. 장기침체로 경기활력을 잃으면서 2030세대의 결혼관이 바뀐 결과다. 청년그룹에 집중된 비정규직은 돈이 없어 적극적인 소비활동은커녕 저축조차 힘든 게 일반적이다. 연애에 관심을 잃은 초식남자가 급증하니 결혼이 늘어날 리 없다. 결혼해도 연령대는 늦춰질 수밖에 없다.

때늦은 결혼은 때늦은 출산을 뜻한다. 일본의 경우 결혼하면 자녀 출산은 일반적이다. 무자녀부부는 드물다. 이는 부부완결출생아수라는 통계에서 확인된다. 가임연령15~49세 여성 1명이 평생 낳을 것으로 예상되는 평균 자녀 수로서, 일본은 평균 2.09명이다. 이는 미혼여성까지 포함된 합계출산율1.32명보다 높다. 결혼 이후 2명 이상 낳는다는 결론이다.

문제는 만혼화로 자녀 출산이 늦어진 고령부모의 증가세다. 일례로 자녀를 출산한 엄마의 평균연령은 1970년 27.5세에서 2009년 31.0세로 늘어났다. 만혼추세를 증명하는 건 35세 이상 고령산모의 절대수치다. 이 수치는 같은 기간 4.7%에서 22.5%로 급증했다. 모두 24만 명 규모다.

이들의 20~30년 후 가정경제는 비관적이다. 35세 때 첫 아이를 낳았다면 20년 후 엄마연령은 55세다. 대개 연상인 남편의 정년시즌과 맞물린다. 남편수입이 불안정해진다는 의미다. 또 이들의 부모연령은 80대를 넘어서 본격적인 봉양이 불가피하다. 20세 자녀에게 들어가는 교육비도 덩달아 확대된다. 이게 일본판 30대의 트릴레마 핵심이자 무연사회를 조장하는 또 다른 불쏘시개다.

삶과 돈의 불협화음
'죽은 자는 말이 없다!'

그렇다면 왜 무연사회일까. 먼저 무연사회를 적나라하게 보여주는 사례를 살펴본 뒤 그 원인을 살펴보자.

다음은 주간 『다이아몬드』에 소개된 중년의 무연자살 시도사례다. 이 케이스는 일본에 닥친 무연사회의 원인과 폐해를 비교적 적나라하게 표현해 많은 이들의 심금을 울렸다. 중요한 건 이것이 그리 드문 사례가 아니란 데 있다.

"대형철강회사의 자회사에서 차량운전을 해오던 57세의 야마우치 신이치山內慎一. 계속되던 가슴통증 때문에 병원을 찾았더니 심근경색 진단이 나왔다. 혼자 살며 건강관리를 하지 못한 탓이다. 2년간 상병傷病수당을 받으며 휴직했지만, 기간만료 1개월 전 회사로부터 해고통지를 받았다. 사택에서도 쫓겨나 차에서 지냈다. 어머니는 생활보호대상자로 멀리서 살고, 형제와도 소식이 끊긴 지

오래다. 취업소개소에 갔지만 나이 때문에 일이 없었고 4개월 동안 겨우 실업수당을 받을 수 있었다. 퇴직금도 바닥이 나고 친구 집에 세 들기도 했지만 오래가진 못했다.

일만 생기면 갚을 수 있다며 소비자금융에서 150만 엔을 빌렸지만 방법이 없었다. 아무 데도 쓸모없는 인간이라는 생각이 들자 방법은 자살밖에 없었다. 어머니 계좌에 그나마 거의 없던 돈을 입금한 뒤 고향인 나고야에 갔다. 어릴 적 아버지와 함께 왔던 절을 방문했다.

아버지는 싫었지만 마지막 여행은 그와의 추억과 함께했다. 그 뒤 로프를 사 산속에 들어갔다. 사회에선 필요 없지만 산속이라면 남들도 모르고 나무비료로라도 쓰일까 싶었다. 하지만 로프가 가지에 걸리지 않아 실패했다. 어쩔 수 없이 손목을 칼로 그었지만 곧 피가 멈췄다. 죽지 않은 채 밤이 왔고, 짐승소리는 무서웠다.

다음 날 아침부턴 1주일간 굶었다. 그래도 죽지 않았다. 이번엔 물을 산 뒤 속옷만 입은 채 물을 부었다. 얼어 죽기 위해서였다. 동상으로 발이 부어 땅에 구를 만큼 괴롭고 아팠지만 의식은 멀쩡했다. 산속에 들어온 지 2주째 되던 날 동네주민에게 발견돼 경찰에 인계됐다."

— 자료; 주간 『다이아몬드』 2010년 4월3일자 재인용

누구도 예외가 될 수 없는 무연사회의 희생자들

무연사회를 뒷받침하는 또 하나의 주제어가 '소재불명의 고령인구'다. 소재불명의 고령자란 크게 둘로 나뉜다. 집을 나간 채 행방불명된 경우와

사망한 뒤 장기간 방치·은닉된 고령자로 구분된다. 사실 이 둘은 구분되는 듯 보여도 실제로는 같은 얘기다. 가정에서 안락한 노후를 보내지 못하는 공통분모가 그렇다. 사망한 뒤조차 전생의 불행이 떠나지 않는다는 점도 마찬가지다. 결국 이들 불행한 노인그룹의 이면엔 무연사회의 냉정한 현실이 반영돼 있다.

먼저 행방불명 케이스다. 2010년 일본사회는 살았는지 죽었는지조차 알지 못하는 소재불명의 고령자 이슈로 뜨겁게 달아올랐다. 의외(?)로 터진 일이라 당국조차 '이상사태'로 규정지었을 정도다. 소재불명의 고령자는 일단 가출일 경우가 추정된다. 경찰청 통계에 따르면 가출수색원이 제출된 70세 이상 고령자는 연간 1만 명을 넘긴다. 특징적인 건 가족에게 통보조차 없는 급작스러운 가출이다. 이 경우 적지 않은 수가 소재불명으로 최후를 맞는 것으로 알려졌다. 남겨진 메모나 발언 등을 추정해보면 고령자 특유의 고독문제가 제일 큰 문제로 압축된다.

가출을 선택한 고령인구는 일본곳곳에서 확인된다. 이들 대부분이 행려사망 혹은 홈리스로 전락하거나 시설보호인 걸로 추정되기 때문이다. 개중엔 치매로 불리는 노인성 치매환자가 적잖다. 행방불명이 됐을 걸로 짐작해도 연락처를 기억하지 못하니 문제해결에 큰 도움이 안 된다. 겨우 찾아도 가족과의 연락을 주저하는 게 태반이다. 지금 연락을 취해봐야 가족에게 폐를 끼친다는 이유로 손사래를 치는 사람이 많다. 후생성에 따르면 2009년 현재 홈리스는 1만6,000명에 달한다. 이중 상당수는 70세 이상의 노인들이다.

가족들의 무관심한 답변은 더욱 여론을 악화시켰다. "함께 살다 집을 나갔는데 이후 연락이 끊겼다"거나 "다른 형제와 함께 사는 것으로 안다"는 등 상식적으론 이해되지 않는 가족답변에 열도가 발칵 뒤집힌 것이다. 사라졌다면 찾는 시늉이라도 해야 할 텐데 그렇지도 않아서다. 사망 후엔 "장례비가 없어 방치했다"는 경우도 있다. 최소한의 핏줄에 대한 예의조차 없는 답변이 적잖았다.

가출했어도 살아 있다면 같은 소재불명이라도 상황이 낫다. 죽었는데도 정상적인 사망처리 없이 행방불명이 된 경우가 있기 때문이다. 사건 발단은 2010년 여름 집중적으로 부각됐다. 백골상태로 사망한 고령인구가 속속 발견된 경악스러운 사건 때문이다. 가령 91세 아버지를 쓰레기봉투에 담아 옷장 속에 넣어둔 아들이 체포됐는데, 이 아버지는 5년 전에 사망한 것으로 조사됐다. 111세로 일본에서 두 번째 장수노인으로 알려진 사람이 30년 전에 이미 사망한 것도 확인됐다. 도쿄의 최장수노인이었던 한 할머니도 행방불명으로 사실상 사망으로 추정됐다.

핏줄에 대한 예의조차 사라진 일본…
고령자 행방불명 속출

이 사건은 조사가 확대될수록 더욱 가관이었다. 오사카의 경우 2010년 여름현재 호적상 120세 이상 생존자가 5,125명으로 나타났다. 최고령자는 1857년 출생자로 올해 152세에 달한다. 역시 생존 여부는 불확실하다. 〈아사히신문〉이 2010년 8월 중순 중간통계를 전제로 밝힌 도쿄의 100세 이상 유령고령자만 279명으로 조사됐다. 하나같이 호적은 살아 있는데 행방은 알 수 없는 고령자다.

안이한 대응으로 일관하던 지자체에 비난이 쏟아졌다. 고령자 소재파악 능력에 국민적 의문이 제기된 건 물론이다. 발끈한 후생성이 110세 이상 고령자 전원을 직접 만나 생존여부를 확인하라고 통지했을 정도다. 후속조치로 90세 이상 소재가 불분명한 이들을 찾는 대대적인 작업도 시작됐다. 대부분의 지자체가 1년 이상 의료·개호보험을 이용하지 않은 경우 등 상황에 맞는 특정기준을 정해 실태조사에 착수했다.

홋카이도北海道 아사히가와旭川시에선 전국 최초로 75세 이상을 대상으로 한 고령자의 소재확인 전수조사까지 펼쳐졌다. 결과는 놀라웠다. 애초의 예상을 뛰어넘는 고령자 행방불명이 현실로 드러났기 때문이다. 개호·의료 등 각종 보험과 버스무료권 등 행정서비스를 2년간 사용하지 않은 리스트부터 뒤졌는데, 537명 중 167명이 1차로 걸러졌다. 이중 37명은 장기 행방불명이거나 혹은 주민등록상 주소가 사라지는 등 최종적인 소재불명으로 확인됐다.

'죽어도 죽지 못한' 고령자가 늘어난 이유는 간단했다. 요약하면 빈곤이 문제였다. 즉 고령연금의 부정수급 의도였다. 생존부모에게 지급되는 고령연금이 부모죽음을 가슴에 묻은 채 실제로는 생존해 있는 것처럼 꾸미도록 만든 것이다. 백골상태의 고령사망 중 절대다수가 부정적인 연금수급이 원인으로 밝혀졌을 정도다. 아무런 생계수단 없이 부모연금만으로 겨우 살았는데 부모가 사망하면 그 돈조차 끊기기 때문이다. 생존가족이 연금을 부정하게 획득한 사실이 확인돼 사기혐의로 구속되는 경우까지 드물지 않다.

이를 주요언론은 '연금의존' 세대로 규정했다. 부모의 죽음을 길게는 수십 년 이상 숨긴 채 부모연금을 수급해 사는 경우다. 대부분은 부모개호와 본인실업 등의 경제적 원인으로 빈곤나락에 빠져 부모연금이 아니면 생활하기 힘든 케이스다. 주로 무직이거나 저소득 생존가족이 노인부모의 연금편취를 목적으로 해 발생한다. 한편에선 생활보호를 신청해도 엄격한 창구통제로 수리되지 못하는 행정장벽도 여기에 한몫했다.

지자체에 대한 비난은 점차 심화됐다. 연금을 타내기 위한 술책으로 부모의 죽음조차 감추는데 이를 허술하게 관리하는 행정태도 때문이었다. 정부가 연금수급 중인 소재불명자의 전수조사에까지 착수한 이유다. 비난여론이 일자 주민기본대장주민등록에 기입된 주소지를 찾아 일일이 행방여부를 직접 확인하기에까지 이르렀다. 공무원의 직접방문에 이웃 목격담 등의 탐방조사까지 동반됐다.

사망한 부모연금 몰래 받는 부정수급자 증가

다만 실제조사는 힘들다. 가족이 확인을 해주지 않는 등 핑계를 대면 방법이 없다. 게다가 사망신고가 접수되지 않으면 기본적으로 생존으로 간주된다. 대부분의 지자체가 77세 · 88세 · 99세 · 100세 등 특별한 생일을 맞았을 때 축하금을 건네지만 역시 가족이 대신해 받는 경우가 일반적이었다. 감추고자 한다면 얼마든 가능하다는 게 이번 사건에서 밝혀졌다. 이런 점에서 연금의 부정수급 확인여부는 사실상 불가능에 가깝다는 볼멘소리도 있었다.

물론 지자체가 직권으로 소재불명자를 등록명부에서 삭제할 수 있다. 다만 문제는 남는다. 만일 생존했다면 이후 무적無籍의 홈리스로 연결될 수 있다는 점에 대한 우려가 그렇다. 이를 뒷받침하듯 신원미상의 사망자만 1만6,765명2009년으로 조사됐다. 실제 고령자 행방불명은 끝없이 비화 중이다. 무연사회 부각을 계기로 연락이 닿지 않는 가족·친척이 상상을 초월하는 것으로 밝혀졌다.

고령자 소재불명은 그래도 사정이 낫다. 평소 병원·개호서비스를 받다 보니 이상징후 때 비교적 빨리 조치·인지가 가능하지만 1인 독거세대 중년층의 경우 갑자기 사망한 뒤 장기간 방치 후 발견되는 경우가 적잖아서다. 겨울에 죽었는데 여름에 발견되는 경우가 대표적이다.

무연사회의 소재불명 사태는 장수국가 일본의 자존심을 짓밟았다. 주지하듯 일본은 세계최고의 명성을 자랑하는 장수국가다. 2009년 간이생명표에 따르면 여성86.44세은 25년 연속 세계 1위다. 남성79.59세도 한 단계 떨어진 5위에 랭크됐다. 100세 이상 장수노인도 사실여부를 떠나 공식통계로만 4만399명이다후생성.

물론 2010년의 무연사회 이슈는 장수대국의 진실이 판도라의 상자였음을 증명했다. 양파처럼 까면 깔수록 축복보단 재앙에 가까운 불상사가 드러났기 때문이다. 책상머리 앞의 장수통계가 그렇다. 지자체가 실태파악에 나서면서 상당수 장수노인이 현존하지 않을 확률에 무게중심이 쏠리는 분위기다. 물론 일본정부 설명처럼 수명통계와는 무관하다. 2009년 기준 남녀 각각 98·103세 이상은 통계잡음을 우려해 평균수명 시산과정에서 제외해서다.

그렇다고 혈연·지연을 상실한 고령자의 절망적인 현실생활이 나아질 건 없다. 무연의 고립상태에서 맞는 노후생활에 만족할 사람은 적을 수밖에 없기 때문이다. 이런 상황에서 장수사회란 물리적인 수명연장일 뿐질적인 생활만족은 기대하기 힘든 법이다.

　무연사회에는 얽히고설킨 복합문제가 녹아 있다. '경제지상주의의 그늘'로 요약·설명할 수 있지만 내부엔 한층 복합적이고 구조적인 문제가 혼재돼 있다. 공통점은 가족해체에 따른 관계단절이 심각한 수위에 달했다는 점이다. 무차별살인과 자녀학대 등 엽기범죄의 원인을 가족과의 커뮤니케이션 붕괴에서 찾는 연구도 많다. 고령자의 연이은 행방불명도 생사조차 관심 없는 가족의 관계단절에서 원인을 찾을 수 있다. 가족공동체의 상실이다. 그리고 가족해체의 최대 이유는 빈곤 등 경제문제다. 적자생존의 경쟁논리가 우선되면서 행복의 절대기준이 물질만능으로 연결된 결과다.

경제지상주의의 그늘…
가족붕괴와 고향상실, 동료소외의 합작품

먼저 핵가족화에 따른 가족단위의 관계변화가 거론된다. 고령자의 가족동거 비율은 80년대 70%대에서 지금은 40%대로 떨어졌다. 타인과의 관계희박과 만혼·비혼화에 의한 고독증대 및 자녀를 갖지 않으려는 라이프스타일의 변화가 그 원인이다. 실제 2030년 생애미혼은 남녀 각각 1/4, 1/3으로 추정될 만큼 향후 상황도 심각하다. 가족관계의 기능부전이 복구되지 않는 한 이런 절망적인 사건사고가 사라질 확률은 낮다.

　도시상경 후 고향의 과소화·황폐화로 귀향근거지와 의지를 잃어버린 구조적 환경문제도 무연화의 중요한 진전배경이다. 되돌아갈 곳이 없으니 외롭게 살 수밖에 없어서다. 언제든 되돌아갈 고향의 전통가치만 기능했더라도 상당 부분 무연사회 부작용은 막을 수 있기 때문이다. 즉 전통적인 마을접점이 급속히 사라졌단 의미다. 과도한 도시화로 지연 네트워크가 쇠퇴하면서 이웃과의 커뮤니케이션이 사라진 결과다.

고향 가치가 붕괴됐다면 현재 근거지인 도심에서 지연을 재구축하는 것도 방법이다. 하지만 자유와 행복이란 미명하에 유행한 도심 핵가족화는 돈과 일만 강조되며 인간관계를 경원시하는 구조를 고착시켰다. 이 결과 아파트 등 집합건물에 살지만 아는 사람은 없는 고립된 개인으로 살아갈 수밖에 없다. 사회적 고립이다. 이웃과의 소통 부재가 구미 선진국의 경우 2~6%사회적 고립비율인 반면 일본은 16%로 단연 높다.

급속한 경제지상주의 혹은 회사우선주의도 무연사회를 낳은 어두운 면 중 하나다. 평생 회사중심으로 살다 보니 그 밖의 네트워크·커뮤니티를 위한 시간·노력투하가 눈에 띄게 줄어들었다. 이는 직장환경의 신자유주의적인 변화가 원인이다. 장시간 근로부담과 잔업압박은 휴일조차 회사에 충성하게 함으로써 비공식적인 인적교류를 방해했기 때문이다.

그래도 회사친구가 있으면 무연사회의 가속화를 막을 수는 있다. 하지만 회사친구를 비롯한 직장의 공동체의식도 크게 훼손됐다. 회사중심주의가 유대강화의 걸림돌로 작용한 것이다. 경쟁강화란 미명하에 도입된 상시적 구조조정과 신분차별의 동료 증가정규직 vs 비정규직가 회사동료와의 관계를 친밀에서 소원으로 변질시켰기 때문이다. 즉 회사 옆자리엔 도와주는 동반자가 아닌 견제하는 경쟁자만 남게 됐다. 사연社緣의 붕괴다.

지역공동체의 파괴
'마츠리에 끈이 사라졌다!'

일본은 '마츠리祭り'의 나라다. 일상생활에서 이를 빼놓고는 일본을 설명하기 힘든 키워드다. 한국말로 바꾸면 지역축제 정도로 해석된다. 거의 모든 동네에 지방색을 녹여낸 마츠리가 있으니 그 수는 상상조차 힘들다. 일본에선 1년 365일 하루라도 마츠리가 열리지 않는 날이 없다는 말까지 있다. 본격시즌은 여름이지만 나라가 길쭉하니 겨울축제도 수두룩하다.

마츠리는 일본의 대표상징이다. 경기침체로 축소·폐지된 마츠리가 늘고 있지만, 몇몇은 여전히 파워풀한 잔치행사로 건재하다. 역사도 길다. 가장 오래된 것으로 알려진 교토의 기온마츠리祇園祭는 869년에 시작됐다. 온고지신溫故知新이라고 요즘엔 확실히 대중축제로 승격된 분위기다. 열혈참가자라면 마츠리를 기준으로 1년 스케줄이 정해질 정도로 인기가 높다. 마츠리에 빠지지 않는 대형가마의 끈을 나눠 지고 화합을 외치는 풍경은 일본인에게 중요한 삶의 의미를 갖는다.

출발은 과거 농촌사회였다. 풍년기원·재해극복을 위한 집단에너지를 모을 필요성이 자연스레 마츠리로 연결됐다. 최근엔 도시 마츠리도 성황이다. 도시화로 전입인구가 늘자 70년대 이후엔 도심에서도 특정 동네성격을 반영한 마츠리가 속출했다. 시공간을 넘어선 자생적 변형이다. 농촌과 달리 신앙·종교적인 색채는 보다 옅어졌다. 이는 많은 참가자를 흡수한 원동력이 됐다. 지역사회 구심역할을 자처하는 상점조합이 주체로 활동하는 게 일반적이다.

마츠리는 단순축제가 아니다. 그 안엔 많은 노림수가 있다. 대표적인 게 경제효과다. 보통 길어야 1주일을 넘지 않는 마츠리는 단기간에 엄청난 소비수요를 발생시킨다. 축제기간 인근매출은 평시보다 약 6배나 추가효과가 있는 것으로 알려졌다. 도호쿠 6대 마츠리에서만 1,800억 엔의 경제효과2009년가 계측됐다. 단 2~3일에 수백만 명이 찾는 마츠리도 흔하다.

마츠리는 지역유대 강화에 제격…
채산성 앞에 무릎

마츠리는 진도 9를 넘긴 도호쿠東北 대지진의 극복방안으로도 제시됐다. 센다이仙臺를 비롯한 피해지역 지자체는 지진발생 후 축제를 개최해 활력을 되찾자고 호소했다. 고통공유를 위한 자숙自肅활동이 되레 피해복구에 걸림돌로 작용한다는 판단에서다. 지진 이후 국민 전체가 씀씀이를 줄인 채 한숨만 쉬기보단 적극적 소비활동으로 돈이 도는 실제응원을 해달라는 바람이다. 유명관광지답게 마츠리가 외부자금 수혈전략으로 강구된 것이다.

여기서 강조할 또 다른 개최효과는 지역유대 강화다. 사실 어쩌면 이게 경제부양보다 훨씬 큰 승수효과를 기대할 수 있다. 심화되고 있는 고령화와 밀접한 연관관계를 갖는 건 물론이다. 지역사회의 끈끈한 연대부활을 통해 다양한 기대효과가 가능해서다. 먼저 이웃과의 관계복원으로 외로워진 현대일본의 심신을 위로할 수 있다. 죽어버린 동네상권을 부활시키는 데도 제격이다. 동네인근의 사회·경제적 약자를 위로하는 보호망도 갖출 수 있다.

무엇보다 잉여剩餘인간으로 전락하기 십상인 고령인구를 구원해줄 실질적인 방안마련이 가능하다. 요컨대 공동체의 부활이다. 실제 현대사회의 온갖 피로·갈등문제는 사실상 공동체 차원에서 해결하는 게 가장 실질·합리적이다. 거꾸로 정부재원·복지체계만으로는 해결하기 힘든 이슈란 의미다. 마츠리를 네트워크 파워, 즉 지역력地域力을 되찾는 유력방안으로 보는 이유다. 그만큼 지역력의 복원은 투입 대비 추출효과가 높고 우선순위도 시급한 과제다.

하지만 전망은 어둡다. 시간경과에 비례해 일본의 자랑거리인 마츠리는 점차 쇠퇴하는 느낌이다. 주요언론에서 특집보도·기획기사를 통해 마츠리 부활필요를 주장하지만 상황은 녹록지 않다. 2008년 금융위기는 여기에 기름까지 끼얹었다. 협찬금 등 비용마련에 어려움을 겪는 곳이 많아진 결과다. 일부 대형마츠리의 경우 여전히 엄청난 집객력을 발휘해도 중소도시의 대부분 마츠리는 채산성이라는 장벽 앞에 무릎을 꿇었다.

안타깝지만 엄연한 현실이다.

　물론 노력이 없는 건 아니다. 지역사회 활력재생을 통해 내수부양을 꾀하려는 일본정부가 상당한 노력을 기울인다. 어차피 신자유주의 대폭 도입 이후 사회안전망이 적잖이 깨졌다는 점에서 복지회복을 위해서도 지역력의 복원은 불가피한 과제다. 각종 NPO_{Non-profit organization}, 비영리 민간단체를 위시한 사회단체의 땀방울도 굵다. 시장실패 탓에 살맛을 잃은 고령인구를 비롯한 희생자를 안으려는 작업이 구체적이다.

　다만 아직은 그렇다할 성과가 없다. 한번 깨진 네트워크를 원래대로 되돌리기란 그만큼 어려워서다. 도시화와 개인화로 네트워크의 끈을 잃어버린 인구도 생각보다 많다. 이들이 상호부조의 상생기치를 들어 올린 공동체 울타리에 들어서기란 어려울 수밖에 없다. 그렇다고 희망이 없는 건 아니다. 무엇보다 많은 이들이 가치복원에 동의하는 데다 이것 이외에 뚜렷한 대안도 없기 때문이다. 시간이 걸려도 결국엔 성공해야 할 과제인 이유다.

　원래 일본사회는 끈끈한 네트워크의 전형이다. 과거엔 한국처럼 공동체의식이 상당했다. 서로 도우며 문제를 해결하는 공고한 지연地緣을 자랑했다. 실제 일본에선 집단주의Collectivism로 불리는 공간적 구분의식이 상당히 강했다. 때문에 집단구성원으로서 역할과 만족감이 높다. 집단에서 빠진 개인은 살아가기 힘든 게 보통이었다. 개인목표보다 집단목표를 우선하는 게 공통지향적인 가치관일 정도다. 개인능력보다 회사간판을 우선하는 건 지금도 마찬가지다. 거래처 담당자를 부를 때 이름 대신 도요타씨トヨタさん니 미츠이씨三井さん니 하며 회사이름에 사람호칭을 섞어 부르는 걸 당연하게 받아들이는 이유도 여기에 있다.

좀 더 나아가면 국가·사회 자체를 하나의 집家으로 보는 가부장적 천황→관료→국민인 종적縱的 체계도 공동체적 지연구조에서 출발한다. 이는 전쟁근거로 작용한 천황제 이데올로기의 탄생배경이기도 하다. 결국 일본에선 혈연만큼 사회집단도 중시된다. 집단을 중시하니 튀면 곤란하고 요코나라비, 橫並び, 웬만하면 뭉뚱그려 일억一億이라는 말로 갈음하게 된다. 이들에게 지역사회란 집단과의 일체감을 확인하는 장소다.

사라진 끈끈한 네트워크…
집단주의 연대감 약화일로

한편 이지메いじめ도 지연중심의 네트워크와 관련이 깊다. 사실상 공동체의 강조에 따른 배타적 부작용으로 볼 수 있기 때문이다. 일본의 경우 이지메라는 말은 일찌감치 정착됐다. 그만큼 따돌림에 익숙하다는 증거다. 이지메의 원인은 경계설정을 통한 단결확인으로 요약된다. 안內과 밖外의 구분을 통해 밖을 배척함으로써 안을 공고히 하려는 목적을 갖는다.

때문에 이웃친구이 아닐 경우 적잖이 경계감을 갖는 문화다. 외국인이 아무리 노력해도 일본사회에 융합되지 않는 것도 그렇다. 최근 무연·개인화에 따라 전통적인 지역사회 커뮤니티가 깨지면서 이웃과의 소통부재와 무관심·방관이 뜨거운 문제로 떠올랐는데, 이는 사실상 소극적 이지메로 볼 수도 있다. 적극적인 괴롭힘까진 아니지만 도움이 필요하고 원하는 이웃을 장기간 방치·방관하는 것이야말로 어쩌면 본인방어적인 행위일 수 있어서다.

　날이 갈수록 가족·지역과의 연결고리·연대감 약화는 확산 중이다. 고독사야말로 이런 지연과 공동체 파괴의 대표사례다. 게다가 과소문제가 심각한 시골마을만의 이슈도 아니다. 개인화·폐쇄화·고립화는 지역 불문 열도 전체의 공통이슈다.

　안타까운 건 정확한 파악조차 힘들다는 점이다. 고독사만 해도 정확한 정의와 통계조차 없다. 독거사망의 경우 사망 후 즉시 알려질 수도, 한참 후에 발견될 수도 있어 단순히 사망 후 방치기간만으로 판단하긴 힘들어서다. 임종을 지켜봤는지 여부로도 구분은 어렵다. 결국 일각에선 독거사망 후 사인분석을 위해 검시한 경우에 한정해 고독사로 보기도 한다. 어떻게 죽었는지조차 알 수 없는 외로운 사망에 한정한 경우다.

　무연사회 배경에는 지역사회와의 희박해진 연대감을 뺄 수 없다. 일본사회는 이미 주민 스스로 통감할 정도로 지역연대가 심각히 훼손됐다. 어느 지역이든 뜨거운 이슈는 크게 2가지로 압축된다. 홀로 사는 고령인구 증가와 이들을 중심으로 네트워크에서 제외된 이들의 친교·연대부족이 그렇다. 때문에 관습적인 상호부조는 이미 곤란한 상태로 전락했다. 예전의 자랑거리였던 지연에 기초한 생활공동체는 사실상 거의 사라졌다. 농촌조차 예외는 아니다.

이웃과 소원해지는 일본인
지역공동체의 빠른 붕괴… '이웃을 잘 모른다!'

일본노인의 사회참가는 매년 그 빈도·열의가 줄어드는 추세다. 〈고령사회백서(2010년)〉를 보면 이웃과의 교류는 갈수록 감소세다. 친하게 지낸다는 응답은 1988년 64%에서 2008년 43%로 줄어들었다. 그 대신 간단한 인사 정도만 나눈다는 사람은 같은 기간 31%에서 51%로 늘어났다. 인사는커녕 교류조차 없다는 응답도 6%로 나타났다.

한편 취미활동과 연계된 사회활동참가율은 오히려 증가세다. 60세 이상 고령자의 그룹 활동 참가상황을 봤더니 60%가 참가하고 있다(2008년)고 답했다. 1998년 답변(44%)보다 16%나 늘어난 수치다. 내용을 살펴보면 건강·스포츠(31%), 지역행사(24%), 취미(20%), 생활환경개선(11%), 교육·문화(9%) 등으로 다양하게 조사됐다. 그룹활동에 참가할수록 삶의 만족이 높아진다는 현실적인 이유가 배경이다. 같은 맥락에서 참가의향도 절반 이상(54%)으로 집계됐다. 지역이슈에 관심이 많은 NPO의 경우 아직은 참가율이 낮다. 참가율은 4%에 머물며 관심은 있지만 잘 모르겠다(43%)는 쪽과 관심 자체가 없다(37%)는 답변이 많았다.

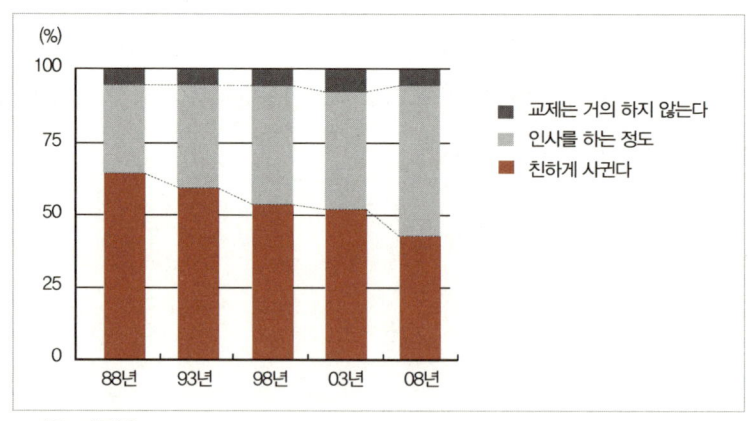

■ 이웃과의 교류현실(전국 60세 이상 남녀)

- 자료: 내각부

도쿄주택가의 흉가비밀
'사라진 주인은 어디로?'

도시괴담都市怪談이 유행이다. 1,300만 인구를 자랑하는 메트로폴리탄답게 수도 도쿄엔 수많은 도시괴담이 존재한다. 수도권까지 합치면 인구가 3,000만을 넘길 정도니 도시괴담의 내용·종류는 가지각색이다. 당연한 얘기지만 인구가 많을수록 괴담은 늘어난다. 한때 도넛현상 탓에 도쿄인구가 줄어들었지만 지금은 젊은이를 중심으로 한 인구유입경기침체로 인한 취업목적 등이 뚜렷해지면서 괴담의 양과 질이 현격히 업그레이드됐다.

도시괴담은 몇 가지 특징이 있다. 비상식적이지만 공포감·사실감을 극도로 조장해 유통속도를 높이는 게 대표적이다. 또 하나 공통분모는 괴담의 주요무대. 도시괴담은 십중팔구 외지고 비밀스러운, 한마디로 인적이 드문 공간에서 시작된다. 즉 폐쇄적인 도시공간이 핵심무대 중 하나다. 요즘엔 특히 시내도심 속에 방치된 빈집이 자주 등장한다. 이때 도심 한복판의 빈집이란 무대설정에 퉁명스럽게 웃어넘기는 이들도 많다. 픽션으로 치부되는 주요근거다.

  하지만 실상은 좀 다르다. 웃어넘기기엔 석연찮을 정도로 도심 한복판의 인적 끊긴 빈집이 크게 늘어나고 있기 때문이다. 도심빈집만이라면 픽션이 아닐 확률이 높다는 얘기다. 그도 그럴 것이 빈집은 2010년 일본열도를 뒤흔든 무연사회 위기감의 한 축을 차지한다. 인연이 끊긴 채 홀로 살다 생을 마친 경우의 상당수가 빈집에서의 발견이다. 장기간 인기척이 없어 행정력을 빌어 들어가 보니 사망일을 알 수 없는 백골사체가 발견됐더라는 뉴스는 더 이상 특별하지 않다. 그 정도로 사실상 흉가凶家나 마찬가지인 빈집이 많다.

도심빈집의 백골사체 미스터리…
빈집만 756만 채

실제 도쿄도심 주택가엔 사람손길이 멀어지면서 곧 무너져버릴 정도로 심각한 훼손상태에 직면한 빈집이 적잖다. 때때로 이런 빈집을 활용(?)하는 수상한 사람들도 목격된다. 특히 정원관리가 안 되니 낙엽이 나뒹구는 것도 가을·겨울엔 문제다. 담배불똥이라도 튀면 큰 화재로 이어진다는 점에서 이웃의 공포감은 대단하다. 실제 이웃주민의 염려는 곧 피해로 나타난다. 빈집에서 화재가 발생해 연쇄피해를 입은 사례가 심심찮게 보도돼서다. 쓰레기로 온통 뒤덮인 채 화재가 발생하거나 거동수상자의 침입사건 등도 빈번히 발생한다.

  먼저 빈집이 얼마나 있는지 사실관계부터 확인해보자. 토지통계를 보면 빈집규모를 알 수 있다. 2008년 현재 일본의 빈집은 756만 호다. 전체 주택5,759만 호 중 13%가 빈집이란 얘기다. 상당한 규모다. 그렇다고 특별한 일은 아니다. 일본은 1968년 일찌감치 주택보급률이 100%를 넘었다. 1990년대 110%를 넘긴 이후 지금은 115% 수준까지 달했다. 단순물량만 놓고 보면 빈집이 많은 게 일리 있다. 급격한 현대화로 농촌유출·도시유입 인구가 급증했다는 점도 농촌지역의 빈집발생을 부추기는 현상 중 하나로 해석된다.

때문에 빈집 하면 으레 과소過疎화된 지방지역을 떠올리게 마련이다. 도시화로 지방인구가 일자리를 찾아 대거 대도심으로 떠난 흔적이 시골지역 빈집인 까닭에서다. 실제 지방으로 내려갈수록 빈집규모는 눈덩이처럼 불어난다. 지방지역을 이동해보면 흉물처럼 방치된 건물은 셀 수 없이 많다. 시골마을은 한집 건너 빈집이라는 말이 나올 정도다.

하지만 빈집은 결코 시골마을만의 문제가 아니다. 일본열도의 중심인 도쿄조차 빈집급증에 골머리를 싸고 있는 상황이다. 주택지로 인기 높은 고급동네조차 예외는 아니다. 이런 도심빈집은 대부분 장기간 방치됨으로써 도시흉물로 전락한다. 이웃에 민폐를 끼치는 건 당연지사다.

뿐만 아니다. 집주인을 찾기 힘들어 세금고정자산세의 연체사태도 연이어 발생한다. 등기를 떼어 알음알음 집주인을 찾아도 이렇다 할 방법은 없다. 멀리 떨어져 있어 손을 댈 수 없을뿐더러 적잖은 관리비용이 부담스러워 방치했다면 방법이 없다. 그렇다고 팔기도 어렵다. 집주인으로선 팔아봐야 손해가 많아서다. 결국 빈집방치로 인한 손해는 고스란히 인근주민 몫이다. 또 대부분은 방치에서 끝나지 않고 국가재정까지 갉아먹는 골칫거리로 전락한다.

빈집을 둘러싼 정확한 통계자료는 존재하지 않는다. 앞서 756만 호의 빈집통계는 공식적으로 확인된 경우다. 한국처럼 주민등록이 돼 있지 않은 경우가 해당한다. 서류상 사람이 살지만 실제 살지 않는 경우는 제외된다. 문제는 실제빈집이다. 이는 추정할 뿐 확정이 불가능하다. 어쨌든 공식적으론 사람이 살기에 일일이 방문해 빈집 여부를 확인해야 하는데, 이게 쉬울 리 없다.

불과 20~30년 전만 해도 도심빈집은 상상하기 어려운 풍경이었다. 사람은 몰려들고 거주공간은 부족한 절대적인 과수요 상황이 일반적이었다. 당연히 도시화·산업화가 적잖은 영향을 미쳤다. 도쿄를 비롯한 수도권 주택버블이 1980년대 중후반 생겨난 배경이다. 이런 와중에 빈집이 생겨나도 곧 실제수요로 연결될 수밖에 없었다. 너도나도 내 집 마련에 사활을 건 이유다.

꿈에 그리던 마이홈이 빈집흉물로…
'사람이 없다'

실제 고도 경제성장이 한창일 때 도쿄로 몰려든 산업전사의 최대희망은 '마이 홈'이었다. 정부도 수도권 주택난 해소를 위해 뉴타운 등을 대거 건설했다. 산 혹은 밭과 논이었던 지역이 순식간에 부도심으로 조성됐다. 1970년대 도쿄를 중심으로 서부지역에서 시작된 뉴타운 개발지도는 1980년대 북부권역을 넘어 동부권역으로 자연스레 옮아갔다.

이로부터 십수 년이 흐른 지금. 집은 남았지만 사람이 떠나버렸다. 핵가족화로 자녀독립이 가속화되면서 남은 가족은 병에 걸린 불편한 노부부뿐이다. 혹은 주택처분이 되지 않은 채 홀로 사망한 경우도 적잖다. 산업화가 가속화되면서 동네조차 죽어버렸다. 은퇴 후 선배들이 그랬던 것처럼 지역사회에 적극 합류해 활기 찬 동네조성에 나설 기회가 사라져버렸다. 종신고용·연공서열을 통한 회사인간으로 살아왔던 탓에 지역연대는 허술해질 수밖에 없었다. 이는 퇴직 이후 부메랑이 돼 돌아왔다. 지역사회에 끈을 갖거나 유대감을 지닌 사람이 거의 없어서다.

와중에 도심을 중심으로 한 실질적인 빈집숫자는 계속 늘고 있다. 고령화와 직결된 현상인 건 불문가지다. 도쿄의 빈집규모만 줄잡아 10만호를 웃도는 것으로 알려졌다. 매년 3,000호가 새롭게 빈집대열에 합류한다는 게 전문가 지적이다.

언론도 도심빈집의 심각성에 동의했다. 빈집실상을 다루거나 유효활용을 위한 방안을 제시하는 매스컴보도가 증가세다. 가령 NHK의 〈추적 AtoZ〉팀이 도쿄의 대표적 주택지인 스기나미杉並·세타가야世田谷구를 대상으로 독자조사를 실시한 결과 빈집은 모두 500가구로 집계됐다. 일일이 뛰어다니며 확인한 빈집으로 생각보다 많은 규모였다. 특히 집주인의 행방을 알 수 없는 빈집만 100가구를 넘겼다. 땅값 비싸기로 소문난 도쿄 한가운의 빈집통계는 시청자의 눈과 귀를 단번에 모았다. 정작 이웃이 아니면 빈집실상을 알기란 그만큼 힘들어서다.

빈집 때문에 고충인 건 지자체도 마찬가지다. 빈집을 둘러싼 신고가 끊이지 않지만 뾰족한 수가 없어서다. 엄연한 개인재산인 사유지를 무허가로 들어선다는 것부터 쉽잖다. 사유지의 적정관리는 어디까지나 소유자의 책임영역이기 때문이다. 경찰입장도 비슷하다. 방화나 불법침입 등 사건성이 없는 한 출입할 수 없다. 집주인의 행방을 모르거나 연락이 되지 않는 상황에선 경찰이든 행정이든 유효한 대책은 없다는 게 현실한계다.

〈추적 AtoZ〉팀의 추가조사에 따르면 집주인이 없는 것도 아니다. 절반 정도가 애초 집주인이 사망한 뒤 자녀가 상속을 받은 상태였고, 제3자가 구입한 경우도 상당수에 달했다. 관리하지 않고 방치한 이유는 귀찮고 돈이 들기 때문이라는 이유가 많았다. 팔아도 손해란 답도 적잖았다.

특이한 건 나머지 30%의 이유다. 행방불명된 집주인이 등기상으로는 여전히 빈집에 살고 있는 경우다. 실제론 사망했지만 등기를 변경하지 않아서다. 이는 변경의무가 없기에 강제할 사항도 아니다. 홀로 살다 사망한 뒤 아무도 추가조치를 취하지 않은 형태다. 다만 원래부터 1인 세대는 아니었을 확률이 높다. 2~3세대의 대가족이 살다 핵가족화·고령화와 맞물려 결국 노인 1명만의 거주공간으로 변한 식이다. 자식출가와 배우자사망이 비자발적 1인 세대로 내몬 것이다.

집주인 있어도 방치하기 일쑤…
이득은커녕 비용부담만

노인 홀로 살다 백골유체로 발견되는 경우는 일본에선 흔하다. 이 경우 집은 저절로 빈집이 된다. 신원확인이 쉽잖아 가족을 찾는 것도 힘들어서다. 노환으로 병원에 입원하는 경우도 마찬가지다. 시간이 갈수록 처음엔 빈집을 봐주던 이웃과도 결별하면서 인간관계는 완전히 붕괴될 수밖에 없다. 결국 치안악화를 우려한 일부동네는 자치적인 순찰조직까지 만들어 빈집을 중심으로 한 불안감을 낮추고자 시도한다. 그만큼 도심곳곳의 빈집증가는 무연사회를 살아가는 현대 일본인의 감출 수 없는 냉혹한 자화상이라는 평가가 압도적이다.

시골빈집이든 도심빈집이든 무인주택은 경제적으로 아깝다. 특히 도심빈집의 경우 조금만 손보면 얼마든 사용할 수 있는 물건이 일등지에만 수두룩하다. 일각에선 이들 빈집의 유효활용을 위한 사업모델이 필요하다는 지적도 계속된다. 빈집의 유효활용은 파급효과가 크다. 무엇보다 불안해하던 이웃과의 네트워크를 보다 강화할 수 있다. 귀농·전원생활을 위한 도시거주자에게 빈집을 소개·유치하려는 지자체도 수두룩하다. 일부는 아예 빈집은행을 만들어 관련정보를 눈높이에 맞춰 취합·제공하는 검색시스템을 갖췄다.

지난 2011년에 발생한 전대미문의 3·11 도호쿠대지진 때도 빈집은 중요한 재활카드로 간주됐다. 전국각지에 산재한 빈집을 피해자에게 제공해 재건기반을 마련해주자는 차원에서다. 여기엔 NPO법인이 선두에 섰다. 장기화된 피난생활이 불가피했던 피해가구로서도 일정부분 숨통이 트일 수 있는 선택지였다. 피해지역과 가까운 니가타新潟도 빈집·농지의 무상대여와 생활지원금 지급 등을 결정해 화제를 모았다.

무연사회 비즈니스
'눈물과 고독이 수익기회'

비즈니스까진 아니라도 무연사회 해결을 위한 다차원적인 노력도 목격된다. 이는 NHK의 반향이 그만큼 컸다는 방증으로 일종의 방송성과로 볼 수도 있다.

먼저 2010년 3월엔 약 5,360세대에 이르는 치바千葉시 대단지아파트에 '고독사제로연구회'라는 NPO가 설립돼 화제다. 애초 뉴타운으로 개발돼 어느 지역보다 노인세대가 많은 지역답게 자생적인 문제해결 카드를 꺼내든 셈이다. 단순한 관심고취에서 벗어나 시스템적으로 고독사를 억제하기 위해 결성됐다. NPO법인과 거주자가 계약을 맺어 안부확인부터 장의·납골에 이르는 모든 절차를 지원하는 체제다. 동시에 죽음에서 생전생활까지 무연의 구제방안을 확대함으로써 보다 안심할 수 있는 기반조성을 목적으로 한다.

또 도쿄인근 히노日野시는 고령자보호지원네트워크를 결성했다. 관공서·협력사업소·지역주민이 독거주민의 이상사태를 발견했을 때 즉시 지역포괄지원센터에 연락해 조치를 받도록 하는 구조다. 현재는 대상고령자와 일대일의 충실한 대응이 가능한 상황이다.

요코하마橫濱시는 시영주택과 공공 임대주택 단지에 거주자가 집에서 버튼을 눌러 외부에 긴급사태를 알리거나, 수도를 사용하지 않으면 자동적으로 통보해주는 시스템을 갖췄다.

또 니가타시는 독거노인 400가구가 사는 지역에 사회복지법인을 만들어 물건 구매·청소 등을 지원하는 시범사업을 시작했다.

후쿠오카福岡시의 의료경영 컨설팅회사인 '메디컬 서포트 시스템'은 고독사를 줄이기 위해 매일 아침 독거노인의 안부를 확인하는 무료전화 서비스를 실시 중이다. 이 서비스에 가입한 독거노인들이 매일 오전 9시 이전에 전화를 걸면 신호음이 컴퓨터에 자동 기록된다. 전화기록이 없으면 직원이 전화를 걸어 안부를 확인하고 응답이 없으면 집으로 찾아가는 구조다. 그 밖에 자원봉사자들의 독거노인 방문과 사랑방 마련 등도 확산되고 있다.

공동체 상실이 낳은 사업기회···
신변확인으로 고립탈피

무연사회의 해결을 위한 노력은 다각적이다. 방송 이후 정부의 특단대책을 요구하는 목소리가 높아지면서 정책차원의 대응방안도 가시적이다. 신속하고 광범위한 해결책을 요구하는 주요언론은 "1회성 보도에 그치지 않겠다"며 강한 의욕을 내보인다. 이웃·지역공동체의 부활을 통해 커뮤니케이션·인간관계를 해법으로 제시하는 전문가도 많다. 즉 사람과의 인연을 중시하는 삶인 '유연사회有緣社會'의 부활이다. 연대를 중시하자는 의미다.

이런 차원에서 '새로운 공공公共'이 제창 중이다. 이때 중요한 건 단순한 고립사의 감소와 함께 고립된 삶의 구제가 시급하다는 공감대다. 무엇보다 중요한 건 사실 본인의 마음가짐이다. 전문가들은 "사랑방을 만들어도 정작 독거노인들이 오지 않는 경우가 많다"며 "고립생활에 빠지기 전에 주민들과 어울리는 환경을 만드는 것이 중요하다"고 지적했다.

동시에 무연 예비군일 수 있는 3040세대를 비롯한 젊은이들의 인식개선도 시급한 과제다. 일례로 내향지향성을 줄이자는 지적이다. 2~3년 전 일부 대학이 화장실에서의 식사금지 안내문을 붙였을 만큼 젊은이들의 희박해진 연대감은 심각한 문제다. 적극적인 활동·참여유도의 기반조성을 통해 공동체적인 사회시스템의 멤버로서 안정감을 갖도록 하는 게 그만큼 중요해졌다.

하지만 무연사회 극복을 위한 결정적인 키는 정작 다른 데 있을 수 있다. 앞서 지적했듯 사회안전망의 회복과 복지시스템의 구축을 위한 정부·기업차원의 인식재고와 방향전환이다. 지금의 적자생존·승자독식의 신자유주의적인 운영구조를 느슨하게 하는 대신 연대부활·사회통합을 위한 배려증진이 한층 필요하단 의미다.

한편에선 무연사회가 새로운 상업주의적인 사업모델로까지 등장했다. 무연 비즈니스다. 실제 2010년 이후 다양한 독신대상 비즈니스와 상품개발이 최근 줄을 잇는다. 사후 주변정리와 유품정리·화장 등을 전문으로 하는 특수청소업이 대표적이다. 전국에 수백 개 회사가 성업 중이다. NHK 취재팀에 따르면 특수청소업과 NPO법인 등은 최근 2~3년 새에 급증했다.

사회통합·연대부활이 관건…
지자체 적극 가세

여기엔 무연사에 대응하려는 지자체 등의 의뢰수요도 늘고 있다. 공동묘지와 대화파트너유료전화, 보증대행 등의 사업도 번성 중이다. 고독사 후 유품정리·청소대행을 해주는 '키퍼즈'라는 회사는 경쟁격화에도 불구 연간 1,500건 이상 처리 중이다. 요금은 건당 평균 25만~30만 엔300만~360만원이다. 단신고령자가 무연으로 거주하는 고령자시설엔 공동묘지 건설착수 등 생전부터 사후준비를 하려는 움직임도 활발하다.

최근 유통망 변화에 따라 골목길 구멍가게가 급감하면서 거동하기 힘든 독거노인을 위한 쇼핑대행도 생겨났다. 생필품을 제때 사지 못해 '구매난민'이라 불릴 정도로 상황이 심각해진 결과다. 전기포트의 사용 여부를 무선통신으로 파악해 가족·지인의 핸드폰에 자동적으로 알려주는 시스템도 인기다. 차를 즐기는 일본인의 특성을 고려해 일상파악이 가능하기 때문이다. TV광고로도 좀 알려졌는데, 현재 월 3,150엔에 3,900건 정도 계약된 상태다.

다만 이 경우 확대적용엔 한계가 있다. 현행 개호보험의 적용대상이 아니기 때문에 제품구입에 경제적으로 다소 부담스러울 수 있어서다. 독거가구의 생활정보를 통해 이상사태를 파악한다는 아이디어는 가스사용량, 냉장고 개폐 정도 등의 유사활용 기술로도 이어져 현재 조금씩 시장이 확대되고 있는 것으로 알려졌다.

현대 일본가족의 재구성
'한 지붕 여러 가족'

고독사와 결별하고 무연의 네트워크를 해결하려는 작지만 중대한 움직임도 있다. 아직은 상업적 성향과 맞물리긴 하지만 어쨌든 전통적 유연有緣 부활 차원에서 주목해봄 직한 사례다. 대표적인 게 무연적인 주거환경을 유연적인 생활공동체로 바꾸려는 노력이다. 공유주거·집합하우스 등 새로운 주거형태가 그렇다.

 전후 일본사회는 임대에서 보유로, 아파트에서 단독주택으로 주거방식을 급선회했다. 이 과정에서 보다 넓고 프라이버시가 보장된 건 물론이다. 다만 이는 지역과의 연결을 끊고 고립성을 강화시키는 결과를 초래했다. 특히 자녀의 경우 3~4세대가 함께 살던 개방적 거주공간에서 현대화 이후 '마이 룸'이 제공되면서 자발·비자발적인 고립공간에 소외되는 경향이 짙었다. 이런 추세가 대량의 고독사와 무연사회로 연결된 것은 불문가지다. 때문에 그 대안은 함께 사는 집합공간의 실현이다.

무연사회를 저지할 대표적인 집합공간은 '컬렉티브 하우스Collective House'다. 개별 전용공간에 화장실·부엌 등의 공유공간이 함께 배치된 형태다. 업자로서는 각각의 공유공간을 하나로 묶어 건축비를 절감하고, 이를 임대료에 반영할 수 있어 경제적이다.

요컨대 컬렉티브 하우스가 무연사회의 구세주로 떠오른 것이다. 나날이 급증하는 독거노인과 젊은 단신거주자의 커뮤니케이션 불통문제를 해결할 수 있다고 봐서다. 한편에선 삭막하고 희박해진 현대 인간관계로부터 벗어나 상호교류·상부상조하는 전통적인 거주스타일을 원하는 인구수요도 그만큼 늘었다. 무엇보다 공유시설의 존재는 거주자끼리의 교류를 확대시켜준다. 고독을 존중하면서도 고립은 시키지 않는 지혜가 묻어난 거주형태다. 생활인연의 수립이다. 컬렉티브 하우스는 이 수요로부터 탄생했다.

컬렉티브 하우스는 다른 집합주택과 기본개념이 다르다. 물론 타인이 공동생활을 영위하는 거주형태는 다양하게 존재한다. 그룹 홈환자·장애인이 개호서비스를 받으며 공동생활이나 게스트하우스외국인도 이용 가능한 임대형 공유주거, 조합주택입주희망자가 조합을 구성해 토지취득부터 설계까지 실시 등이 대표적이다.

무연사회의 새로운 집합공간···
고독은 존중, 고립은 방지

최근엔 쉐어하우스도 있는데, 이는 개인독방 이외에 거실·부엌·목욕탕·세탁실 등은 공유하는 비용절감적인 형태다. 단신거주에 불안감을 느끼며 비용절감을 원하는 2030세대의 학생·여성거주자가 주로 입주한다. 살아보니 비용 대비 커뮤니티가 훨씬 파워풀해짐을 느낀 것이다. 쉐어하우스의 경우 비슷한 연령대로 상호간 정보취합과 연대형성을 통해 삶의 질을 높이고자 한다.

컬렉티브 하우스는 좀 다르다. 한마디로 쉐어하우스를 포괄하는 개념이다. 개별세대의 전용면적과 주민공통의 공용면적이 각각 존재함으로써 이합집산이 가능한 주거형태다. 대개 어린이부터 노인까지 구성원이 다양해 세대교류형 주택으로 불리기도 한다. 밑에서 살펴보겠지만 여러 장점 덕분에 유명물건은 대기기간만 1~2년일 정도로 인기절정이다. 몇몇 물건은 완공 전인데도 신청자가 쇄도해 사전분양을 끝마친 경우도 있다. 월 2만 엔의 저가형 컬렉티브 하우스부터 수영장·요가시설까지 갖춘 수십만 엔대까지 종류는 다양하다.

원래 기원은 여성의 사회참여가 활발했던 서구다. 그중에서도 스웨덴의 코하우징Cohousing이 원조다. 가사와 양육을 타인과 상부상조할 환경필요가 탄생배경이다. 대부분 큰 식당을 갖추고 탁아소와 보육사를 확보한 경우가 많은 이유다. 스웨덴 등 북구유럽에서 여성의 경제활동이 활발한 것은 이런 주거공간의 제공이 큰 힘이 됐다.

일본도 처음엔 비슷한 이유로 도입됐다. 보육원에 들어가지 못해 기다리는 '대기待機아동'이 흔한 일본의 직장엄마들에게 큰 힘이 된 건 물론이다. 2003년에 본격사례가 도쿄에 완공돼 주목을 받았다. 이런 점에서 여전히 여성전용이 인기다. 일종의 노후대책으로까지 인식하며 적극적인 입주를 희망하는 사례도 증가세다. 여성끼리의 인연 만들기다. 여러 형태의 동료들과 노후를 안전하게 보내려는 네트워크의 구성이다.

이는 여성독신의 증가에 따른 필연적인 자구책 중 하나로 평가된다. 과거 보육소가 적었을 때 엄마들끼리 모여 자녀육아 문제를 해결하듯 새로운 인간관계를 구축하기 쉽다는 점에서 여연女緣의 수립이라고까지 일컬어진다. 이들의 경우 상호협력으로 생활비를 아끼는데, 몇몇의 경우 아예 식재료까지 공유하며 여성특유의 친밀감이 확대된 사례도 있다. 공동생활에서 오는 마찰은 정례회에서 대화로 해결하는 식이다. 물론 비용이나 취향·선호 등의 이유로 공동주택 건설·입주가 계획대로 진행되지 않는 경우도 적잖다. 일종의 시행착오다.

대개의 형태는 다음과 같다. 원룸 혹은 2LDK방 2개, 거실, 식당, 부엌으로 구성됨의 전용부문 외에 공용거실·부엌식당이 갖춰진 게 일반적이다. 여기에 집안에 설치한 어린이놀이터와 옥상·마당의 공동채소밭과 정원도 공유된다. 관리는 전적으로 거주자 몫이다. 교대로 요리·청소하는 건 당연하다. 일반맨션이라면 공용시설 관리는 관리회사가 담당하는 것과 비교된다. 단점은 비용월세이다. 지역·크기에 따라 다르지만 시장시세에 비해 조금 높은 게 흠이다. 그래도 요즘은 없어서 못 들어가는 게 일반적이다.

인기이유는 뭘까. 좀 세분화해서 보자. 우선 자녀양육이다. 컬렉티브 하우스엔 다양한 개별세대가 어울려 사는 게 일반적이다. 은퇴한 고령세대도 물론 있다. 부모가 외출하면 이들이 공용면적에서 애들을 봐줄 수 있다. 여성 단독가구라면 안전측면에서 탁월한 장점을 갖는다. 여럿이 거주하기에 보호받는다는 안심을 얻을 수 있어서다. 맞벌이부부는 공용거실에서의 식사가 큰 도움이 된다.

실제 컬렉티브 하우스엔 세대를 뛰어넘는 입주민끼리의 활발한 교류가 보편적인 걸로 알려졌다. 좀 과장을 보태면 과거 일본전역에서 폭넓게 구축된 전통적인 견고한 지역 커뮤니티地緣의 부활로 해석할 수 있다. 소통과 도움의 전통가치로의 복귀다. 외로운 현대도시인의 상실감을 이웃연대감으로 극복할 수 있기 때문이다.

입주민 교류확대로 상생추구…
양육과 안전, 대화가 있는 공간

최근엔 눈높이에 맞춘 맞춤식(?) 이웃제공도 가능해졌다. 함께 살 이웃의 가족형태를 골라 입주하는 형태다. 가령 '지방출신 여성한정'이라든가 '싱글마더와 고령자조합' 등이 그렇다. 독신자가 아니라도 구미에 맞춰 얼마든 선택할 수 있는 구조다.

다만 아직은 젊은 입주자가 태반이다. 원룸생활로 유년기를 보냈던 2030세대가 삭막해진 현대생활과 희박해진 귀속의식을 보듬고자 스스로 새로운 연대감가족구성원을 찾으려는 수요다. 여기엔 소유에서 사용이라는 가치변화도 한몫했다.

물론 염려하는 시각도 있다. 일종의 단체생활로 비칠 수 있어 거부감을 가질 우려다. 다만 이 문제는 완화되는 추세다. 전용면적에 욕실·부엌 등이 구비돼 원치 않는다면 굳이 공동시설을 쓰지 않아도 되기 때문이다. 일정부분 프라이버시를 지킬 수 있다.

이런 점에서 단순 쉐어하우스보다 진화된 형태가 컬렉티브 하우스다. 물론 다세대가 거주하기에 인간관계가 늘 좋을 수만은 없다. 그래서 몇몇 물건은 입주결정 전에 견학해 확인하거나 체험거주가 가능한 서비스를 제공하기도 한다.

컬렉티브 하우스에의 관심집중은 붕괴된 지역사회의 네트워크를 복귀하려는 작은 몸짓이다. 그것도 입주자 스스로 선택한 자구책이다. 지금이야 건물내부에서의 관계설정이지만 이게 확대되면 얼마든 지역복원으로 연결될 수 있다. 함께 밥을 먹고 얘기를 나누는 공유관계가 집밖으로 확산되면 이웃과 이웃의 전통적인 취락공동체와 다를 게 하나도 없다. 이런 점에서 컬렉티브 하우스의 향방은 일본사회의 공동체복원을 위한 중대한 실험일 수 있다.

• 제2부 •

불편과 왜곡
'최소불행사회'의 망주·폭주노인

노인대국에서 찾는
꽃집과 병원의 경제학

일본은 확실히 고령국가다. 좋은 말로 장수국가다. 복잡한 통계수치가 아니라도 '일본=고령사회'라는 등식은 생활 곳곳에서 확인된다. 당장 길거리에 노인인구가 넘쳐난다. 젊은 청장년세대가 직장·학교에 몰입해 있는 낮 시간대엔 특히 심하다.

대중교통은 물론 상점가도 백발노인이 주력인구다. 가게점원이 문밖까지 물건을 들어주고 택시기사가 직접 하차해 짐을 실어주는 풍경조차 일상적이다. 한낮의 여유를 즐기는 카페고객의 절대다수도 고령인구다.

스가모巢鴨는 아예 노인천국이다. 일명 '노인들의 하라주쿠原宿'로 불리며 고령인구로 넘쳐나는 지역이다. 평일은 물론 주말엔 발 디딜 틈조차 없을 정도로 도쿄노인들의 안식처로 유명하다. 노인고객에 눈높이를 맞춘 특화된 상품·서비스 라인업도 탄탄하다. 건강보조제부터 의류·과자·음식 등 철저히 고령고객에 타깃을 조정한 물건이 압도적이다. 이젠 유명관광지로까지 승격(?)돼 일본의 진면목을 알려는 외국관광객이 크게 늘었다.

일본의 상점가엔 유독 눈에 잘 띄는 간판이 몇 개 있다. 다분히 개인적인 느낌이지만 꽃집과 병원이 그렇다. 어디를 가든 꽃집과 병원 간판은 한눈에 들어오는 게 보통이다. 꽃집의 경우 역세권은 물론 주택가 인근에도 필수점포다. 백화점·슈퍼마켓 등 대형쇼핑몰엔 빠짐없이 입점해 있다. 단독주택이 많은 까닭에 마당을 가꾸거나 방을 꾸밀 수요가 많기 때문으로 추정된다. 선물용으로 화려하게 꾸민 것보다는 신문지에 싼 게 많다는 건 그만큼 본인수요일 확률이 높다는 증거이다.

특유의 꽃꽂이문화가 풍성하다는 것도 지속적인 수요배경이다. 꽃꽂이는 사실 일본인에게 일상생활 그 자체다. 이어령이『축소지향의 일본인』에서 "꽃꽂이를 통해 자연화목花木을 축소해 재구성함으로써 만족감을 얻기 때문"으로 봤을 만큼 꽃을 선호했다.

물론 화훼시장은 내리막길이다. 도매규모가 4,200억 엔2009년대로 1990년대 후반의 6,000억 엔대보다 상당히 위축된 상태다. 결혼식·장례식 등을 중심으로 꽃 수요가 줄어든 결과다. 데이트에서 활용되는 꽃 수요도 감소세로 알려졌다. 경기침체로 초식남 등이 늘면서 연애 자체에 관심이 줄어든 데다 독신과 만혼추세도 꾸준해서다.

그럼에도 불구, 꽃집이 버틸 수 있는 건 고령인구 덕분이다. 업계도 화훼시장을 받쳐주는 든든한 지원군으로 고령인구를 든다. 특히 여성노인의 수요가 꾸준하다. 평균수명이 길어 홀로 살 확률이 높은 여성노인을 달래줄 위안품목으로 제격이기 때문이다. 실제 꽃집을 드나드는 고객을 살펴보면 절대다수가 황혼기에 접어든 여성인구다. 비록 경제적인 효용은 없지만 적적한 노후생활을 달래주는 만족감 차원에서 본다면 꽃만큼 고령수요가 지속적인 것도 없다.

병원도 비슷한 맥락에서 이해할 수 있다. 병원 중에선 단연 정형외과가 많다. 소아·산부인과는 보기 힘들어도 정형외과만큼은 흔하게 볼 수 있다. 이유가 뭘까. 역시 고령화 추세에서 손쉽게 답을 찾을 수 있다. 일상생활과 노구가 부딪히며 정형외과적인 치료수요가 증가해서다. 고령인구가 많이 거주하는 동네일수록 정형외과가 많은 이유다. 이와 관련해서는 비슷한 치료효과를 볼 수 있는 접골원과 마사지업소도 문턱이 낮다.

노인고객의 단골수요…
꽃집과 병원이 많은 까닭

꽃집과 정형외과병원의 상대적인 성황은 시니어시장에 적잖은 시사를 제공한다. 고령화라는 인구변화에 걸맞은 특화품목이 무엇인지 힌트를 얻을 수 있어서다. 결국 포인트는 노인생활의 불편함과 외로움을 덜어주는 아이디어에 달렸다. 반대로 고령화가 심화될수록 기본생활이 불가능한 고령고객이 증가한다는 걸 의미한다. 그나마 꽃집과 병원의 경우 지금까진 비교적 건강하거나 건강했던 노인수요를 주로 커버할 뿐이다. 이미 거동하기 힘든 노인계층은 대상 밖이다. 외출조차 힘든 이들에겐 꽃을 사거나 물리치료를 받을 체력조차 없기 때문이다.

실제 기본적인 의식주조차 스스로 해결하기 힘든 일본노인은 상당수에 이른다. 이들 대부분이 자발·비자발적으로 집안에 감춰진 채 독거생활을 한다고 보면 공개된 통계수치는 일부에 그칠 가능성이 크다. 또 외출 불가능의 노인세대라면 인간다운 삶은 한층 힘들어질 수밖에 없다. 그 대표적인 게 일상생활의 최소기본인 먹을거리에 관한 딜레마다.

일본의 방송매체는 먹을거리와 관련된 프로그램을 자주 내보낸다. 요리천국답게 아예 고정편성의 음식전문 프로그램도 상당수에 이른다. 먹을거리에 초점을 맞춘 '구루메グルメ' 방송이 대표적이다. 가격대별로 A급, B급 등 등급을 매겨가며 추천메뉴를 선뵈는 프로그램은 TV만 켜면 늘 1~2개 화면에선 볼 수 있을 정도다.

여행과 결합해 지역특산 요리를 소개하는 건 일반적이다. 토크쇼에서조차 음식은 빠지지 않는 고정메뉴다. 계절별·지역별·주제별 요리소개도 많다. 일본인에게 음식이야말로 빼놓을 수 없는 핵심관심사이기 때문이다.

하지만 그것도 몸이 말을 들을 때 가능한 얘기다. 제아무리 먹고 싶은 게 있고 돈이 흘러넘쳐도 몸이 힘들면 미각을 향유하기 어렵다. 현지에서 싱싱한 재료를 눈앞에서 요리해 먹는다는 즐거움은 육체적 건강이 전제될 때 가능해서다.

이런 점에서 붙박이 노인그룹은 요리천국 일본의 비자발적 소외계층에 다름 아니다. 늙은 것도 서러운 이들에게 산해진미까지 포기하라는 건 장수대국 일본의 어두운 그림자 중 하나다. 물론 무리하면 못 즐길 것도 없다. 하지만 이를 시행하자면 각종 투입비용 대비 효용가치는 낮을 수밖에 없다.

그래서 틈새란 게 존재한다. 외식과 관련된 택배·배달서비스가 그렇다. 시장규모만 2조 엔을 육박할 정도로 성장세도 남다르다. 장기불황

속에서 고전하던 외식산업이 고령화시대에 걸맞은 미래지향적 생존활로를 찾은 덕분이다. 손님을 기다리지 말고 직접 다가서자는 의도다. 택배주문을 선호하는 대부분의 고객이 노인그룹인 건 두말하면 잔소리다. 원래 배달문화가 미약했던 일본에서 택배서비스는 사실 일반적인 풍경은 아니다.

TV만 켜면 음식방송···
'노인도 맛난 음식 먹고 싶다!'

음식배달의 선두주자는 스시すし업계다. 신선한 손질생선이 주요재료인 스시는 일본이 즐기는 대표음식 중 하나다. 서구입맛에 길들여진 젊은이들과 달리 스시는 장년층 이상의 고령인구에게 인기가 높은 대중음식이다. 다만 관건은 신선도다. 그때그때 구입해 바로 먹어야 하기 때문에 몸이 불편해 쇼핑접근성이 떨어지는 노인그룹에겐 '그림의 떡'이나 마찬가지였다.

이 틈새수요를 제대로 꿰뚫은 업체가 택배스시 체인업체 '긴노사라銀のさら'다. 전국 322개2011년 2월 점포를 갖춰 시장점유율 45.5%를 장악했다. 특유의 해동 노하우를 적용해 신선하고 값싼 스시를 즉시 배달하는 시스템을 갖춰 고령가구에 인기가 높다.

이밖에도 최근엔 오래된 유명전통 스시음식점도 배달서비스에 가세했다. 자존심을 버리고 계절메뉴를 개발해 단골고객을 중심으로 집에서도 신선한 스시를 먹도록 틈새를 뚫었다.

고령자를 위한 배달서비스의 원조는 도시락배달이다. 고령인구가 본격적으로 늘기 시작한 1990년대부터 착실히 시장안착에 성공했다. 일반식은 물론 수요에 따라 건강·치료식 도시락을 보태 고령인구의 입맛에 맞췄기 때문이다. 반찬 등을 배달하는 전문업체도 적잖다. 고령인구의 경우 로열티가 높아 지속주문으로 안정적인 매출유지가 가능한 것으로 알려졌기 때문이다.

가령 유명체인업체인 와타미ワタミ그룹을 보자. 이 회사는 2009년부터 고령자대상의 도시락 배달사업에 뛰어들었다. 다소 뒤늦은 판단일 수 있었지만 시장규모는 넉넉했다.

출발당시 4만 개에 불과하던 주문량이 2011년에는 12만 개까지 불어났다. 특히 지역주민을 배달인력으로 채용한 게 주효했다. 지리에 밝은데다 배달방문 때마다 외로워하는 노인고객과의 커뮤니케이션을 유지함으로써 고객만족도를 높인 덕분이다.

다만 그렇다 해도 만족감은 떨어질 수밖에 없다. 아직 배달시장이 미성숙인 데다 해당품목이 한정됐으며, 무엇보다 도심거주 등 일부노인에게만 해당되는 한계가 있기 때문이다. 반대로 뒤에서 자세히 살펴보겠지만 돈이 있어도 물건을 사지 못하는 노인가구가 훨씬 더 많다.

요컨대 '구매난민買い物難民'으로 쇼핑을 필요할 때 못하는 난민신세에 빠진 노인가구의 급증세다. 하물며 외출이 힘들고 인지력이 떨어지는 노인을 대상으로 한 방문접근적인 악질사기도 끊이지 않는다. 노인의 생활불편을 사기대상으로 삼는 경우다.

시간이 갈수록 장수대국의 어두운 그림자가 민감한 사회문제로 대두중이다. 노인그룹의 생활불편이 그만큼 급속·다각도로 급부상하고 있기 때문이다. 최소한의 인간적인 기본생활조차 영위하지 못하는 노인문제의 경우 결코 작은 이슈가 아니다.

일본노인의 생활불편 가속화…
실버산업의 포인트

그럼에도 불구, 실상은 수면 밑에 가려져 있다. 사건화가 되면서 불거져야 비로소 정책도마에 오르는 게 다반사다. 같은 맥락에서 개인차원의 해결문제로 치부될 확률도 높다. 개별가족이 책임질 일을 정부가 적극 떠안을 경우 바닥난 재정곳간을 더욱 악화시킬 수 있다는 이유에서다.

정권교체 이후 민주당 정권간 나오토·管直人은 생활불편을 포함한 삶의 질 향상을 위한 추진공약을 내걸었다. 이를 아우를 핵심 슬로건은 '최소불행사회'다. 사회적 빈곤타파를 위한 정책마련에 정권운명을 건 셈이다.

하지만 결과는 썩 좋지 않다. 굳이 따진다면 당장 고령화보단 저출산에 포커스를 맞춘 느낌이 짙다. 불행을 최소화할 여력재정도 능력리더십도 의문스럽다. 와중에 2010년 언론은 무연無緣사회와 고독사 등 반인륜적인 사회문제를 집중 조명했다. 이대로라면 일본사회에 희망이 없을 것이라는 위기감의 발로였다.

물론 위기는 기회일 수도 있다. 고령인구의 생활불편을 위기로만 받아들이지 않고 새로운 기회창출로 접근할 수 있기 때문이다. 무너진 공동체를 회복하고 그 속에서 ㈜일본을 회생시킬 새로운 성장엔진을 확보할 수 있다.

결국 포인트는 향후 인구주력을 차지할 노인그룹의 눈높이와 입맛이다. 그 방향은 생활불편을 완화시킬 노인그룹의 후생증가다. 고령화는 많은 걸 바꾼다. 삶을 살아가는 기본방식부터 사고관념까지 아우르는 폭넓은 가치변화가 불가피한 법이다.

생활불편의 또 다른 상징 '단독주택의 딜레마'

주택수명 연장추세… '고령자가 살기 힘든 단독주택'

고령자 생활불편의 또 다른 원인배경은 거주환경에서도 찾을 수 있다. 일본의 주거형태는 단독주택이 일반적이다. 토지통계(2008년 10월)를 보면 전체주택(5,759만 호) 중 빈집(756만 호)을 뺀 4,861만 호에서 55%가 단독주택이다. 맨션 등 집합주택이 42% 정도다. 하지만 희망주택을 조사하면 응답자의 80~90%가 단독주택으로 답할 만큼 선호도가 높다. 값은 비싸지만 마당을 비롯한 개인공간이 많아 활용도가 높기 때문이다.

단독주택의 경우 대부분 고령가구가 거주한다. 고도성장기 때 빚을 내 마련한 자가에 계속해 거주하는 경향이 일반적인 까닭에서다. 문제는 노후화다. 과거 지어진 주택의 최대 문제는 충분하지 못한 기본성능과 내구성으로 수명이 짧다는 점이다. 그래서 헐고 다시 짓는 'Scrub & Build'가 반복됐다. 하지만 최근의 주택멸실 패턴을 보면 1970년대 이후 주택의 경우 멸실 스피드가 늦춰지면서 주택수명이 연장되는 경향이 짙다.

결국 거주공간의 불편함이 강조되는 추세. 특히 노인이 생활하기에 불편한 공간배정과 이동라인이 문제다. 젊었을 적 몰랐던 새로운 문제가 신체변화와 함께 부각되기 시작한 것이다. 노인거주자에 어울리는 공간재편(리모델링)이 필요한 이유다. 문턱을 없애거나 손잡이·난간을 설치하고 개호공간을 마련하는 등이 대표적인 조치다.

이도 저도 아니면 아예 노인특성을 고려해 만든 전문주택에 들어가는 경우도 적잖다. 불편하고 힘든 기존주택에서 벗어나 인간다운 노후생활을 보내기 위해서다. 대표적인 게 고령자전용임대주택이다. 이는 개호시설도 노인홈도 아니다. 그래도 실내엔 문턱 등 장애물이 없고 긴급할 때 대응이 가능한 보호시스템이 완비됐다. 생활불편을 없앤 독립공간에서 자립해 자유롭게 살지만 문제가 생길 경우 즉시대응이 가능하다는 점에서 인기가 높다.

구매난민 급증
'돈 있어도 살 수 없는 세상'

풍경 1 = 동네중심가엔 없는 게 없다. 상점가로 불리는 붙박이 전문점포가 수두룩해서다. 특히 생선가게·정육점·야채가게·두부점 등 식생활에 필요한 신선식재료 취급점포는 어디든 1~2개 이상은 반드시 있었다. 반찬가게와 주류소매 등 일본 특유의 가게도 필수였다. 굳이 멀리 가지 않아도 하루 이틀 먹을거리는 가볍게 해결됐다. 산책 겸 장보기는 무난한 일상생활 중 하나였다. 버블이 꺼졌던 1990년대 중후반만 해도 이런 상점가는 건재했었다. 하지만 이젠 'ㅇㅇ도오리通り'로 불리던 이런 전통적인 동네상점가는 빛을 잃었다. 대신 얻은 별칭이 '샤타도오리'다. 문을 뜻하는 영어 셔터Shutter의 일본발음으로, 즉 문 닫힌 상점가라는 뜻이다.

풍경 2 = 도쿄를 포함한 수도권 대형쇼핑몰엔 유독 택시대기가 길고 붐빈다. 교통비 비싸기로 소문난 일본치곤 드문 전경이다. 또 하나 특이

한 건 손님이 대부분 고령자라는 점이다. 양손에 힘겹게 비닐봉지를 든 채 택시에 오르는 게 보통이다. 백화점 등 다소 고급스러운 쇼핑점포는 계산대에 보조직원도 배치된 경우도 있다. 몸이 불편한 노인고객이면 짐을 담아준 뒤 이를 대신 들고 정류장까지 안내해주기 위해서다. 택시라면 기사가 직접 내려 트렁크에 넣어주는 건 기본이다. 한편에선 끌개에 짐을 잔뜩 싣고 힘겹게 주택지로 향하는 고령자도 수두룩하다. 누가 봐도 안쓰러운 모습으로 가다 쉬다 반복하는 이유는 택시비조차 아끼기 위해서다. 버스라도 있으면 좋겠지만 이마저 기대하기 어렵다. 매출하락·구조조정을 이유로 노선폐지가 일상다반사여서다.

'구매난민買い物難民'이 고령국가 일본을 긴장시키고 있다. 구매난민이란 생활에 필요한 식재료 등 필수품을 원할 때 사지 못해 곤란을 겪는 이들을 뜻한다. 이는 2000년대 이후 사회문제로 심각히 대두 중인 이슈다.

2008년엔 '또 하나의 고령자문제'라는 부제가 달린 『買い物難民』이라는 책까지 출간됐을 정도다. 책에 따르면 두부 한 모 사자고 1㎞ 이상을 걷거나 하염없이 줄어든 버스도착을 기다려야 하는 사례 등을 다뤄 열도에 충격을 던졌다. 택시를 타면 편하지만 두부 값의 10배 이상 내야 하기에 주저할 수밖에 없다고까지 덧붙인다.

저자 杉田聰는 "구매난민 현상은 차량 등 이동수단이 없고 신체·경제적으로 불편한 고령자를 중심으로 심각하게 확산 중"이라고 밝혔다. 구매난민은 전국적으로 최소 600만 명에 이른다. 많을 경우 800만 명이라는 통계도 있다. 경제대국 일본의 감추고 싶은 실상 중 하나다.

구매난민의 실상은 충격적이다. 물론 언뜻 보면 구매난민은 수명과 직결된 의료·개호문제와 달리 우선순위가 떨어지는 주제처럼 인식된다. 하지만 실상은 그렇지 않다. 생활주변에서의 생필품 구매난항은 결코 단순한 문제가 아니다. 가랑비에 옷 젖듯 천천히 고령인구를 위협할 수 있어서다. 거동이 불편한 고령자에겐 그 자체가 생명줄Life line이나 마찬가지이기 때문이다.

충격적인 구매난민···
'두부 한 모를 못 사는 노인'

가령 충분·건강한 식료품을 구입하지 못하면 영양결핍·건강훼손으로 이어질 수 있다. 불가피한 한계생활의 연속인 셈이다. 그럼에도 불구, 의료·개호처럼 공적제도가 개입할 만큼 긴박하지 않다는 점에서 차일피일 미뤄지는 이슈가 또 구매난민 문제다. 그렇다면 전국적 유통인프라가 탄탄하고 물자도 넘치는 일본에서 구매난민이 발생하는 이유는 뭘까.

원인은 사실 간단하다. 생활주변에 생필품을 살 구매공간이 별로 없기 때문이다. 이는 일본의 특수한 유통시장과 고령자의 신체·경제적 각종 한계와 맞물려 문제를 보다 키운다.

우선 나이가 들면 이동수단은 걷는 것도보에 한정되는 게 자연스럽다. 이때 생활공간 주변에 필요상점 등 편의시설이 없으면 불편함은 한층 높아진다. 생필품을 조달하는 상점가 철시가 대표적이다. 원래였다면 식료품 등 일용품 구매가 도보 5~10분에 해결되었겠지만, 지역밀착형 점포가 폐업하는 바람에 먼 곳까지 가지 않으면 구매 자체가 힘들어져서다.

반면 고령화는 필연적으로 행동반경을 좁힌다. 나이가 들수록 거동이 불편해져서다. 자동차 등 교통수단이 유효하지만 대개는 이마저 만만찮은 경우가 보통이다. 운전 자체가 힘들어지는 데다 일본의 경우 채산성을 이유로 대중교통이 현격히 줄어들고 있다. 실제 지방변두리를 오가던 버스만 해도 나날이 감소세다. 요컨대 구조적인 구매난민 양산이다.

이런 상황에서 생필품 구매는 고령자에게 중노동이 아닐 수 없다. 문제는 향후다. 흔히 지방고령화가 일본평균보다 10~20년 빠르다는 점에서 지역폐해를 보면 일본사회의 미래상을 진단할 수 있다. 구매난민의 실상은 이런 점에서 고령화가 개인소비를 얼마나 제약하는지 잘 보여준다.

실제 구매난민 문제는 도심 어디를 가도 쉽게 접할 수 있다. 특히 1960~1970년대 대거 공급된 대도시인근의 뉴타운·신도시에 구매난민이 집중돼 있다. 당시 입주자가 지금은 고스란히 고령인구로 연결됐기 때문이다. 단지 안에 있던 중소형점포도 매출저하를 이유로 문을 닫는 추세다. 청장년세대마저 점차 이탈하면서 상당수 조성단지는 이미 유령도시로 전락한 지 오래다. 노인만의 거주공간으로 인식되며 경제적 활력도 사라지고 있다.

뿐만 아니다. 대도시 골목상권도 거의 붕괴된 느낌이다. 상업통계경제산업성에 따르면 소매업 점포는 1982년 172만 개에서 2007년 114만 개로 급감했다. 최근 10년에만 20%가량 줄어든 것으로 알려졌다. 특히 종업원 1~4명의 소규모 영세점포가 많이 줄었다. 1997년 46만 개에서 2007년 28만 개로 감소했다. 결국 고령자로선 멀리까지 가 장을 볼 수밖에 없어졌다.

때문에 슈퍼에서 장보기 위해 택시를 부르는 경우도 적잖다. 기본요금 710엔에 호출비용 300엔까지 필요하지만 사실상 방법은 이것뿐이다. 버스라

■ 아키타(秋田)현의 구매난민 환경조사 결과(구매 곤란 이유 · 2009년)

순위	내용	비율(%)
1	특별히 없음	44.4
2	보도권내 가고 싶은 점포 없음	33.5
3	가족협력 없이 구매 불가능	23.6
4	무거운 걸 못 들어 1회 소량만 구매	20.2
5	자동차 · 자전거 운전이 힘들어짐	9.6
6	차가 없음	8.8
7	구매를 도와줄 가족 등이 없음	7.3
8	기타	5.4
9	버스 · 철도승강이 체력적으로 힘듦	2.8

- 자료; http://jbpress.ismedia.jp/articles/-/3092

도 없으면 왕복비용만 상당액에 달한다. 택배 · 배달을 맡겨도 되지만 냉동식품의 경우 적당하지 않다는 불만도 많다.

각종뉴스를 살펴보면 기본적인 생필품조차 사지 못하는 구매난민은 상당수에 달한다. 더 답답한 건 구매난민의 이유가 돈이 없어서가 아니란 점이다. 노인그룹끼리 자산 · 소득격차가 현격해서 그렇지 일본노인은 청장년세대보다 평균 이상의 경제력을 갖췄다. 그것도 월등하게 많다. 돈이 있는데도 생필품을 원할 때 사지 못하는 최대이유는 지역밀착형 소매상권의 붕괴 때문이다. 골목상점이 경쟁점포에 밀려 폐업하면서 장보기가 힘들어져서다.

이때 경쟁점포란 교외입지의 대형점포가 대표적이다. 1980년대 후반부터 경쟁적으로 출점 중인 교외점포는 골목상권은 물론 백화점 등 도심 역세권 대형점포마저 심각한 매출부진에 빠트렸다. 특히 골목상권이 집중적으로 충격을 받았다. 지역주민 중 기동성이 떨어지는 고령자의 경우 생필품 구입에 곤란을 겪을 수밖에 없어진 것이다. 예전이었다면 5분도 걸리지 않을 상점접근성이 이젠 최소한 자동차로 20~30분 이상까지 벌어져서다.

쇼핑비와 교통비…
'배보다 배꼽이 부담스러운 일본노인'

물론 골목으로 대표되는 지역상권의 몰락은 복합적이다. 경기침체에 따른 내수소비도 지역밀착형 토종슈퍼의 몰락을 부채질했다. 동시에 소규모 개인상점의 경우 후계계승이 원활하지 않다는 점도 상점가의 쇠퇴를 가속화한다.

대형점포끼리의 경쟁구도도 한층 복잡하다. 이는 일본진출 이후 경영부진에 빠져 철수한 서구의 대형마트 사례에서 확인된다. 일본유통의 특수성 및 소비자의 냉대와 맞물린 시장철수가 이후 구매난민을 더욱 양산했기 때문이다. '역세권 슈퍼 vs 교외 쇼핑몰'의 대결구도였던 상권대결이 '대형점포 출점→경영압박의 토종상점가 쇠퇴→채산악화로 대형점포 폐점→지역주민의 구매난민 초래'의 흐름으로 변질됐다는 얘기다.

실제 전국상점가진흥조합연합회 가맹상점가 점포는 2009년 3월 11만 개를 겨우 넘겨 전성기 1997년보다 4만 개 이상 감소했다. 상점가 자체도 400개소 이상 줄었다. 고령자 등 교통약자로선 생필품 구매가 힘들어질 수밖에 없는 대목이다.

물론 대안이 없는 건 아니다. 대표적인 게 일본유통업의 상징인 편의점이다. 골목 곳곳에 포진한 편의점은 구매난민에게 단비 같은 존재다. 주지하듯 편의점은 일본유통업의 패자覇者다. 수입된 지 30여 년 만에 편의점 혁명을 일으키며 월평균 10억 명의 이용자를 기록 중이다. 점포숫자는 줄어들고 있지만 여전히 5만 개에 육박하는 수준이다. 인구 2,200명당 편의점이 1개라는 계산도 있다. 그만큼 접근성이 좋단 얘기다.

그렇다고 편의점이 만능은 아니다. 야채·생선을 비롯한 조리필요 식재료가 턱없이 부족해서다. 소량으로 일부품목을 팔지만 구색 맞추기에 불과해 고령인구가 절대다수인 구매난민이 원하는 눈높이에 맞지 않다. 괜찮은 신선야채·생선 등을 사자면 도심중심부의 대형마켓에까지 갈 수밖에 없는 처지다. 편의점의 인스턴트 음식이 노인건강을 심각하게 위협한다는 여론도 적잖다. 어쩔 수 없이 사 먹지만 건강에 좋을 리는 없기 때문이다.

도심은 그나마 사정이 낫다. 좀 불편해도 편의점이 많고 교통수단도 비교적 잘 정비돼서다. 반면 도심지와 거리가 먼 지방의 한적한 동네일수록 구매난민의 생활상은 위험수위에 달해 있다. 핵가족화·도시화의 진전에 따라 마을 자체가 노인만의 거주공간으로 변질된 마당에 인근상권마저 붕괴돼 고립무원의 구매환경에 전락한 경우가 보통이다. 생필품을 사자면 큰맘 먹고 인근의 주요도시 중심부까지 나가야 할 판이다.

대중교통 등 근접성이 좋은 도심 대형점포도 힘들긴 마찬가지다. 도심부의 고령화와 지방에서 수도권으로의 인구유출 탓에 매출이 줄어들어서다. 최근 지역근교에 중대형 슈퍼마켓이 점차 진출하는 것도 걸림돌이다. 결국 폐점이 계속될 수밖에 없는 배경이다. 구매난민의 경우 도심인근의 새로운 중대형 슈퍼마켓도 이용하기 힘들다. 도심중심부에서 2~3㎞ 떨

구매난민 사례

사례 1

도쿄인근의 신도시 대명사는 역시 타마(多摩)뉴타운이다. 도쿄 남서부에 위치한 타마뉴타운은 일본최대 규모를 자랑한다. 1970년대 입주가 시작돼 현재 약 10만 명이 거주 중이다. 다만 엘리베이터가 없는 5층짜리 집합주택이 대부분이다. 단지내부 상점가는 계속해 감소세다. 상점까지 급경사로 연결되는 경우도 많아 고령주민의 구매난민화가 가속화되는 추세다. 물건 사러 나가는 게 큰일이라는 게 고령거주자의 일반적 견해다.

사례 2

후쿠시마(福島)현 후쿠시마(福島)시에 1970년대에 조성된 호우라이(逢莱)단지. 2010년 현재 1만2,730명이 거주 중이다. 당시 이주세대는 이미 고령화됐고 자녀세대는 독립했기에 인구감소가 현저하다. 최전성기엔 단지중심부에 있는 쇼핑센터 옥상에 유원지가 조성될 정도로 붐볐다. 점포도 31개소나 있었다. 다만 지금은 11개로 줄어들었다. 구매난민의 증가다. 더 이상 줄어들면 고령자의 생필품 구매가 곤란해질 것이라는 위기감이 높다.

사례 3

교토(京都)시 니시쿄(西京)구에 위치한 라쿠사이(洛西)뉴타운. 뉴타운을 4개 지역으로 분할해 슈퍼는 중심부 이외에 4개 주택지역마다 왕복 10분 거리에 정비됐다. 이런 이유로 판매당시 편리성을 강조했을 정도였다. 하지만 시중심부와 연결하는 시영지하철 연장계획이 중단되면서 2001년부터 슈퍼 3곳이 문을 닫았다. 이후 1곳은 부활했지만 2곳은 주점으로 바뀌었다. 장을 보자면 결국 2km에 육박하는 거리를 걷든가 버스요금 왕복 460엔을 내든가가 불가피해졌다.
— 자료; 笹井 かおり, '買い物難民 問題', 經濟産業委員会調査室, 2010.

어져 위치해 자가용이 아니면 접근하기 힘들어서다.

이런 점에서 구매난민 양산배경은 편의시설의 교외확산 추세에서도 찾을 수 있다. 일본은 고도성장기 이후 도시로의 인구전입을 분산하고자 도심부 교외개발에 적극 착수했다. 연이은 신도시·뉴타운 개발이 그렇다. 이 결과 도시기능도 근교로 이전됐다. 상업기능도 1960년대까지 역세권·상점가 등 시가지점포가 주류였지만 1970년대 후반부터는 교외주택지·근교간선도로 주변점포로 바뀌었다.

단비 같은 편의점⋯
'구매난민을 구하라!'

특히 버블이 한창이던 1980년대 중후반엔 지가가 저렴한 도심근교로의 출점이 반복됐다. 이후 주말에 몰아서 쇼핑을 하는 게 주류 라이프스타일로 정착됐다. 병원·관공서·영화관 등 편의시설도 교외로 옮겨졌다.

단카이란
1947~1949년에 태어난 전후일본의 1차 베이비부머를 일컫는다. 일본경제의 성장엔진이자 회사인간의 상징그룹이다.

이들 근교지역 거주자는 단카이團塊세대가 대부분이었다. 구매력도 왕성했고 차량보유 등 접근성도 좋아 드라이브하듯 도심인근에 나가 쇼핑을 즐기는 게 유행처럼 번졌다.

하지만 시간이 흘러 지금은 도심근교 쇼핑공간도 힘들긴 마찬가지다. 경쟁점포보다는 낫다지만 인구감소·고령화가 진전되면서 교외점포 매출도 급격히 떨어졌기 때문이다.

한편 문제의 심각성만큼 '구매난민 구하기' 작전도 달아올랐다. 우선 지자체와 연계된 자원봉사·복지제공 차원에서 진행되는 형태가 있다. 나가노長野의 한 마을은 지자체가 아예 구매대행을 책임질 임시직원까지 채용했다. 그간 구매공간을 제공했던 역세권 슈퍼가 폐점한 이후 고령자의 배송서비스 요구가 높았기 때문이다.

NPO 등 시민단체가 주도해 이동장터를 여는 곳도 증가세다. 지자체와 연계된 시민·지역단체가 특정 요일에 인근광장을 식재료 판매공간으로 활용하는 게 그렇다. 일부 NPO는 지속적인 생활지원을 위해 빈 점포를 임대해 고령자 안심센터로 변신시키는 경우도 있다. 이때 재정지원이 동반되는 게 일반적이다.

경산성經産省도 2011년부터 생필품 구매난민을 지원하는 보조사업을 본격적으로 시작했다. 민간업자·지자체 등이 제각각 진행해서는 예산과 연속성에 한계가 있다는 이유로 중앙통제의 목소리가 높아진 결과다. 전국에서 사업과제를 공모했는데 개시초기 200건에 이르는 응모가 접수돼 높은 관심을 보여줬다. 2010년 연말설명회엔 1,500여 명이 참가했을 정도다.

상점가·편의점·슈퍼 등 유통업자의 관심이 특히 높다. 정부는 신규 구매 지원사업에 대해 비용의 2/3를 보조해줄 계획이다. 금액으론 100만 엔부터 1억 엔에 이른다. 가령 택배회사가 점포 접근력이 떨어지는 고령자를 위해 차량개조 등에 비용이 필요할 경우 지원하는 식이다. 이밖에 정부당국은 20대 선진사례와 지원포인트 등을 소개하는 사례집 구매약자응원매뉴얼까지 작성·배포했다.

구매난민에게 도움이 되는 조직은 크게 4가지로 나뉜다. 택배서비스, 이동판매, 점포로의 이동수단 제공, 편리한 점포입지 제공 등이다. 모두 구매환경을 개선하는 처방이다.

택배서비스는 사실상 가장 유효한 수단이다. 인터넷슈퍼와 NPO법인·생협 등에 의한 신규서비스도 확장세다. 이동판매는 상품의 직접확인을 원할 때 효과적이다. 현재 전국의 이동슈퍼는 150~200대 정도로 추산된다. 구체적으로 자택에서 500m 반경을 설정해 공백지가 발생하면 이동판매를 실시하거나 도심에서도 소점포를 확보해 휴일·야간영업을 실시하는 게 그렇다.

이동수단 제공도 괜찮은 솔루션이다. 최근 공공 교통수단이 줄어드는 추세지만 이 틈새를 보완하는 커뮤니티버스 등 값싸고 편리한 대안도 증가세다.

점포의 송영버스를 적극 활용할 수도 있다. 인근에 점포를 유치하는 방법은 지역공동체 부활정책과 맞물려 긍정적인 평가를 받는다. 다소 복잡하고 시간이 걸리지만 사라진 골목상권을 부활시킨다는 점에서 가장 유효한 방법으로 거론된다. 단지 공용부분이나 빈 점포를 이용해 주민조직이 식료품을 직접 판매하는 것도 방법이다.

구매난민은 틈새시장…
다이신백화점이 돈 버는 이유

구매난민을 일종의 틈새시장으로 봐 도전장을 던지는 사례도 증가세다. 대형소매업을 중심으로 새로운 미래 비즈니스로 인식하는 분위기가 적잖다. 구매난민을 둘러싼 대응작업이 중요한 비즈니스 성장모델로 결부될 수 있다고 봐서다.

가령 택배업체인 야마토ヤマト운수의 경우 정보통신단말기를 활용해 지역슈퍼와 연계해 구매를 할 수 있도록 시스템을 정비했다. 터치패널로 만들어 고령자라도 조작이 쉽도록 했다. 인터넷주문을 하고 싶어도 컴퓨터에 약한 고령그룹을 겨냥했다. 슈퍼의 경우 경상비용을 줄이고 택배업체는 배송수주를 받을 수 있어 양수겸장이다.

몇몇 업체는 고령인구를 위한 맞춤서비스 차원에서 구매난민 공략에 나섰다. 도쿄의 '다이신ダイシン백화점'이 그렇다. 디플레·소비불황으로 유통업체 부진이 이어지자 고령고객을 위해 지역밀착형의 세밀한 서비스로 인기를 끌고 있다.

일단 접객서비스가 남다르다. 가령 쇼핑이 끝나면 남자직원이 짐을 들어주며 택시정류장까지 에스코트를 해준다. 무료 송영버스 운영도 명성이 높다. 방문이 힘든 고객을 위해서다. 이젠 좁은 골목길도 커버할 수 있는 경자동차 송영까지 검토 중이다. 짐이 무거우면 당일배송 서비스도 있다. 덕분에 이 백화점은 2005년 이후 연속흑자 행진이다.

구매대행도 새로운 창업이슈로 떠올랐다. 대표적인 게 심부름을 포함한 고령자 고민해결이다. 건당 수수료를 받고 원하는 물건을 대신 사주거나 집안청소·전구교체 등을 해주고 용역비용을 받는 게 그렇다. 10분당 100엔 등의 가격시스템을 적용해 성공한 창업사례가 보도되기도 한다.

업종끼리의 시너지효과도 추구된다. 가령 골목 구석구석을 누비는 신문배달 인력을 활용해 고령가구에 필요물품을 배달하는 게 있다. 고령자의 사전주문 물품을 배달인력이 접수해 이를 해당가구에 배달하는 형태다.

같은 맥락에서 호별배달을 해주는 생협생활협동조합도 중요한 대안이다. 1주일 1회 등의 빈도로 카탈로그를 보고 주문·배송하는 시스템으로 일본에선 유독 인기절정이다. 그럼에도 불구, 한계는 있다. 본인이 직접 보고 비교해 구매하고 싶은 욕구가 고령자에게 특히 강하고 주문방법 등에 거부감을 갖는 경우도 적잖아서다.

그렇다면 결국 해법은 지역밀착형 소형·인근상점의 활성화다. 요컨대 골목상권의 부활이다. 일본정부도 이 문제의 심각성을 충분히 인지한다. 때문에 지역사회 복원과제에 구매난민 문제를 반영하려는 분위기다. 단순히 영세상인의 상권보호보다는 고령인구의 삶의 질 유지·인프라 확보 차원에서 접근하는 이유다. 필요한 경우 보조금 등 인센티브까지 부여해 문제해결을 시도하는 중이다.

일부 지자체는 골목상점을 아예 노인복지센터로 활용하려는 움직임도 있다. 독거노인에게 도시락·반찬거리 등을 배달시키면 여러모로 효율성을 높일 수 있다고 봐서다. 지역사회의 제반문제·이슈가 흡수되는 골목상점에 공익성을 부가해 긴밀한 협의체제가 발휘되면 문제천지인 고령사회 파고도 얼마든 넘길 수 있다는 논리다. 빈 점포를 매입한 뒤 창업희망자에게 무료로 빌려주는 방법이 대표적이다. 이는 지역상권도 살리고 고령문제도 해결하는 일석이조의 노림수로 해석된다.

또 하나의 생활생명줄 '주유소 급감'현상
지방·겨울·노인일수록 '기름 없어 발 동동'

생필품을 제때 사기 힘들어 불편해하는 구매난민의 어깨를 짓누르는 또 다른 이슈도 최근 급부상 중이다. 구입대상은 기름(석유)이다. 특히 한적한 지방마을이고 겨울일수록 난방·이동용 석유를 못 구해 고생하는 경향이 강하다.

이유는 간단하다. 주유소가 줄었기 때문이다. 주유소 폐업은 또 경제적 채산성이 떨어져서다. 구조적 장기불황에 절약지향성이 강해진 데다 친환경 차량(Eco-car)보급이 늘면서 석유수요가 감소한 결과다. 노후화된 주유소 지하탱크 교체비용이 2,000만 엔가량 든다는 점도 전국 40~50%에 달하는 적자주유소의 폐점동기로 작용한다.

이로써 2009년에만 연간 1,733개소의 주유소가 사라졌다. 이는 1990년대 이후 최다 감소 수치다. 전체규모는 전성기 때 6만 개에서 지금은 4만 개로 줄었다. 추세대로라면 2만 개로까지 감소할 거라는 분석도 있다. 결과적으로 가뜩이나 주유소가 부족한 지방의 경우 기름부족 사태가 일상적이다.

역시 최대피해자는 고령자다. 기름 한 번 넣고자 일부러 멀리까지 나가야 하는 사태도 속출한다. 결국 삶의 질이 나빠질 수밖에 없는 상황이다. 대응책 강구도 적극적이다. 폐쇄주유소의 운영권을 주민조직이 이어받아 경영재개에 나선 경우도 적잖다. 생활 인프라를 지키기 위해서다.

고령타깃 악질사기에
'노인지갑 속수무책'

한편 요즘 일본에선 생활불편을 악용한 악덕상술이 판친다. 주요타깃은 고령세대다. 돈 냄새가 사기꾼을 부르듯 돈 많기로 소문난 일본노인을 노린 사기판매의 급증이다. 이미 위험수위를 넘었다는 게 중론일 정도다.

물론 어제오늘의 일은 아니다. 다만 날이 갈수록 그 상술이 악질·교묘해져 골칫덩이다. 문제는 앞으로인데 상황이 만만찮다. 당장 타깃후보가 급증세다. 고령자세대 중 부부세대559만와 단신세대433만 1,000만에 육박할 만큼 악덕상술의 잠재시장이 크다.

돈과 시간이 넉넉한 고령인구를 노린 사기범죄·상행위는 대부분 악질적인 매매권유로 요약된다. 정부가 부당피해를 막고자 취소권 규정까지 뒀지만 사실상 역부족이다. 악덕상술 자체가 그 이상 진화해서다.

주간『다이아몬드』를 비롯해 최근 주요언론은 악질매매를 집중보도 중이다. 그만큼 피해가 많아서다. 실제 악덕판매 계약총액은 공식적으로 6,548억 엔2009년에 이른다. 건수로는 90만 건에 육박한다. 다만 이는 관계기관의 상담사례일 뿐이다. 상담비중이 전체의 13.5%라고 보고 역산하면 피해총액은 4조8,500억 엔에 이른다. GDP 1% 수준이다.

진화하는 노인대상 악덕상술…
피해총액만 GDP 1%

게다가 이들 악덕업자는 이노베이션에 열심이다. 진화를 반복하며 사기수법을 정교하게 다듬는다. 그러니 고령자로선 상술을 피해가기 힘든 게 현실이다. 주간『다이아몬드』는 피해자의 80%가 60세 이상 고령세대로 봤다. 또 1인당 평균계약액은 470만 엔 이상이라고 덧붙였다.

영업정지 등 적발된다고 뿌리가 뽑히는 것도 아니다. 회사이름만 바꿔 다시 개업하는 경우가 비일비재해서다. 대기업 판치는 사업모델을 갖춘 큰손부터 개별영업의 단독업자까지 형태도 다양하다. 다만 공통점도 있다. 휴대폰·유령계좌·명부 등 3대 무기는 이들 사기무대에서 뛰는 영업맨(?)의 공통분모다.

고령자의 3대 불안은 금전돈, 건강병, 고독범죄이다. 무엇보다 꾸준한 관심과 친절한 응대를 반긴다. 사기범들은 이를 노려 정확히 접근한다. 하나같이 고령자의 주된 관심사이자 약점인 부분이다. 이를 해결해준다니 반기지 않을 고령자도 없다.

가령 금전문제의 경우 다양·복잡해진 금융상품 상황변화를 악용해 고이자·고수익을 강조하는 경우가 많다. 목돈이 드는 주택관리는 무료 진단으로 접근한 뒤 추후 거액비용을 요구하는 식이다. 고령자 특유의 건강불안을 심리적으로 조장해 고가의 건강식품·전기치료제 등을 팔기도 한다.

이들 악질업자는 교묘한 말로 불안을 선동하는 게 특징이다. 처음엔 친절하게 접근해 신용을 쌓은 뒤 쌓아둔 연금·저축 등을 노리는 방법이다. 고령자 생활반경이 집이라는 점을 악용해 방문·전화판매에 의한 피해도 특히 많다. 피해자들에 따르면 "속지 않을 수 없다"고 할 정도로 노인의 흉중을 꿰뚫고 있기 때문이다.

최근 방지책 등이 공론화되자 사기수법은 보다 치밀해졌다. 사기완성을 위해 동료조직을 활용해 반복접근을 시도하는 게 대표적이다. 집에 큰 문제가 있다고 불안감을 조성한 뒤 다른 업자가 나서 점검계약을 맺거나 범죄노출 가능성을 반복 거론해 방범카메라를 설치토록 권유하는 식이다. 이때 일부러 문제를 일으키거나 분위기를 조성해 결국엔 덫에 빠지도록 유도하기도 한다. 전형적인 함정사기다. 이들 접근법은 대단히 치밀해 웬만하면 넘어가지 않을 수 없다는 게 공통지적이다.

결국 사기를 피하는 유일한 방책은 정보·판단력이다. 그런데 정작 고령자는 사회와의 단절로 정보에 약한 게 현실이다. 이 결과 악질상법의 계약당사자가 70세 이상인 상담건수만 해도 2009년 12만 건으로 증가했

■ 계약당사자 70세 이상의 연도별 상담 건수

01년	02년	03년	04년	05년	06년	07년	08년	09년
56,915	76,576	99,033	129,393	139,560	134,830	109,700	115,489	122,053

- 자료: 일본국민생활센터(2010년 5월 현재)

다 일본국민생활센터.

수법은 몇 가지로 요약된다. 우선 가정판매다. 가정판매는 자택방문 후 상품·서비스를 권유·판매하는 방법이다. 강제·장기권유가 특히 문제다. 고령자를 대상으로 주택개조공사를 권유하는 식이다. 옆집 공사를 핑계로 사다리를 빌려 지붕에 올라간 뒤 실상은 괜찮은데 누수가 염려된다며 저가공사를 권유하는 게 그렇다. 설치가 의무화된 화재경보기를 강제로 떠넘기거나 기기고장 때 수리 대신 교체를 강제하는 경우도 있다.

주택개조공사의 경우 2005년 이후 잠시 주춤하다 2009년부터 부쩍 늘었다. 피해건수는 2009년 9월 2,144건에서 2010년 9월 2,400건으로 늘어났다. 피해자 중엔 치매 등으로 사리분별력이 떨어지는 고령자가 많은 게 특징이다. 판단능력이 불충분한 80세 이상 피해자는 2005년 36.6%에 불과했는데, 2010년 10월 현재 65.7%까지 급증했다. 불필요한 추가공사부터 공사대금 강제편취까지 형태는 다양하게 집계됐다. 평균계약액은

■ 노인상대의 악질사기 수법과 건수

순위	판매방법	건수	70세 이상 비율
1	가정판매	20,127	16.5
2	전화권유판매	12,655	10.4
3	연속(次次)판매	4,876	4.0
4	이식(利殖)상법	3,824	3.1
5	판매목적은닉	2,974	2.4
6	이차피해	2,826	2.3
7	점검(點檢)상법	2,771	2.27
8	당선(當選)상법	2,354	1.9
9	무료(無料)상법	2,090	1.7
10	SF(催眠)상법	2,070	1.7

- 자료: 일본국민생활센터(2009~2010년 5월 현재)

약 186만 엔으로 나타났다.

　전화권유를 통한 악질사기도 많다. 전화를 걸거나 걸게 해 직접권유 혹은 우편 등 추가적인 통신수단으로 계약하는 경우다. 교섭내용이 서면으로 남지 않기에 강제권유나 허위설명이 자주 동원된다. 보이스피싱은 이제 옛말이다. 판매대상·수법이 한층 업그레이드돼 외화·선물투자 등 첨단방법까지 활용된다.

친절한 접근으로 노인기망…
'속지 않을 수 없다!'

최근엔 이라크·수단 등 낯선 통화에 투자하라는 전화가 많다. 2010년 10월 현재 400건 이상 관련갈등이 접수됐다. 피해금액만 10억 엔을 초과한다. 지금 사면 큰돈이 된다거나 원하면 언제든 환전해준다지만 이후엔 연락조차 없는 게 보통이다. 한 80세 남성은 40배를 번다는 말에 솔깃해 40만 엔을 투자했다 잃었다.

　외화투자는 외환거래 붐과 엔고현상에 편승해 확인이 힘든 후진국 통화가 주로 활용된다. 정확한 현재가치를 모르는 노인이 주로 당하는 이유다. 건당 최대 2,000만 엔까지 당한 경우도 있다. 선물투자도 노인자금을 노린다. 위험고지도 없이 얼마 뒤 지정계좌에 입금할 테니 투자하라는 식이다. 원본보장이라고 안심시키거나 계약을 안 하면 집요하게 괴롭히는 업자도 적발됐다. 선물투자의 피해자 평균연령은 82.2세로 평균 283만 엔이 계약됐다.

연속次次판매도 유명한 수법이다. 한 명의 소비자를 대상으로 점차 계약을 확대하는 식이다. 여러 상품을 계약하도록 하거나 계약 뒤 다른 업자에게 명단을 넘겨 또 권유토록 하는 경우도 있다. 상담사례를 보면 90세 노인에게 새로운 안경케이스가 나왔다고 한 후 이동차량에서의 검안서비스를 핑계로 안경을 사게끔 했다. 똑같은 일을 두 번이나 당해 아들이 신고했는데 해당노인은 치매 환자였던 걸로 나타났다. 백내장 등 고령자 시력문제를 파고든 악질사기였지만 흔적을 남기지 않아 적발이 불가능한 경우가 태반이다.

고율이자를 준다는 이자증식利殖 수법도 끊이질 않는다. 큰돈이 된다고 속이지만 전형적인 사기수법으로 자칫 전액손실 위험이 많은 케이스다. 앞서 소개한 전화권유를 통한 외화투자 등도 여기에 포함된다. 미술품부터 미공개주식·출자금까지 투자방법은 날로 다양해진다. 원하면 연금처럼 매월배당으로 지급할 수 있으며 다른 이를 소개하면 소개료까지 주는 기법도 있다.

미술품의 경우 사전에 옥션정보 전화메시지를 남긴 뒤 며칠 후 전혀 다른 사람처럼 전화해 특정작품을 고가에 매입하겠다며 사라고 유혹한다. 들은 얘기가 있어 소비자가 혹해서 사면 나중에 연락을 끊는 것으로 마무리한다.

최근엔 아프리카에서 금을 채굴한다고 속여 거액채권을 판매한 뒤 해약에 응하지 않은 업체가 실명공개 되기도 했다. 주된 피해자는 노후자금을 확보하려던 60대 이상 고령자였으며 피해액은 37억 엔에 이르는 것으로 집계됐다.

이밖에 판매목적을 의도적으로 은폐·접근한 뒤 계약토록 하는 판매목적 은닉도 잦다. 가전설비·전기·수질점검 등을 이유로 내세워 석유급유기나 환기통 등을 파는 경우도 많다. 경품에 뽑혔다며 고객만의 특별우위를 강조하면서 상품·서비스를 팔기도 한다.

처음엔 무료를 강조한 뒤 최종단계에서 구입을 유도하는 방법과 닫힌 회의장 등에 사람을 모아놓고 일용품을 공짜로 나눠준 뒤 분위기를 고취시켜 고액계약을 유도하는 사례SF로 불리는 최면상법도 적잖다. 특히 최면상법의 경우 바람잡이를 동원하기에 손쉽게 속는 경우가 많은 것으로 나타났다. 주된 계약상품은 고령자의 건강관심을 활용한 건강·의료보조제 등이 많다.

기상천외한 사기수법에 속수무책…
젊은 예비범죄자까지 양산

한편 노인상대 사기판매는 새로운 예비범죄자를 양산한다. 일자리를 구하지 못한 젊은이를 이들 사기무대로 끌어들이는 경우가 많아서다. 당일·고액·단발 아르바이트로는 제격이라 프리터 등 불안정한 일자리를 전전하는 젊은이들이 자의 반 타의 반 가담하는 형태다.

실제 가공계좌를 만들어주면 계좌당 3만 엔을 주거나 전화사기를 거들어 ATM에서 인출해주는 대가로 1회 5만 엔의 거액을 줄 만큼 관련범죄도 기승이다. 부업을 넘어 사기꾼과 손잡고 월급을 받다 적발되기도 한다. 체포 때를 대비해 보석금을 마련해둔 뒤 적극적으로 가세하는 경우까지 있다.

낮은 담을 비웃는
무거운 커튼

노인문제는 복합적이다. 노인·고령자라는 타이틀이 붙는 순간 사회·경제·육체·정신적 변화가 복합적으로 수반되기 때문이다. 또 대개 그 변화는 완만하지 않고 급박하다. 그래서 충격이 크다. 먼저 은퇴와 함께 상실감이 본인을 옥죈다. 현역 시절 존재이유가 됐던 역할과 지위 상실에 따른 허망함이 대표적이다. 이는 곧 소외감과 고독감으로 연결된다.

　사회적인 시선도 변한다. 그렇잖아도 불필요한 사람이 됐다는 자괴감이 큰데 주변에서조차 '쓸모없다'며 눈을 내려 쳐다본다. 설상가상 경제적으론 소득상실에 따른 빈곤염려가 구체적으로 발생한다. 육체적으론 건강악화 탓에 의료서비스가 필요해진 경우가 태반이다. 한국보다 고령화 속도는 늦어도 이미 고령인구는 훨씬 넘쳐나는 일본의 노인문제 실타래가 헝클어진 이유다.

여기서는 일본노인이 직면한 개인차원의 사회부적응을 중심으로 살펴보자. 사회경제적 환경변화에 따라 현대일본의 고령자그룹에게 자주 목격되는 문제다. 실제 거리 곳곳엔 아슬아슬한 고령자를 손쉽게 만날 수 있다. 아쉽게도 힘겹게 삶을 영위하는 풍경이다.

다만 일상생활에서 봤을 때 노인문제 대부분은 잘 노출되지 않는다. 철저히 집안에 매몰된 경우가 많아서다. 이 결과 이웃과의 소통부재는 일상문제로 부각된 지 오래다. 마치 빈집처럼 보이며 인적을 확인하기 힘든 고령가구가 최근 증가세인 것도 같은 맥락에서 이해된다. 이들은 가뭄에 콩 나듯 어쩔 수 없는 경우에만 외출한다.

집에 갇힌 일본노인들…
소통부재는 일상문제

일본주택가는 거의 대부분 아주 조용하다. 여기엔 불가피한 사연이 있다. 고령화로 당장 어린이가 적다. 민폐에 민감한 문화迷惑 탓에 어린이가 있어도 못 떠들게 지도한다. 와중에 홀로 살거나 부부만으로 구성된 고령가구는 점점 증가세다.

이들의 생활반경은 대개 집안이다. 이른 아침의 애완견 산책과 화단 가꾸기가 아니면 외출을 꺼리는 경향이 적잖다. 여전히 밝고 건강한 모습으로 집주변을 가꾸거나 이웃과의 원활한 소통을 즐기는 노인그룹도 많지만 시간이 갈수록 줄어든다는 게 일본내부의 공통지적이다.

커튼도 외부와의 소통단절을 상징한다. 일본가정엔 창문마다 커튼이 필수다. 춥고 습기가 많아 햇볕을 쬐거나 환기를 시켜야 하기에 대부분 창문이 넓고 크다. 커튼도 두 겹으로 구성돼 필요에 맞게 사용할 수 있도록 한다. 그런데 환기 등 정작 주거환경 개선을 위한 커튼활용도는 비교적 낮다. 하루 24시간 대부분 커튼이 쳐져 있는 경우가 일반적인 까닭에서다.

특히 고령가구라면 커튼은 대개 하루 종일 쳐져 있다. 사생활을 지키려는 보호의식이 강하다지만 도가 지나칠 만큼 커튼으로 가려진 집이 많다. 일본주택의 경우 대개 담이 없거나 낮아 내부가 훤히 보이기 때문이다. 고령가구의 커튼선호는 일반가정보다 더 심하다. 커튼에 가려진 채 대부분 쥐죽은 듯 조용히 살아간다. 이웃조차 밤에 켜지는 불빛을 통해 인적을 확인할 정도다. 고령자 거주비율이 높은 동네를 '죽은 동네'로까지 비유하는 배경이다.

물론 예외도 많다. 집안에 머물며 외출을 삼가는 폐쇄적 고령인구는 이른바 후기고령자로 불리는 75세 이상이 절대다수다. 신체적으로 힘들어 어쩔 수 없이 행동반경을 집안으로 한정한 케이스가 적잖은 게 현실이다.

반면 그래도 아직은 건강하고 역동적인 75세 이하 '젊은' 고령자의 경우 다르다. 이는 정년퇴직일이 가까울수록 더 그렇다. 이들 젊은 노인들은 인생후반전을 위한 준비·활동에 적극적이다. 지역사회에 뛰어들거나 개별차원의 취미활동을 즐기는 사람도 많다. 지자체와 연계한 자원봉사라든가 NPO에서 활동하는 경우도 많다.

다만 이는 양지에서 확인되는 풍경이다. 음지는 또 다르다.

'몬스터'로 불리는
불편한 망주(妄走)노인

일본노인의 사회부적응은 집 문턱을 경계로 구분된다. 집안에 머물며 고독 속에 외로움을 받아들인 소극적 노인그룹과 존재확인(?)을 위해 집밖에서 소통부재를 해소하려는 적극적 고령집단이 그렇다. 전자는 그래도 사정이 낫다. 인고하거나 포기하며 남은 생을 지내기에 최소한 사회문제를 야기하지는 않기 때문이다.

하지만 후자는 개별차원을 넘는다. 심할 경우 노소갈등을 유발하는 민폐부터 사회후생을 저해하는 범죄로까지 왕왕 이어져서다. 때문에 전자가 관리대상이면 후자는 경계대상이다. 경계대상의 상징키워드는 '망주妄走노인' 혹은 '폭주暴走노인'이다.

2010년 일본노인의 사회부적응 이슈를 다룬 책이 출간돼 화제를 모았다. 일단 제목부터 충분히 충격적이고 구체적이다. 타카이 나오유키高井尚之의 『단카이 몬스터団塊モンスター』가 그렇다.

책 타이틀에 따르면 이들은 괴물Monster이다. 뜻 그대로 미쳐서 날뛴다는 이유에서다. 원인은 둘째치고 실제 이들의 망주妄走로 가슴앓이를 하는 피해대상은 무차별적이다. 개별가정은 물론 지역과 기업사회를 전부 아우른다. 책의 부제는 더 놀랍다. '망주妄走노인들의 사건부事件簿'다. 미쳐서 날뛰는 노인들의 사건기록이라는 뜻이다.

뿐만 아니다. 고령근로자를 필두로 하는 노인의 사회부적응을 다룬 언론보도는 단골뉴스다. 장수대국답게 늘 관심을 갖고 관찰·분석하는 주요테마 중 하나다. 책 출간에 앞서 〈닛케이비즈니스〉는 2009년 연말에 '단카이 몬스터'라는 커버스토리를 다뤘다. '2007년 문제'로 요약되는 베이비부머의 대량퇴직이 기형화된 고령괴물을 양산했다는 이유에서다. 사실상 기획배경은 앞의 책과 동일하다.

2010년 연초엔 〈TV아사히〉도 특집 프로그램을 통해 단카이세대 정년퇴직자의 불만을 집중·보도했다. '슈퍼몬스터'라는 타이틀처럼 목적의식이 사라진 베이비부머 정년퇴직자의 현주소와 해결방안을 제시했다. 이밖에도 유사한 관련분석은 셀 수 없이 많다.

괴물로 비치는 정년퇴직자…
사회부적응의 상징

책 『단카이 몬스터』를 구체적으로 살펴보자. 이 책은 고령근로자의 민폐를 몇 가지 에피소드로 표현해냈다. 착각에 빠져 사는 정년자, 시키기만 하는 관리직, 쓸 수 없는 베테랑, 쇼와昭和, 1925~1989년의 연호적인 인간,

어린이 같은 아저씨 등이 그렇다. 젊은 부하가 바라보는 고령 선배근로자의 부정적 이미지다.

동시에 받아들이고 이해하기엔 힘들 뿐 아니라 집요하게 불만을 쏟아내는 회사인간의 현재모습이다. 퇴직했는데도 회사에 출근해 이전 부하에게 이리저리 명령하는 사례는 유머를 넘어 섬뜩하기까지 할 정도다.

예를 간략하게 요약해보자.

'정년퇴직 후 처음으로 세탁기를 돌려본 사람이 많다. 세탁작업에는 완전히 무경험자다. 때문에 세제, 유연제, 표백제 구별을 하지 못한다. 모르면 주변에 물으면 되는데 어찌된 일인지 곧바로 제조회사에 전화한다. 대뜸 "가타카나의 상품명만으로는 확실히 모르겠다. 내용물이 세제라고 바로 알 수 있도록 표시하라. 용기가 잘 미끄러진다" 등의 불만을 내뱉는다. 어차피 수신자 부담 전화라서 부담도 없이 오랫동안 통화한다. 게다가 자존심은 세고 성격은 급해 대응이 조금이라도 부족하면 바로 화를 낸다. 상사를 바꾸라는 명령부터 경영방침이 맘에 안 든다며 사장과 얘기할 것을 고집하는 경우도 많다. 자신의 지식·경험을 살려 개선요구를 하기 위해서다.'

그렇다면 망주노인의 양산배경은 무엇일까. 왜 여기까지 상황이 달했을까.

먼저 이들 베이비부머의 대략적인 특징부터 보자. 단카이세대는 젊었을 적 기존세력에 반발하던 반권위의 상징이었다. 그런데 지금은 오히려 권위를 즐기는 세대로 변신했다. 똘똘 뭉친 돌덩이라는 의미처럼 2030시절엔 집단파워를 즐겼지만 이젠 단카이라고 뭉뚱그려 평가하면 반발한다.

그래도 본인세대에 대한 자부심은 강하다. 일본경제를 일으킨 주역이라는 자부심이다. 또 본인들은 절대 노인으로 생각하지 않는다. 퇴직 후 지역사회에 진출할 때도 전성기 기업전사로서의 컬러는 잘 빠지지 않는다.

반면 집에서는 주눅이다. 평생을 참고 살아온 아내에게 은퇴 후 복수(?)를 당하는가 하면 자녀자립 문제로 고민이 깊다. 회사인간답게 제2의 인생에 대한 준비는 빈약하다. 추상적인 스케줄로 갈팡질팡하는 게 보통이다. 요컨대 시간은 넘치는데 취미가 없다.

실제 30~40년 이상 종신고용·연공서열의 특수적 근로환경에서만 살아온 회사인간의 졸업은 그 자체가 불안과 스트레스 씨앗이다. 이후 인생의 연착륙 확률이 대단히 낮아서다. 심하면 경착륙은커녕 추락하는 사례도 심심찮게 보고된다. 퇴직 이후 당장 수첩스케줄이 텅텅 빈다. 그만큼 뭔가를 하지 않으면 안 될 초조함은 비례해 높아진다.

물론 상황은 어렵고 대안은 별로 없다. '회사인간=조직인간'이었는데 뒤를 봐줄 조직이 사라졌기 때문이다. 존재감의 설명부재다. 퇴직 후 'ㅇㅇ회사 OB회 아무개'라는 명함을 만들어 다니는 극단적인 사례까지 있다. 이마저 없으면 불안해 견딜 수 없다. 반대로 회사와 후배근로자는 이들을 돌봐줄 의지도 여유도 없다. 세상에서 통용되지 않는 건 당연지사다.

그렇다고 이들을 함부로 대응하기도 힘들다. 후기고령자로 일컬어지는 75세 이상의 절대노인이 아니라 이제 막 정년퇴직 혹은 도달하려는 베이비부머라면 대부분이 인터넷을 활용하고 신문도 읽으며 가처분소득도 비교적 높기 때문이다. 자칫 잘못 대응하면 후속여파가 클 수 있다는 의미다.

한편 이들은 퇴직 이후에도 마치 현역시절 회사에서처럼 가정에서 관리직을 고수한다. 가족과 갈등이 생길 수밖에 없다. 일상생활에서 부딪히는 관련기업엔 지도·훈수 목적의 불만제기에도 적극적이다. 이는 풍부한 경험·지식을 갖고 있지만 대화상대가 없어 외로움을 잘 타는 퇴직근로자로선 버리기 어려운 유혹이다.

퇴직했어도 명함이 필요한 이유…
정년 후 연착륙 불발

그렇다면 급증하는 망주노인의 사회부적응과 이에 따른 유무형의 각종 부작용을 최소화하는 방법은 없을까.

양산원인은 십인십색이지만 이를 최종적으로 요약해보면 결국 터놓고 얘기할 대화파트너가 없다는 점이 공통분모다. 집안에서 가족들이 적극적으로 대화상대가 돼주고 가장 대우를 해주는 게 좋겠지만 그것도 기대하기는 힘들다. 젊은 시절 회사인간에 충실했다는 것은 반대로 같은 기간 가족을 적잖이 무시·방치했다는 걸 의미해서다.

한마디로 이들은 일과 가정의 양립조화는 사실상 그림의 떡인 시절을 살아왔다. 때문에 뒤늦은 가정회귀는 자칫하면 '가족복수(?)'라는 날카로운 부메랑으로 되돌아올 뿐이다. '물기 묻은 낙엽濡れ落ち葉'이니 '대형쓰레기粗大ゴミ'라며 퇴직남편을 비꼬던 상징어가 유행하는 건 결코 우연이

아니다. 물론 금전압박은 대부분 크게 느끼지 않는다. 부족할 수는 있어도 국민·후생연금만으로 살 수 있어서다. 자폐적인 생활공간에 빠진 알코올중독환자가 늘어나는 이유다.

해결책 중 유효한 건 결국 이들 고령근로자의 적극적인 활용방안이다. 사회활동의 재복귀와 네트워크의 재구축을 통해 고독과 소외로부터 구출하는 방법이다. 돈노후자금도 돈이지만 인간으로서의 존재감을 확인시켜 적극적 활동주체로 변신시키는 것이다.

게다가 정년퇴직자라면 다년에 걸쳐 누적된 인적자본으로서의 부가가치도 충분하다. 인재뱅크라는 의미다. 활동공간은 굳이 현역시절 익숙했던 기업·도심일 필요는 없다. 해외도 좋고 농촌도 좋다. 특히 농촌재생에 제격이다. 현재 일본농업은 한계상태다. 후계자는 부족하고 마을은 한계에 도달했으며 거주공간은 황폐해졌다.

내 남편은 대형쓰레기…
'가족복수 막자면 일하는 수밖에'

여기에 정년퇴직을 맞은 베이비부머를 투입하면 일정부분 탈출구를 찾을 수 있다. 물론 고령인구의 도심회귀 등 환경호재만 강조한 채 이들의 농촌생활을 강요할 수는 없다. 다만 이 딜레마는 손해 보지 않는 형태의 다양한 특전 제공을 통해 해결할 여지가 충분하다. 일본의 몇몇 지자체는 실제 성과를 내고 있다.

결국 망주노인의 양상은 인생 종반부에 접어든 이후의 좌절감과 소외감 및 억울함이 사람에 따라 여러 형태의 굴곡으로 표현된다고 볼 수 있다. 전성기 때 화려하게 뽐냈던 존재감을 어떻게든지 기억·회복하고자 의식 혹은 무의식적으로 왜곡된 민폐와 범죄를 저지른다고 봐서다. 물론 대부분은 민폐에서 그치는 게 일반적이다. 앞서 설명처럼 콜센터를 귀찮게 하는 전화를 건다거나 후배사원을 괴롭히는 게 대표적이다.

그런데 정작 현대직장은 이들의 욕구에 대응할 자원이 부족하다. 적자생존·승자독식에 어울리게 직장공간에 여유가 사라져버렸다. 사람도 적어졌고 돈은 줄어들었으며 시간도 없다. 와중에 이런 정년임박단계 베이비부머는 2007년을 시작으로 증가세다. 베이비부머 핵심규모47~49년생만 800만 명에 육박하고 앞뒤 2~3년까지 합하면 그 수는 상상을 초월한다.

범죄유혹에 빠지는
질주하는 폭주노인

망주노인은 그래도 낫다. 망주노인은 그나마 소극적 민폐일 뿐 적극적 해악은 아니다. 하지만 현대일본에선 망주를 넘어선 '폭주'하는 노인그룹이 증가세다. 요컨대 폭주暴走노인이다. 그것도 브레이크조차 없는 듯 나날이 증가세다. 이들 폭주노인의 해악속도와 범위는 이제 심각한 사회문제로까지 정착된 단계다.

원래 일본은 조용한 나라다. 2011년 전 세계를 공포에 빠트린 도호쿠대지진에서처럼 참고 견디는 데 익숙하다. 분노란 속으로 삭이는 것이지 대놓고 표출하지 않는다. 애초부터 문화가 그랬고, 교육도 그렇게 받아왔다. 참고 견디는 습관의 절정은 단연코 노인세대다.

일본인에게 전통적인 노인상은 대개 지혜로운 인생선배로 비유된다. 상담역ご意見番이니 지혜주머니知恵袋니 하는 단어의 최종대상은 늘 노인그룹이 독점해왔다. 그들의 누적된 인생경험에 대한 존중이다.

하지만 더 이상은 아니다. 전통적인 이미지가 꽤 훼손돼서다. 현대일본의 고령자에게 후속세대의 존경심이 담긴 전통적인 노인상은 기대하기 힘들다. 존경 대신 분노를 표출하는 젊은이마저 생겨난다. 연금갈등이 단적인 예다. 고령화가 심화되면서 청년세대가 납부하는 연금이 고스란히 고령세대의 노후연금으로 사용되기 때문이다.

평균 보유자산이 상당 수준인 고령세대가 가난한 자식세대의 푼돈마저 갉아먹는다는 반발이다. 특히 지금의 청년세대는 연금을 받을 수 있을지에 대한 확신도 없는 상태다. 재정악화로 연금재원이 바닥날 것이라는 우려 탓이다.

지혜로운 노인존경은 과거 이미지…
'노인들이 밉다'

때문에 청년세대 중 일부는 "고도성장이라는 배부른 잔치를 즐긴 고령세대가 음식구경조차 못한 청년세대에게 이젠 설거지마저 시키고 있다"며 분노한다. 이런 이유로 정치에 무관심한 청년세대가 2000년대 중반 이후에는 정치세력화를 시도하는 움직임도 목격된다. 정치를 바꾸지 않으면 노소세대의 불공정과 불평등의 갈등요인을 풀지 못할 것이라는 우려 때문이다.

고령세대에 대한 질시와 분노는 다양하게 확인된다. 압권은 역시 노인범죄에 대한 사회적 우려·분노로 요약할 수 있다. 앞서 소개한 타카이 나오유키의 『단카이 몬스터』가 주로 고령근로자를 위시한 정년퇴직임박자의 직장민폐를 다뤘다면 후지와라 도모미의 『폭주노인』은 최근 급증 중인 고령자의 사회범죄에 주목한 게 특징이다. 민폐·불편의 망주를 넘어 해악·범죄의 폭주로 치닫는 일본노인의 현주소를 다뤘다. 물론 망주와 폭주는 종이 한 장 차이다.

『폭주노인』 역시 출간2007년 이후 큰 반향을 불러일으켰다. 이 책은 현대일본의 난폭하고 흉악하며 거칠어진 노인들의 양상과 원인을 정리해 화제를 모았다. 저자는 노인범죄의 이유로 사회부적응을 지적한다.

고령자를 감싸고 있는 시간·공간·마음의 3가지가 급격한 사회변화를 따라가지 못해 그 반발로 폭주노인이 양산됐다는 분석이다. 그 결과물이 잦은 변덕과 거칠어진 폭력으로 요약된다. 새로운 사회상식을 극복하기는커녕 순응할 수도 없기에 그 분노를 폭발시킬 수밖에 없는 어쩌면 현대시스템이 낳은 사회적 외톨이라는 얘기다.

먼저 시간을 보자. 주지하듯 현대사회는 모든 게 빨라졌다. 시간단축 전성시대다. 반대로 기다리는 여유는 사라졌다. 조금만 꾸물대거나 재촉하면 불안해진다. 공간도 문제다. 일본노인은 대부분 독방생활을 해본 적이 없다. 경제성장 전엔 집도 좁았지만 그래도 열린 공간이 많았다. 그런데 지금 현실은 노인에게 고독과 외로움을 강제한다. 독거노인 양산이다. 공간적인 외로움이 뒤틀린 형태로 왜곡·분출되고 있다는 얘기다.

마음은 일본 특유의 문화와 연결된다. 일본에선 폐를 끼치면 안 된다. 정중한 배려는 어려서부터 익혀진다. 이게 일본사회의 룰이다. 하지만 이 마음엔 진정성이 결여될 수 있다. 습관적으로 친절할 뿐 내면은 그렇잖을 수 있다. 이는 일본인이 더 잘 안다. 결국 상대는 누구보다 그 속내를 잘 알기에 외로움을 느낄 수밖에 없다.

시간 · 공간 · 마음의 3가지 급격한 환경변화에 적응하지 못한 고령세대가 분노를 표출하며 난폭해지는 건 일종의 방어기제일 수 있다. 그것조차 못하면 견딜 수 없기 때문이다. 또 대부분은 속으로 고독과 울분을 삼킨다지만 그마저 우호적이지는 않다. 자칫 노인 우울증으로 연결될 수 있어서다. 실제로 우울증을 호소하는 노인규모는 증가세다.

퇴직 이후 환경변화에 좌절…
'고독과 울분'은 범죄로 연결

아쉽게도 폭주노인과 고령범죄는 정확히 궤를 같이한다. 즉 책에서 밝힌 폭주의 끝은 범죄로 연결되는 분위기다. 젊은 청년세대로서는 연금갈등에서 확인되듯 경제적 박탈감과 함께 노인범죄를 통해 사회적 반발의식까지 느낀다.

실제 범죄통계를 보면 노인범죄는 갈수록 증가세다. 이는 평균결과와 반대흐름이다. 일본의 경우 갈수록 범죄율은 떨어지는 추세다. 소년흉악범죄는 물론 일반흉악범죄도 격감 중이다. 2010년 살인사건 인지건수는 2년 연속 전후최소 수준을 기록했다. 반대로 노인범죄는 어찌된 일인지 특이하게 매년 증가하고 있다.

구체적으로 노인범죄 현황을 보자. 2008년도 『범죄백서』에서 고령자 범죄 항목을 요약하면 고령자범죄는 고령인구 증가세를 훨씬 웃도는 빠른 속도로 늘고 있다고 할 수 있다. 2009년 65세 이상 노인범죄자는 4만 8,000명으로 2000년 1만8,000명보다 2.7배나 늘어났다.

■ 고령자에 의한 범죄 건수 추이

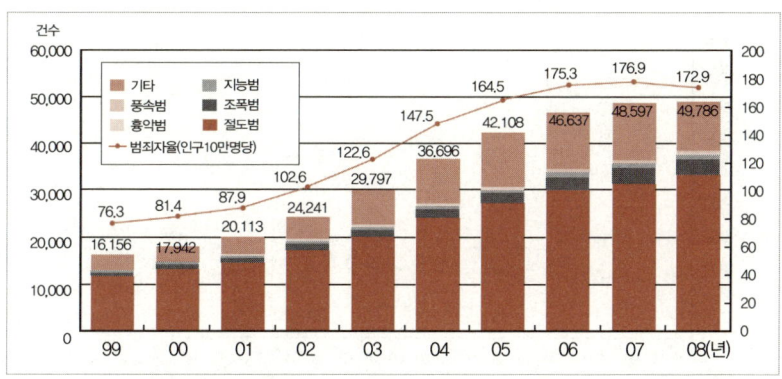

- 자료: 경시청(2008년 범죄정세)

일반 형법범죄 검거인원의 경우 2007년 기준 36만6,002명으로 취합되는데, 이중 65세 이상 노인범죄이 13.3%를 차지했다. 연도별로 보면 전체 검거인원은 별 차이가 없지만 고령범죄자 숫자는 확연히 우상향(↗) 모습을 띤다.

1993년만 해도 노인범죄는 8%대에 그쳤다. 1938~2007년의 추세그래프를 보면 고령인구는 약 2배 늘어난 것에 비해 노인범죄는 유형별로 5~7배 이상 증가했다.

노인범죄 증가세가 심각한 것은 다른 연령대와 비교하면 보다 뚜렷해진다. 신규수형자의 연령별 인구비중은 30~39세 47.2%와 40~49세 41.3%가 압도적인 가운데 60~64세 21.8%와 65~69세 13.9%도 한 축을 차지한다. 범죄율 인구 10만 명당 검거인원로 봐도 노인범죄는 기타 연령보다 심각하다. 1989년을 100으로 봤을 때 대부분 기타 연령대의 범죄율이 200 밑에서 횡보함에 비해 65세 이상 범죄율은 400까지 치솟기 때문이다.

제2부 불편과 왜곡_ '최소불행사회'의 망주 · 폭주노인 • 111

■ 형법범의 연령별 범죄율 추이

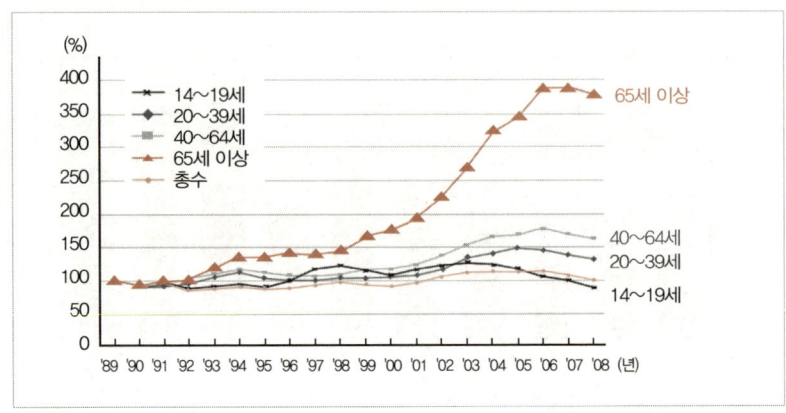

- 자료: 〈SPA〉

문제는 추세다. 2006년을 기해 전체연령대의 신규수형자는 정점을 찍고 감소세로 전환됐지만 60세 이상은 변함없이 유지되고 있기 때문이다. 법령상·실무상 고령자에 대한 기소유예가 많다는 점을 감안하면 감춰진 노인범죄는 훨씬 많을 것으로 추정된다.

상황이 이렇다 보니 나이 먹고 처음으로 갇히는 고령수형자도 사회문제로 떠올랐다. 1997년과 2007년을 비교하면 고령자 신규수형자가 급증하고 있기 때문이다. 이는 NHK가 2004년 '급증하는 노인범죄'라는 특집방송을 보내며 우려했던 양상이 보다 심각히 진행되고 있음을 뒷받침한다. 당시 NHK는 만원상태의 어느 고령자형무소를 취재해 화제를 모았다.

방송내용을 요약하면 다음과 같다.

'수감자의 평균연령은 74세다. 복도에는 손잡이 난간이 설치됐고 보행을 돕고자 휠체어도 구비했다. 간호가 필요한 수형자도 많다. 아침저녁에는 수형자 중상에 따라 나눠진 약 봉투가 배달된다. 당연히 형무소인 까닭에 하루 6시간의 작업이 의무조항이지만 잘 지켜지진 않는다. 고령인 탓에 작업이 원활하지 않을 뿐만 아니라 작업이 불가능한 경우도 많다. 이중엔 65세를 넘긴 후 처음으로 죄를 지어 들어온 사람도 적잖다.'

설명도 빠지지 않는다. 방송은 "선진국 중 형무소에 들어온 고령자가 이처럼 단시간에 2배, 3배로 불어나는 국가는 없다"고 덧붙인다. 워낙 고령화가 빨리 진행되는 데다 사회보장체계가 미비해 노인의 삶과 관련된 제반갈등을 풀지 못하기 때문이라는 이유도 제시된다. 방송에서 다뤄지지는 않았지만, 이후 일각에선 2000년대 이후 본격 시행된 신자유주의적인 정부정책이 적자생존과 자기책임을 강조하며 노인범죄를 양산시켰다는 분석도 힘을 얻었다.

신자유주의와 노인범죄의 관계…
고령자형무소의 실상

물론 다른 분석도 있다. 지금 65~70세 노인이 지닌 특수성이 대표적이다. 이들 노인그룹이 10대와 20대였을 때 소년범죄는 일본범죄 사상 최대치를 기록했다. 중학 졸업 후엔 '황금알'로 불리며 집단취업으로 도쿄에 몰려들 정도로 에너지가 넘쳐났다. 이후엔 학생운동이 절정을 치닫던 혼란기도 겪으며 파워풀한 존재감을 드러냈다. 이 에너지가 일본 경제성

■ 유형별 고령자 범죄지표의 추이

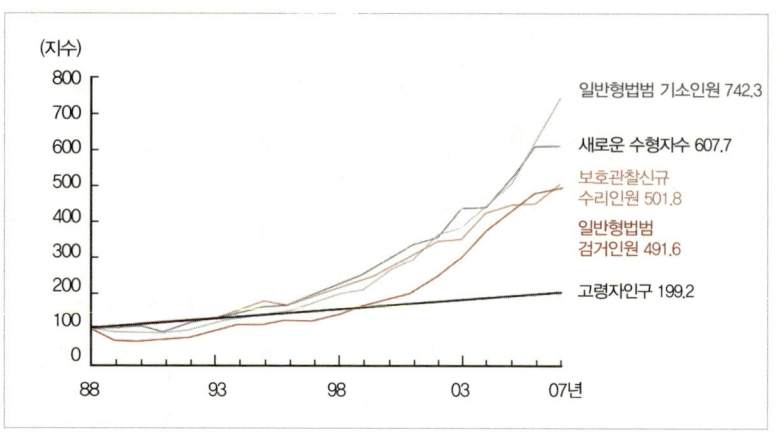

— 자료: 범죄백서(2008년)

장의 밑거름이 된 건 물론이다. 노인범죄는 결국 그 집단파워의 반발에 너지로도 해석된다.

노인범죄의 종류는 절도가 가장 많다. 이와 함께 횡령과 사기 등의 재산범죄가 주류다. 구체적으로 보면 단순한 쇼핑절도 혹은 자전거를 훔치거나 유실물 횡령 등이 태반을 차지한다. 대표적인 절도범죄는 쇼핑공간에서 물건을 훔치는 '만비키萬引'다. 쇼핑공간에서 물건을 슬쩍하는 이런 절도사건은 흔히 자제력이 떨어지는 청소년의 충동범죄로 알려졌지만 최근 노인범죄로 손꼽아지면서 그 이미지마저 변하는 추세다.

2010년 1~9월까지 만비키 적발자 중 65세 이상 고령자는 2만82명에 달한다. 만비키를 포함한 고령자 절도건수는 19년 연속 증가세다. 만비키로 적발된 사례 10건 중 3~5건은 노인이라는 분석도 있다. 원인은 크게 둘로 갈린다. 정말 돈이 없어 식료품 위주로 훔치는 경우와 스트레스에 따른 일종의 퇴행현상이 그렇다.

후자의 경우 사회지도층 등 좀도둑을 할 이유가 전혀 없는 사례도 자주 적발된다. 그저 그렇게 묻어갈 수 있는 고령자의 사소한 절도사건이 매스컴을 타며 사회문제로 부각되는 이유도 여기에 있다. 실제 절도동기를 분석하면 20% 정도만이 생활궁핍이 이유였다. 나머지는 특별한 이유 없는 순간적인 충동으로 분석된다. 심리학계는 그 원인을 고령자의 고독감과 삶의 가치상실로 본다.

만비키를 포함한 노인절도범은 2010년 모두 2만7,000명으로 집계된다. 절도혐의 체포자 중 26%가 65세 이상 고령인구다. 1971년 보고서 작성 이후 최대치다. 절도이유는 삶이 고달프다는 경제난이 압도적이다. 쇼핑공간에서 슬쩍하는 충동적인 만비키와 달리 일반절도는 금품에 목적이 있다는 얘기다. 심각한 것은 형을 살고 나온 노인의 70%가 재범으로 적발된다는 사실이다. 교도소에서는 최소한 숙식이 제공되기 때문이다.

단순절도부터 강력중죄까지…
'거침없는 노인범죄'

하지만 시간이 갈수록 노인범죄 양상이 악질화된다는 게 고민거리다. 중죄로 처벌할 수밖에 없는 강력범죄를 저지르는 노인들이 늘어나서다. 살인을 필두로 방화·상해·폭행·강도·협박 등 그 범위와 내용은 다양하다. 일례로 많은 이들의 목숨과 관련된 범죄행위도 증가세다.

전철에서의 폭행행위가 대표적이다. 2010년 일본민영철도협회가 발표한 역·차량내부에서의 직원폭행은 60대 이상 노인이 가장 많은 걸로 조사됐다. 20대14% · 30대18% · 40대22% · 50대10%인 반면 60대23%가 가장 높은 비율을 차지했다.

강력범죄 이유 역시 만비키로 상징되는 단순절도와 크게 다르지 않다. 일본경시청이 65세 이상 살인검거자를 대상으로 그 원인을 꼽으니 1위가 분노로 나타났다. 간병피로와 원한, 생활궁핍 등이 뒤를 이었다.

결국 범죄로 이어지는 폭주노인의 양산배경은 특유의 고령화에 따른 후폭풍과 부작용으로 설명할 수 있다. 빠른 환경변화에 적응하지 못해 고독감과 상실감을 느낀 고령인구 중 일부가 그 응어리의 반발차원에서 폭주행위에 가세하고 있어서다.

안타까운 건 망주든 폭주든 이를 경감시킬 저지카드가 마땅치 않다는 점이다. 사회기반은 제자리걸음이거나 오히려 후퇴하고 있다는 게 정확한 진단일 수 있기 때문이다.

노년의 친구교제 붐
'속내를 공유하자!'

'대형 광고회사에서 이사까지 지낸 이이치로威一郎. 정년 이전에 회사가 자회사로 내려갈 것을 요구하자 끝내 퇴사했다. 그만둔 뒤 자신만의 시간을 즐길 것으로 여겼는데 회사 위주로 살아온 삶인 탓에 취미조차 없었다. 새로운 취미로 가족서비스를 공부하는 등 두 번째 인생을 꿈꿨지만 정작 가족의 반응은 차갑기 그지없었다. 남은 건 아무것도 할 게 없다는 악몽 같은 현실과 참기 어렵게 긴 하루를 보내는 일뿐이었다. 힘들어하던 아내는 결국 '남편재택 스트레스증후군'에 걸렸다. 딸과 함께 집을 나가버렸다. 지역활동에 가도 회사간부였던 입장·태도로 주변사람과 어울리지 못했다. 이이치로는 마침내 주변사람들로부터 완벽히 고립됐다. 곁엔 기르던 애완견만 남았다.'

와타나베 준이치渡辺淳一가 2010년 가을에 내놓은 『코슈孤舟』라는 책集英社의 줄거리다. 주인공이 부딪히는 60세 정년퇴직 이후의 인생살이를 엮은 소설이다. 현역 시절 경력·배경과는 전혀 관계없는 제2의 인생임에도 불구하고 여기에 적응하지 못한 고민과 갈등이 적나라하게 소개됐다. 정년 이후 가장에 대한 가족역습도 구체적으로 기술됐다.

이후 〈아사히신문〉은 고족孤族이라는 신조어를 만들어냈다. 무연사회에 사는 무연가족을 뜻한다. 2010년엔 코슈족孤舟族이라는 말도 나왔다. 한자 의미처럼 외로운 배에 비유되는 그룹이다. 은퇴 이후 제2의 인생살이를 힘겨워하는 남성들을 일컫는다. 정년퇴직 후 가정에선 정붙일 공간이 없고 아내에겐 바이러스처럼 취급받는 중년남자들이다.

책은 적잖은 반향을 일으켰다. 연애소설의 대가답게 저자 본인의 유명세도 이유지만 타이틀처럼 정년 이후의 '외로운 배'라는 신세에 공감하는 이가 그만큼 많았던 결과다. 망망대해를 떠다니는 외로운 배처럼 인생 2막을 방황하는 코슈족의 대량양산 탓이었다. 불황에 허덕이던 출판계에선 이례적으로 10만 부 판매를 조기에 달성하는 기염을 토한 배경이다. 남성 샐러리맨은 물론 여성 직장인과 전업주부에게도 갈채를 받았다.

외로운 중년남자의 무연고민…
처절한 후반전 준비스토리

스토리는 구구절절하다. 과거의 부하 앞에선 가슴을 최대한 펴고 강하게 보이려고 노력한다. 아침부터 애완견 산책을 시키는 자신이 실업자 신세처럼 비쳐서 참을 수 없다. 현역 시절보다 절반 이상 줄어든 연하장 숫자도 낙담원인이다. 하나같이 치열한 경쟁사회를 살아남은 베이비부머이기에 더 크게 느낄 수밖에 없는 정년 상실감을 리얼하게 표현했다.

이를 지켜봐야 하는 가족상황도 절망적이다. 많은 전업주부가 책에 공감한 이유도 여기에 있다. 그만큼 은퇴 이후 부부관계가 훨씬 악화되는 경우가 많기 때문이다. 오죽하면 듣도 보도 못한 '남편재택 스트레스증후군'이라는 병명까지 나왔을까. 이런 아내를 위해 남편이 요리를 만들면 아내는 본인 공간인 부엌을 엉망으로 만드는 것에 분개한다.

원래 관심사는 연령별로 갈리는 법이다. 나이에 따른 특유의 라이프스타일을 반영할 수밖에 없어서다. 때문에 학생은 취직을, 젊은이는 결혼 연애를 떠올리는 게 당연지사다. 이런 이유로 고령자의 뜨거운 공통관심사는 금전문제를 뺀다면 사실상 친구교제가 우선과제다. 고독을 막고 노후를 즐기기 위한 친구활동이 그렇다.

■ 일본인의 친구와의 접촉빈도

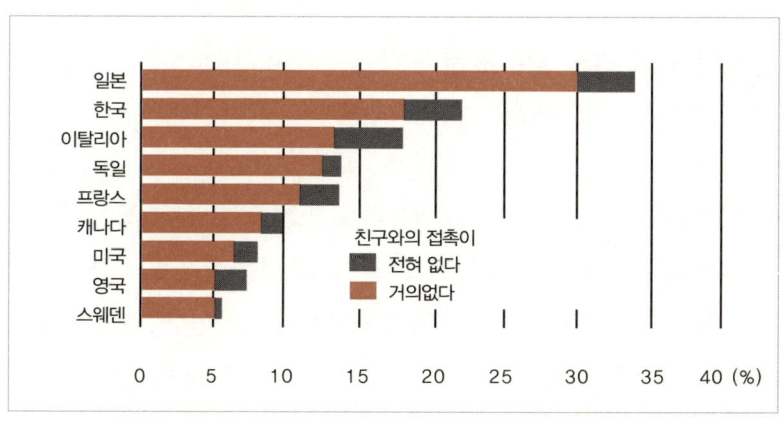

— 자료: OECD(2005년)

실제 퇴직 이후 중년남성은 갈 곳이 없다. 의지할 곳이 없음은 물론이다. 회사인간으로 30~40년을 내리 달렸으니 회사 말고는 아는 곳, 아는 사람조차 별로 없다. 그렇다고 지역사회에 복귀하기도 쉬운 과제가 아니다. 자의 반 타의 반 걸림돌이 많다. 해법은 친구를 만드는 것뿐이다. 지역사회 대신 동일취미·지향을 공유하는 동년배들과 그룹활동을 시도하는 게 그렇다. 실제 생활주변에선 특정연령의 노인을 대상으로 한 그룹활동과 관련된 정보가 넘쳐난다.

생활반경에 친구가 있다는 건 중요한 삶의 지지기반이다. 친구야말로 홀로 살아갈 노후를 만끽하는 데 꼭 필요한 존재이다. 배경은 핵가족화와 장수에서 찾을 수 있다. 가족관계 변화와 수명연장으로 절대량의 시간이 늘어났기 때문이다. 남편은 은퇴 이후 시간이 많아졌고 아내는 양육종료·자녀출가로 시간이 늘어났다. 맨션 거주로 고립화된 환경도 친구존재의 필요성을 높인다.

건강한 노후 위한 필수조건…
'토모카츠가 붐인 배경'

바로 '토모카츠友活'다. 이는 취직활동의 슈카츠就活니 결혼활동의 콘카츠婚活니 하는 유행어의 연장선상에 있다. 생활반경에 여러 명의 친구를 만드는 활동과 그 마음준비를 가르친다. 좁게는 직장 이외에 친구가 없는 사람이 은퇴 이후 생활주변에서 친구를 만드는 걸 뜻하기도 한다. 종류는 많다. 아침의 쓰레기 분리수거 때 동년배 이웃과 사귀거나 근처상점의 단골이 되는 게 비교적 손쉽다. 혹은 다양한 커뮤니티가 주최하는 모임에 참가하는 것도 방법이다.

토모카츠는 특히 남자고령자가 주된 타깃이다. 여성이야 원래부터 초면의 동년배라도 말을 섞는 게 자연스럽지만 남자는 그렇잖기 때문이다. 고령여성이 슈퍼에서 줄을 서다 앞뒤 사람과 얘기를 나누는 건 일반적이다. 그런데 남자는 평생 명함교환이 아니면 적극적인 커뮤니케이션이 힘들다. 이들에게 친구를 사귀는 방법과 기회를 제공하는 건 일종의 틈새 아이디어다.

고령인구의 친구확보는 젊은이의 그것과 다소 다르다. 단순한 개인만족을 뛰어넘는 생존차원의 목적도 있다. 늙으면 노환이 생기고 자신감도 약해진다. 그렇다고 멀리 사는 친척을 부를 정도로 불편하진 않다. 이럴 때 생활반경에 친구가 있으면 큰 의지가 된다. 결국 친구확보는 은퇴 이후를 살아갈 필수불가결한 요소다.

신체적인 효과도 기대할 수 있다. 대인관계로부터 얻는 다양한 도움 Social Support을 확대해주기 때문이다. 친구가 많고 모임참가에 적극적일수록 건강한 삶을 살아갈 확률이 높다. 설사 노환이라도 치유가 빠르거나 혹은 진행을 지체시킬 수 있다.

또 토모카츠는 사회병폐를 줄일 수 있다. 앞서 언급한 망주노인과 폭주노인의 양산을 친구와의 스트레스 해소를 통해 일정부분 감속시킬 수 있기 때문이다. 터놓고 얘기할 친구가 존재할 경우 소외된 상태에서 왜곡된 분출구를 찾을 확률은 그만큼 낮아질 수밖에 없다.

가령 최근 사회문제로 급부상 중인 파친코에 탐닉하는 소외노인도 구할 수 있다. 파친코의 최대고객은 중년 이상의 고령고객이다. 이들의 경우 대부분이 출퇴근하듯 파친코에 몰두하는 탓에 중독환자가 끊이지 않는다. 허리가 굽은 할머니가 택시를 불러 매일 파친코에 드나드는 경우까지 있다. 전쟁 직후였던 1950년대 이미 '엄지족親指族=파친코 레버를 엄지로 당긴다는 뜻'이라는 유행어까지 있었을 정도로 대중화된 덕이다.

이런 노인들에게 친구가 있고 커뮤니케이션이 가능해지면 얘기는 달라진다. 공유할 수 있는 건전한 취미활동을 찾으며 보다 풍족한 노후생활을 기대할 수 있기 때문이다. 각종의 사회비용이 줄어드는 건 물론이다.

■ '남자 혼자 사는 법'을 위한 십계명

1. 몸 관리는 본인 책임
2. 술, 도박, 약물에 의존 말 것
3. 과거 영광을 자랑하지 말 것
4. 남 얘기를 잘 들을 것
5. 교제는 이해득실을 피할 것
6. 여성친구라면 속내를 드러낼 것
7. 세대가 다른 친구를 구할 것
8. 자산과 수입관리는 확실하게
9. 만일의 사태를 위한 안전망 준비할 것
10. 의식주자립은 기본열쇠

- 자료: 『남자 혼자 사는 법(男おひとりさま道)』, 上野千鶴子

• 제3부 •

목돈압박
돈 걱정에 두 번 죽는(?) 일본노인

실버산업의 진실
'황금알 vs 거품론'

'결국엔 거품인가?'

고령화는 두 얼굴을 가졌다. 요컨대 위기와 기회다. 위기는 경제활동인구 감소에 따른 저성장으로 압축된다. 반면 기회는 그 안에 존재하는 성장모델에 대한 호평이다. 저성장에도 불구하고 블루오션이 기대된다.

절대근거는 고령인구의 소비파워에 있다. 수명연장으로 소비기간이 대폭 늘었기에 노인 눈높이에 맞춘 상품·서비스를 제공하면 승승장구할 수 있다고 봐서다. 천문학적인 수요가 있을 것으로 추정되는 실버시장을 둘러싼 장밋빛 전망이 대표적이다.

다만 여기엔 함정이 있다. '실버시장=블루오션'은 누구도 보지 못한 전인미답의 고령사회 환경을 단순통계로 가정한 추정치에 불과해서다. 기존의 다양한 경제효과 추정결과처럼 막상 뚜껑을 열어보면 기대 이하에 그칠 확률이 높아서다. 허울에 얽매이지 말라는 경계감의 다른 표현이다.

일본은 고령사회 전형이다. 평균수명 83세다2009년. 올해 0세가 질병·사고를 극복하면 90세까지 장수한다는 통계도 있다. 지금도 노인천국이다. 1억2,700만 인구 중 65세 이상이 2,900만 명22%에 달한다. 향후추세는 점입가경이다. 2050년이면 노인부양비율이 1대1로 떨어져 경제활동인구 1명이 노인 1명을 부양해야 할 정도다.

게다가 일본노인은 돈도 많다. 일본가계 금융자산1,453조엔 중 약 900조 엔을 65세 이상이 보유했다2010년 3월. 고령자 개별세대 평균자산은 5,679만 엔이다2004년. 금융자산2,179만 엔과 실물자산3,709만 엔의 합계다.

뿐만 아니다. 은퇴 후에도 수입은 지속된다. 상당수가 각종연금 형태로 생활비를 벌충하고 있다. 표준적인 노인가구로 일컬어지는 부부·무직세대의 월평균 연금수입은 20만7,574엔에 달한다. 비록 수입보다 지출이 많아 적자이긴 해도 보유자산을 감안하면 새 발의 피다.

무엇보다 시간이 넘쳐난다. 은퇴 후 8만 시간을 어떻게 할지 고민이 깊다. 의학기술 덕분에 나날이 평균수명이 늘고 있다는 점에서 은퇴 이후 보유시간은 늘어날 수밖에 없다. 일본노인이 소비시장을 쥐락펴락할 거라는 전망이 나오는 배경이다.

돈 많고 시간 많은 일본노인…
'실버산업은 블루오션?'

실제 일본의 실버시장은 황금알을 낳는 산업으로 이해됐다. 고령화대책이 본격화된 1990년대 이후 고령인구는 소비시장의 주력타깃으로 부상했다. 2015년 50세 이상 소비지출이 127조 엔에 달할 것이라는 보고서도 나왔다電通. 작게 봐도 100조 엔 이상이라는 게 중론이었다. 업계는 고령수요에 발맞춘 재화·서비스를 내놓는 데 사활을 걸었다.

다만 성과는 미미했다. 기대가 큰 탓도 있지만 생각보다 고령소비는 늘지 않았다. 대표적인 게 '단카이團塊 버블' 논쟁이다. 전후 1차 베이비부머인 단카이1947~1949년 출생자세대가 2007~2009년 대량 정년퇴직한다는 점에 주목해 실버시장이 만개할 걸로 내다봤다. 돈 많은 거대인구의 추가진입에 따른 기대감이었다. 단카이세대의 소비 진작효과만 8조 엔에 달할 것이라는 보고서도 나왔다.

그런데 결과는 참패였다. 돈·시간 모두 여유로웠지만 단 하나 소비의욕이 부족했다. "고도성장의 주역인 단카이세대라면 이전세대보다 소비의욕이 왕성해 큰 시장이 펼쳐질 것"이라는 기존예상을 뒤엎는 결과였다. 이들도 이전세대처럼 은퇴 이후 주머니를 꽉 닫아버렸다. 가계조사총무성를 보면 단카이세대 퇴직 후2009년 60대의 세대당 소비지출은 단카이세대 퇴직 이전2005년보다 되레 6%가량 줄어들었다. 단카이세대의 합류로 60세 이상 세대주 규모가 2005년보다 10% 증가한 걸 보면 소비가 약간 늘긴 했지만 기대감에 비하면 실망스러운 수준으로 나타났다.

물론 신규노인은 기존노인보다는 소비에 적극적이다. 기존노인보다 상속의지가 적은 대신 본인을 위한 소비욕구가 강하다. 과거에 그랬듯 앞으로도 많은 유행과 수요를 만들어 과당경쟁·과잉설비를 초래하며 늙어갈 것으로 여겨졌다. 노인세대 금융자산의 절대규모가 예·적금인데 이게 국채로 변신해 정부부채를 메워준다며 비난(?)할 만큼 자산운용에 대한 관심도 이전세대보다는 높았다.

■ 줄어드는 고령가구 소비지출 추세(2005년과 2009년의 비교)

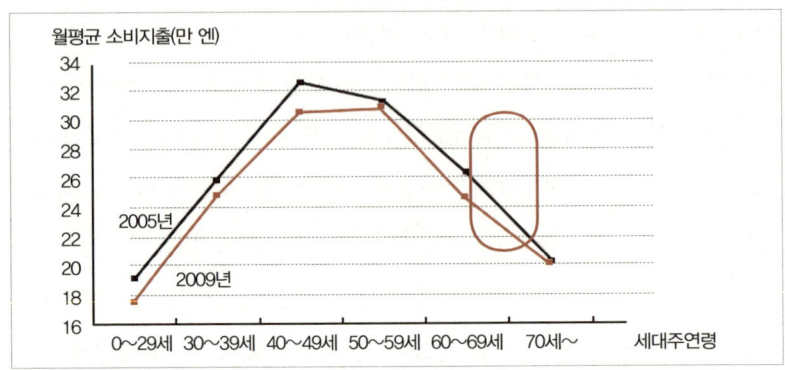

— 자료 : 총무성(가계조사)

하지만 실버시장의 기대감은 '단카이 버블'이라는 평가처럼 결국 불발에 그쳤다. 이유가 뭘까. 요컨대 은퇴 이후의 냉엄한 현실인식으로 압축된다.

불발에 그친 실버시장…
'단카이 버블에 불과'

〈닛케이비즈니스〉는 이를 '개미와 베짱이' 우화로 설명한다. 요컨대 겨울개미의 대량양산 시스템에 대한 지적이다. 우화와 달리 일본개미들은 겨울에도 일할 수밖에 없어졌다는 얘기다. 현실부담·미래불안 탓이다.

먼저 신규노인에게 정년개념이 사라졌다. 퇴직하지 않은 채 계속해 일하는 경우가 늘어나서다. 실제 60세를 막 넘긴 남성의 취업有職률은 거의

80%에 육박한다. 절대다수의 단카이세대가 현역이라는 증거이다. 같은 맥락에서 경제적 부담이 커졌다. 퇴직 이후의 자녀봉양이 옅어져 본인이 노후준비를 해야 해서다.

와중에 개호가 필요한 부모와 자녀에게 경제적 지원도 끊기 힘들다. 샌드위치 신세다. 연금제도가 취약해져 미래를 알 수 없다는 점도 있다. 현행 연금제도는 개선 없이 20년 유지가 힘들 정도로 붕괴된 상태다. 상황이 이런데 연금만 받아먹고 도망칠 세대로 보는 건 적절치 않다.

주머니가 달렸다고 한숨만 쉴 것도 아니다. 관련업계의 안이함도 실은 큰 문제로 지적된다. 실버시장과 노인고객에 대한 치밀한 접근계산 없이 장밋빛 전망만 믿고 대충 뛰어든 경우가 적잖아서다. 요즘 노인은 노인이 아니다. 늙고 병든 이미지는 폐기대상이다. 결국 다양해진 고령인구에 부응하는 정교·정밀한 고객구분·성향분석이 필수다.

그만큼 고령사회·고령자 이미지는 다양·복합적이다. 사회보장과 개호 등이 필요한 약자인식과 해외여행 등 돈과 시간이 넘치는 윤택한 긍정론이 상존한다. 그나마 이것도 일면적인 구분이다. 실상은 훨씬 폭넓다.

흔히 65세 이상을 한데 묶어 고령자로 부르는데, 이것도 이젠 수정대상이다. 앞으론 보다 정교·정밀한 구분이 필요해서다. 현역 시절 어떤 삶을 살았느냐에 따라 은퇴 이후의 생활환경과 가치관·사고방식 등이 전혀 달라지는 법이다. 고령자를 대상으로 한 정책과 비즈니스를 검토할 때 고령자의 이런 다양한 면을 정확하게 파악할 필요가 있다.

대표적인 분석기준이 빈부격차다. 자산보유 여부에 따라 노인그룹의 소비성향은 극과 극이다. 현역 시절의 삶의 모습도 은퇴 이후 가치관·사고방식에 영향을 미친다. 결국 실버시장 비즈니스를 검토할 땐 이런 다양성과 이면을 정확하게 살펴보는 게 관건인데 이게 부족했다는 지적이다.

수정해야 할 고정관념도 많다. 우선 고령자 규모와 관련된 오해다. 고령사회라면 흔히 고령자 급증의 늙어가는 사회로 이해된다. 하지만 실제 계측을 해보면 증가추세는 2020년 정도까지다. 이후는 횡보에 그친다. 고령자 절대다수가 여성일 것이라는 전망도 수정대상이다. 고령여성의 단신거주가 많겠지만 남성의 비혼非婚율도 늘어나서다. 같은 이유로 남성의 고령근로는 줄어들어도 고령여성 취업비율은 증가할 개연성이 높다.

은퇴생활의 최대관심사인 경제력과 관련해선 고령저축이 한층 늘어날 전망이다. 막강한 소비세대보단 꾸준한 저축세대로 보는 게 타당할 정도다. 위험자산을 회피할 것이라는 예측도 수정될 필요가 있다. 60대 이후의 장기투자도 새로운 트렌드다. 은퇴 이후 주거환경을 고려해 시골·근교거주가 늘어날 것이라는 예측은 고령인구의 도심회귀로 이미 흔들리고 있다. 요즘엔 노인가구가 도심역세권 소형공간의 주요 수요자로까지 부각된다.

노후부담에 소비억제 치중…
수정돼야 할 고령자 이미지

그렇다면 실버시장의 진실은 뭘까. 뜬구름 잡는 장밋빛 전망이 아니라 고령화 추세에 따라 실제 수혜를 입는 확인된 업종은 뭘까.

일본의 실버시장은 의료·개호 등 특정분야에선 소극적인 소비가 확대 중이다. 반면 소매·서비스 등 적극적인 소비는 다소 부족한 상태다.

■ 고령자 이미지의 변화

	지금까지의 이미지	앞으로의 이미지
세대형태	- 여성 단신세대 및 부부세대 증가 - 부모자녀의 3세대동거 감소	- 부부세대의 지속적 증가 - 남성 단신세대 증가
거주지	- 도심거주 경향진행	- 단카이 이후 세대의 교외거주 진행 - 도시거주 정점 이후 하락 가능성
경제력	- 1990년대 후반부터 소득감소 경향 - 저축은 증가경향	- 소득정체 혹은 감소 - 높아진 저축정체 가능성 - 지출억제 경향 한층 강화 가능성
취업	- 취업자 비율은 완만히 감소	- 중고령 여성취업 완만히 증가 - 남성은 단카이 이후 세대 취업 감소
건강	- 건강상 이유로 일상생활에 영향 있는 사람비율 완만히 증가	- 건강상 이유로 일상생활에 영향 있는 사람비율 한층 증가

– http://www.daiwa.jp/products/fund/allotment.html

여기엔 기업 등 공급 차원의 판단 미스가 일정부분 원인으로 거론된다.

백화점·방송 등 고령인구를 주요고객으로 하는 업계의 착각이 대표적이다. 가령 백화점 주요고객은 단카이세대를 비롯한 고령인구다. 유명·지방백화점일수록 특히 그 비율이 높다. 그런데도 핵심고객은 내버려두고 고객의 연령인하를 위한 마케팅에만 열심이다. 백화점을 떠나는 젊은 고객을 잡으려는 속셈에서다.

그런데 젊은 고객은 기본적으로 돈이 별로 없다. 경기침체로 벌기도 힘들거니와 축적된 자산도 거의 없다. 따라서 업적개선을 위해 무리하게 젊은 고객을 잡기보단 까다로워도 돈이 되는 고령고객을 보다 확보하는 게 더 효과적일 수 있다.

TV업계도 마찬가지다. 현재 TV시청자의 압도적 그룹은 고령세대다. 20대의 일평균 TV시청시간은 2시간 정도인데 60대는 4시간을 넘긴다는 통계도 있다NHK방송문화연구소. 인구변화를 보면 앞으로는 고령인구가 절대고객이 될 게 불을 보듯 뻔하다. 그런데도 TV업계는 20대 여성을 최고 구매력을 갖춘 F1층으로 보고 가장 중시한다. 고도성장 이후 정착된 'F1 신화'의 건재다. 스폰서도 젊은 층의 소비욕구 자극을 위해 거액의 광고비를 지출하는 경향이 강하다.

하지만 이젠 아니다. 고령그룹에게 매력적인 라이프스타일을 제안하는 프로그램만이 유행에 둔감해지는 젊은 시청자를 대체할 유력방법이라는 의견이 많다. TV를 떠나 라디오로 옮겨가는 고령인구를 붙잡자면 기존의 이미지보다는 새로워진 노인 입맛에 맞춘 콘텐츠 편성이 필수여서다.

소매분야도 비슷하다. 실버품목은 확실히 성장분야지만 소비지출과 직결돼 애초 기대만큼 씀씀이가 커질지는 미지수다. 하지만 각종 보고서를 요약하면 소매분야에서도 기회는 있다. 일본의 경우 인구구조 변화로 수혜를 입을 최대히트 소비항목은 주택개조로 나타났다. 고령화에 어울리는 거주환경을 위해 기존주택의 설비수선·유지 필요성 때문이다.

반면 고령사회의 블루오션으로 알려진 의료·개호 등 보건의료는 2015년을 정점으로 시장축소가 우려됐다. 저출산 영향으로 교육비는 지출감소가 현실화될 전망이다. 학령기 아동이 있는 세대수가 그만큼 줄어든 결과다.

동일분석에선 내구재 소비전망도 추론됐다. 소비전망이 가장 밝은 품목은 에어컨·스토브 등 냉난방용 기구로 조사됐다. 고령자의 경우 직장생활을 하는 현역세대와 달리 집안에 장시간 있기에 그만큼 냉난방 관련 지출이 필요할 수밖에 없어서다.

업종 및 품목마다 냉온수혜 차별적…
성장성은 무궁무진

반면 자동차 관련비용은 2010년부터 감소세로 나타났다. 하지만 이는 면밀히 살펴볼 필요가 있다. 운전면허를 지닌 세대가 고령자로 진입하는데다 최근 관련비용의 증가항목도 존재해서다. 냉장고 등 가사용 내구재는 감소추세가 완만하지만 TV·컴퓨터 등 교양오락용 내구재와 침대 등 일반가구 소비지출은 대폭 저하될 걸로 예상된다.

식비지출의 경우 고령화가 대체로 악재다. 전반적으로 식비지출을 줄이는 경향 탓이다. 다만 세부적으로 보면 식비항목 중 신선과일이 고령사회의 히트상품으로 부각될 확률이 높다. 고령가구의 경우 다른 건 줄여도 신선과일만큼은 돈을 아끼지 않아서다. 반찬 중에선 육류부진 속 어류호조가 대조적이다. 다만 육류·어류의 개별선호도는 출생연도·고향·식생활 등에 좌우된다. 다른 실태조사에선 어류소비도 감소 중인 걸로 확인된다.

쌀과 빵을 비교하면 빵이 유리하다. 학교급식에서 빵을 먹어본 세대가 최근 고령인구에 합류하고 있어서다. 휴대전화·인터넷 요금 등의 지출비중은 확연히 증가세다. 젊은 현역세대엔 못 미쳐도 고령세대도 관련사용이 증가하는 모습이다.

실버시장에서 한몫을 잡자면 획기적인 인식전환과 함께 다양해진 수요분석이 필요하다. 덤벼보니 별로라고 떠나기엔 실버시장 잠재력은 여전히 파워풀하다. 거액자산가의 고령인구가 늘어난다는 건 대단한 매력이다. 성장성을 감안하면 엉거주춤할 이유가 없다. 노인수요는 없는 게 아니라 단지 잠자고 있을 뿐이라는 지적에 힘이 실리는 이유다.

다만 일부 기업은 '단카이 버블'을 확인한 후 시장탈출 중이다. 수요부진을 이유로 신흥시장 등 해외부문을 대안으로 꼽는다. 일본시장의 미래가 어둡기에 그 타개책으로 해외시장을 노린다는 논리다. 하지만 이 판단은 왠지 아쉽다.

실버시장은 당위론 차원에서도 잘 가꿀 필요가 있다. 고령인구가 깔고 앉은 거액의 유동성을 활용할 필요성이다. 소비지출로 연결되도록 유력한 소비지출 용처를 만들면 실버시장은 물론 국가 전체에 도움이 된다. 세수증대가 재정확충으로 연결되기 때문이다.

반면 지금처럼 사장되면 국가파탄은 시간문제라는 게 대세다. 국채디폴트로 900조 엔금융자산이 날아가거나 초인플레로 휴지 조각이 될 가능성도 염려된다. 결국 노인자금의 활용여부에 국가흥망의 키가 달렸다고 봐도 과언은 아니다. 기업은 고령소비를 진작할 매력적인 상품개발에 적극 나서고 정부는 자금순환을 독려할 우대조치를 마련할 필요가 있다.

실버재화의 러브콜
'안 사자니 불편하고'

늙고 병들면 유혹에 빠지기 쉽다. 신체·심리적 기능저하로 예전엔 불필요했던 게 이젠 없으면 안 될 정도로 생활필수품이 돼버린 경우가 비일비재해서다. 돈이 있든 없든 이런 지출항목이라면 지갑을 열지 않을 수 없다.

이런 품목·서비스에 선택영역의 소극적 소비를 넘어 필수지출의 적극적 소비행태를 보이는 건 당연하다. 이는 신체건강을 변곡점으로 사전에 미리미리 건강을 챙기려는 소비수요와 사후의 생활보조적인 재화로 구분된다. 둘 다 안 사자니 불편하고 불안해지는 특징이 있다.

여기엔 적극적인 시장개척이 한몫했다. 내수침체가 계속되면서 기업차원의 적극적인 실버시장 공략노력이 빛을 본 것이다. 그나마 돈 없는 청년층보다는 금전여유가 확인된 고령그룹의 주머니를 열게 하는 게 낫다는 판단에서다. 고령자 눈높이·입맛에 맞춘 실버상품·서비스가 나날이 업그레이드되는 이유가 여기에 있다.

실제 광고를 포함한 마케팅에 전력투구해 실버시장을 선도하는 성공한 기업은 많다. 고령자를 대상으로 한 일부상품·서비스는 충분한 시장성과 잠재력을 검증받았다. 이들에게 실버산업이 생각보다 시장성이 별로였다는 분석은 중요하지 않다. 주력이든 틈새든 '고령화'를 내세워 충분히 돈벌이를 하고 있기 때문이다.

키워드 '고령화'는 어쨌든 중요한 사업기회다. 현재진행형이면서 동시에 미증유의 시나리오지만 기대감만큼은 압도적이다. 실버산업이 각광을 받는 포인트는 결국 고령인구의 관심사와 정확히 중첩될 수밖에 없다. 원하는 곳에 돈을 쓰는 건 너무나 자연스러워서다.

노인눈높이 맞췄다면 불황염려 No…
높은 기대감

이런 점에서 고령인구의 관심사는 3가지로 압축된다. 우선 건강이다. 흔히 고령자라면 건강수요를 떠올린다. 다만 내각부 조사2002년에서처럼 60대 이상의 80%가 건강에 자신감을 나타냈다. 개호·복지 등에 한정된 제품·서비스가 수요의 전부가 아니라는 걸 의미하며 건강한 소비활동도 얼마든지 가능하다는 메시지다.

또 이들의 주머니를 열자면 삶의 보람과 관련된 관심사에 주목할 필요가 있다. 늙었다고 자아실현과 삶의 보람 같은 대상이 없으면 소비확대로 연결되지 않아서다. 충분히 참가하면서 경험가치를 창조하는 '공창共

創'모델이 그렇다. 마지막은 생활불안 해소다. 가령 부동산에 편중된 고령인구의 자산구조는 장수리스크에 노출됨을 뜻해 적극적인 소비활성화를 가로막는다. 이를 위해 고정자산을 유동·상품화하는 역모기지론 같은 게 필요하다.

실버산업은 신조어를 대거 양산했다. 일본재계가 만들어낸 3F가 대표적이다. 재계는 유력 소비계층으로 '신新시니어부유층'을 선정해 이들의 소비심리를 읽는 키워드로 3F라는 개념을 만들어냈다. 3F란 Fun여행, 골프, 자동차, 홈시어터, 레저, 식도락, 패션, Family재건축, 인테리어, 전원주택, 별장, 애완동물, Future웰빙, 자산운용, 컴퓨터 및 어학 등의 평생학습다. 향후 성장성이 가장 높은 업종으로 각광받는다.

'욘토라四トラ, 4Try'라는 말도 있다. 이는 다양한 자기계발 사업부문인 Travel, Drive, Drama, Try가 모두 토라トラ로 읽히는 데서 유래했다. 〈니혼게이자이〉는 "욘토라로 요약되는 4대 사업부문은 결국 고령인구의 소비취향과 결합할 수밖에 없기 때문에 생존압박에 위기감을 느끼는 업체라면 필히 관심을 가질 것"을 조언했다.

세계최고의 노인국가답게 일본시장에선 다양한 경험·노하우로 무장한 고령화 재화가 가장 빠르고 치열하게 경쟁 중이다. 이런 점에서 일본시장이야말로 향후의 성공가능성을 점치는 각축장이자 실험장이다.

먼저 제조업 실버품목이라면 적잖이 광범위하다. 고령고객의 신체특징을 반영했다면 기본적으로 실버상품·서비스인 까닭에서다. 이런 점에서 실버시장은 다양한 미시시장의 집합체다.

핵심은 배리어프리Barrier Free로 요약된다. 신체·지능적인 가령加齡한계를 커버하는 콘셉트이면 실버시장에 포함할 수 있어서다. 악력저하스위치·손잡이 등, 근력저하휠체어, 로봇 등, 시력저하조명기구 등, 지각능력가전제품 등 등이 그렇다. 상장기업도쿄시장 1부 중 70%가 관련부서를 설치했을 정도로 실버품목은 필수과제로 정착됐다. 선두주자는 역시 의료·개호분야지만 광의의 시장개념을 적용할 경우 전체산업에 실버개념은 반영됐다.

또 하나 중대개념은 AD Accessible Design다. 이는 단순한 장애제거 설계 및 공용 Universal 디자인에서 한발 진보된 뜻이다. 장애·연령에 무관하게 누구든 사용할 수 있는 공용디자인을 의미하는 사고방식이다. 제조업의 경우 잠재고객을 최대한 늘리는 기대효과가 있다.

가령 휠체어가 통과할 수 있는 넓고 큰 출입구라든가 휠체어에 앉은 채로 요리가 가능한 낮은 조리대 등이 대표적이다. 생활주변에선 영상기기·현금인출기·엘리베이터 등에 AD개념이 적용됐다. 일본의 AD 보급비율은 최고수준으로 시장규모는 3조3,000억 달러 2007년에 육박한다.

AD의 국제표준화도 시작됐는데, 승기는 일본이 쥐었다. ISO 국제표준화기구는 일본이 개발한 '호치온報知音'을 AD와 관련한 국제규격 1호로 제정했다. 호치온이란 가전기기 등에서 전자음이 나도록 해 집중력이 떨어지는 고령자에게 필요정보를 제공하는 음향장치다.

실버시장을 노린 주요 제조업체의 행보는 구체적이다. 미츠비시三菱전기는 2010년 '라쿠라쿠어시스트らく楽アシスト'라는 기능이 부착된 가전을 내놨다. 복잡해진 가전제품의 사용방법을 향상시킨 보조기능을 의미한다. 액정TV·에어컨·냉장고 등 가전제품에 탑재해 고도기능을 손쉽게 사용하도록 배려한 결과다.

이는 시니어계층을 상대로 한 새로운 제조개념이 필요하다는 판단에

공을 들인 작품이다. 실제 개발단계에서 70세 고령고객에 눈높이를 맞춘 것으로 알려졌다. 회사는 향후 전체제품 하위기종에까지 이를 확대·적용할 계획이다.

배리어프리와 AD까지 채택…
도요타는 1970년대부터 복지차량

자동차업계도 적극적인 행보에 가세했다. 도요타는 일찌감치 고령화시대에 발맞춘 '복지차량'에 주목했다. 고령고객을 개척하기 위한 마케팅 차원에서다. 복지차량은 크게 3종류다. 휠체어에 앉은 채 승하차하는 '휠체어차량'과 좌석이 회전하면서 승하차를 돕는 '승강·회전 의자차량', 장애인 운전을 돕는 '운전보조차량' 등이 있다. 정부·지자체는 보급촉진을 위해 세제 등을 우대한다. 고령사회에 복지차량은 최적의 블루오션이다.

여기서 도요타는 한발 앞섰다. 1970년대부터 복지차량을 개발해 일찍부터 관련기술 및 노하우를 집적했고 차량진화에 대한 업력도 갖춰졌다. 도요타 전략은 가격인하를 통한 수요확대에 맞춰진다. 비용절감을 통해 일반차량과의 가격차를 줄이겠다는 의도다. 고객층의 다양화도 필수다. 이를 위해 복지차량 전용쇼룸을 연이어 오픈했다. 다만 아직은 점유율이 낮다. 가격이 싸졌지만 일반차량보다는 비싼 이유도 한몫했다.

게임업체는 고령인구 소비수요를 일찌감치 읽어냈다. 닌텐도가 그렇다. 몇 년 전부터 '활성화活性化'를 키워드로 한 제품을 내놔 히트상품 리스트에 이름을 올려놔서다. 닌텐도가 고령성인층을 타깃으로 내놓은 게임팩

'뇌를 훈련시키는 어른들의 DS트레이닝'이 대표적이다. 두뇌활성화와 치매예방에 도움이 된다고 알려지면서 돌풍을 일으켰다.

여기에 더해 2007년엔 닌텐도의 'Wii'까지 히트상품 대망의 1위에 올랐다. DS트레이닝이 2006년 1위에 오른 데 이어 2년 연속 히트상품 수위를 차지했다. 이후에도 제품업그레이드를 통해 액정을 키우고 글자를 확대시켜 고령수요에 부응했다. 덕분에 닌텐도의 DS제품은 출시 3년도 안돼 1억 대의 판매량을 기록했다.

주택분야도 실버시장의 유망주자다. 생활불편은 곧 사업기회다. 일본의 경우 거주환경에서 불편을 느끼는 고령인구가 증가세다. 일본의 경우 인구구조 변화로 수혜를 입을 최대히트 소비항목은 주택개조로 나타났다. 고령화에 어울리는 거주환경을 위해 기존주택의 설비수선·유지 필요성 때문이다.

일본의 주거형태는 단독주택이 일반적이다. 토지통계 2008년 10월를 보면 전체주택 5,759만 호에서 빈집 756만 호을 뺀 4,861만 호 중 55%가 단독주택이다. 맨션 등 집합주택이 42% 정도다. 하지만 희망주택을 조사하면 응답자의 80~90%가 단독주택으로 답할 만큼 선호도가 높다. 값은 비싸지만 마당을 비롯한 개인공간이 많아 활용도가 높기 때문이다.

단독주택은 대부분 고령가구가 거주한다. 경제성장이 한창이던 고도성장기 때 빚을 내 마련한 자가에 계속해 거주하는 경향이 일반적인 까닭에서다. 문제는 노후화다. 과거 지어진 주택의 최대문제는 충분하지 못한 기본성능과 내구성으로 수명이 짧다는 점이다. 그래서 헐고 다시 짓는 'Scrub & Build'가 반복됐다.

다만 최근의 주택멸실 패턴을 보면 1970년대 이후 주택의 경우 멸실 스피드가 늦춰지면서 주택수명이 연장되는 경향이 짙다. 여기에 주목한 아이디어가 최근 쏟아지는 추세다. 결국 거주공간의 불편함이 강조되는 추세다.

특히 노인이 생활하기에 불편한 공간배정과 이동라인이 문제다. 젊었을 적 몰랐던 새로운 문제가 신체변화와 함께 부각되기 시작한 것이다. 노인거주자에 어울리는 공간재편리모델링이 필요한 이유다. 문턱을 없애거나 손잡이·난간을 설치하고 개호공간을 마련하는 등이 대표적인 조치다.

이도저도 아니면 아예 노인특성을 고려해 만든 전문주택에 들어가는 경우도 적잖다. 불편하고 힘든 기존주택에서 벗어나 인간다운 노후생활을 보내기 위해서다. 대표적인 게 고령자전용임대주택이다. 이는 개호시설도 노인홈도 아니다. 그래도 실내엔 문턱 등 장애물이 없고 긴급할 때 대응이 가능한 보호시스템이 완비됐다. 생활불편을 없앤 독립공간에서 자립해 자유롭게 살지만 문제가 생길 경우 즉시대응이 가능하다는 점에서 인기가 높다.

고령인구의 적극적 소비항목으로 흔히 분류되는 건강·여행수요는 적잖은 히트상품을 낳았다. 건강한 노후생활을 상품·서비스로 변신시킨 아이디어 중 상당수가 히트를 쳤기 때문이다. 2010년 상반기의 경우 20대 히트반열에 오르니친간 기능 개선 아미노산, 미루미루유산균 요구르트 등이 선정된 것도 같은 맥락에서 이해된다.

동시에 건강보조식품Supplement은 영원한 스테디셀러다. 고령가구엔 이미 생활 일부로 정착된 분위기다. 판매처인 편의점·약국 등엔 엄청난 물량·종류의 건강보조식품이 진열된다. 신문을 펼치면 관련 통신판매

광고가 그득하다. '토쿠호특정보건식품'까지 포함해 시장규모만 1조 엔대를 가뿐히 넘긴다. 영양기능식품까지 넣으면 2조~3조 엔대까지 보는 시각도 있다.

노화방지·피로회복 등 건강추구의 세부주제도 무궁무진하다. '누구나 1~2가지는 먹는다'는 게 상식일 정도다. 입소문으로 품귀현상을 보이는 상품도 적잖다. 몇 년 전 대히트를 친 '코엔자임Q10'이 대표적이다. 물질분해·합성을 도와주는 보조효소로 출시 이후 대박을 냈다. 지금은 약국에서조차 판매주역으로 떠올랐다.

대기업도 관련시장에 도전 중이다. 주간『동양경제』가 특집기사로 60개 사만 취사선택·집중보도할 만큼 메이커가 수두룩하다. 식품부터 화학, 약품, 유통업계까지 앞다퉈 건강보조식품 시장에 뛰어들었다. 주력성분은 다양해졌다. 중성지방을 저하시키는 데 탁월한 EPA·DHA를 액체화한 제품부터 녹차·두유·흑두 등을 재가공한 것까지 천차만별이다.

최근 들어선 전혀 무관한 이종업종에서까지 해당업계에 이름을 올리려는 움직임이 꾸준하다. 건강보조식품은 1997년 이후 연평균 9~10%씩 급성장 중이다. 판매경로도 다양해졌다. 절대다수인 직판부터 약국·소매점전문점 및 백화점 등으로 점차 확산되는 추세다.

'자기치료' 붐에 힘입어 건강보조식품시장은 향후 확대될 게 확실시된다. 고령화시대의 막대한 의료비부담을 피하려면 건강을 미리미리 챙기는 게 필수여서다. 예방의료 수요가 가계차원에서 늘어날 수밖에 없는 이유다.

한편 건강한 노인인구가 삶을 즐기려는 건 당연한 욕구다. 게다가 평균적으로 돈까지 많으니 여행수요가 유망모델로 뜨는 건 당연지사다. 실

제 수백만 엔대의 세계 일주코스부터 하루짜리 도심여행까지 주된 수요는 십중팔구 고령인구다. '구루메グルメ투어'로 불리며 지방여행과 현지음식을 엮어 만든 2~3일짜리 여행상품의 인기몰이가 대표적이다.

업계는 이를 위해 '다이내믹 패키지Dynamic Package, DP'라는 상품까지 만들어냈다. 한마디로 주문자형 맞춤여행서비스다. 여행사가 항공, 숙박, 렌터카, 부가서비스 등 다양한 여행부품을 일괄제공, 그 중에서 고객이 원하는 걸 조합하는 개념이다.

게임·주택·건강(의료)·식품 등 고령시장 건재

최근 일본에선 소비자의 라이프스타일이 다양화되면서 여행내용이 세분화되는 경향이 짙다. 과거 핵심고객이던 젊은이들의 수요는 주는 대신 여유로운 50대 이상의 여행참가율이 높다. 다이와大和종합연구소에 따르면 국내숙박 여행자 중 절반이 50대 이상이다. 고령인구의 수요에 맞춰 관광과 다른 테마를 함께 묶는 상품화가 그만큼 중요해졌다는 의미다. 강력한 구매집단으로 급성장한 고령자와 DP모델을 어떻게 엮느냐가 업계생존을 결정하는 미래키워드 중 하나로 떠오른 셈이다.

그 선두주자가 하토버스다. 하토버스의 성공비결은 고령고객에 발맞춘 상품기획력의 승리다. 특히 2000년대 이후 재미난 아이디어가 실제 상품으로 체화됐다. 가령 2010년 창립 60주년을 맞아 새롭게 내놓은 '쇼와昭和 명가이드와 가는 도쿄 반일 코스'는 참신한 기획이 낳은 대표적인 성공작이다. 지금은 퇴직한 50대 이상 여성가이드의 안내로 당시 요금

250엔만 받고 향수에 젖기를 바라는 고령고객을 모으는 데 성공했다. 600명 정원에 5만 명 넘게 신청했을 정도다. 수면 밑에 숨은 새로운 잠재수요를 확인한 셈이다.

여세를 몰아 직후 '이 노래 저 노래 도쿄드라이브'라는 상품도 내놓았다. 역시 과거를 회상하고픈 잠재수요를 반영해 추억명소를 먼저 고른 뒤 여기에 어울리는 노래를 함께 온 여행자들과 부르도록 한 기획코스였다. 고도성장기 농촌에서 상경해 우에노上野역에 도착하면 집단으로 취직이 이뤄지곤 했던 추억을 되살려 역과 관련한 옛 인기가요를 부르는 식이다. 반영은 예상외였다. 발매 30분 만에 매진되었다. 원래 기간한정이었는데 이젠 일반상품으로 고정됐다.

벌벌 떠는 장례비용
'돈 깔고 누운 인생최후'

"맘 놓고 죽을 수도 없다!"

죽음은 인간이기에 피할 수 없는 화두다. 노출빈도가 높아지는 고령사회라면 특히 그렇다. 일본이 대표적이다. 이 나라에서 죽음은 일상이슈다. 한국과 달리 금기영역도 넘어선 지 오래다. 죽음이야말로 일상생활의 부분일 뿐이다. 사자死者의 묘가 생자生者의 생활주변에 있으니 오죽할까 싶다.

다만 죽음을 둘러싼 요즘 트렌드는 옛날과 달라졌다. 과거 마을중심의 상부상조적인 사후이별이 이젠 개인차원의 사전준비적인 금전문제로 변했기 때문이다. 요컨대 장례의 개인화요 경제화다.

문제는 그 부정적인 방향심화에 따른 염려증가다. 무연無緣사회라는 말처럼 돈도 가족도 없이 인생 최후에 직면한 이가 급증해서다. 실제 가난하고 외롭게 이승을 떠나는 노인인구의 한숨소리는 나날이 깊다. 끝까지 뇌리 속을 괴롭히는 게 장례여서다. 이젠 사회문제로까지 비화 중이다.

고령국가답게 죽음은 일본매스컴의 단골주제다. 이방인 눈엔 의아할 정도로 장례에 관한 언론특집·출판도 끊임없이 쏟아진다. 최근 2~3년엔 주요잡지 커버스토리로까지 자주 등장했다. 2010년엔 『장례는 필요없다葬式は要らない』는 책이 베스트셀러에까지 올랐다.

길거리에서도 장례죽음는 친숙(?)한 단어다. 당장 지하철 광고판엔 무덤광고가 적잖다. 죽기 전에 납골당을 예약해놓으면 편리하다며 홍보 중이다. 부동산 광고처럼 지하철역에서 가깝다는 등 역세권 장점도 단골문구다.

실제 도심에 가깝고 편리한 도영묘지의 경우 경쟁률은 상당한 수준이다. 가격까지 경쟁력을 갖췄을 경우 인생 마지막 집 마련을 위한 최후경쟁도 치열하다. 연말연시를 계기로 사후의 묘를 찾아보자는 모임도 많다. 패키지로 묶어 후보물건을 탐색하는 프로그램까지 있다.

죽음은 일상주제…
인생 마지막 집 마련 위한 경쟁치열

장례를 둘러싼 대체적인 여론형성·기사방향은 몇 가지로 나뉜다. △무연고 고독사의 증대 △불합리한 장례비 부담 △성장성이 높은 장의시장 △장의문화의 개혁 등이다. 배경엔 노후난민까지는 아닐지언정 본인 장례에 대한 불안감이 공통적이다. 정도 차이는 있지만 사실상 일본국민 전체의 공통관심으로도 이해할 수 있다. "슬슬 묘를 찾아둬야 하는

데……"라는 불안감은 결코 노인세대만의 전유물이 아니라는 얘기다.

　실제 장례에 관심을 갖는 계층은 40대 후반부터 60대가 주류로 알려졌다. 특히 중년여성의 위기감이 높다. 아내86.44세의 평균수명이 남편79.59세보다 길기에 남편에 이어 본인 사후까지 직접 챙겨야 하기 때문이다. 외동딸이면 부모장례까지 본인임무다. 장례업의 핵심고객이 여성이라는 얘기다. '여성에 의한 상담과 구입이 부쩍 늘었다'는 게 업계설명이다. 부부 단위의 생전예약도 아내가 주도권을 쥐는 경우가 많다.

　주간지 『아에라』는 특집기사를 통해 "평균수명에서 알 수 있듯 남겨진 아내는 남편장례와 불단마련 · 묘지관리 등의 짐을 홀로 지는 경우가 많다"고 밝혔다. 상당수 여성이 부모 · 남편사망을 계기로 난생처음 장례문제에 직면한다는 얘기다. 도시화가 가속화되면서 가족묘가 없는 경우도 많아 문제는 첩첩산중이다.

　장례불안의 핵심은 높은 비용구조 탓이다. 사실상 금전부담이 죽음장례걱정의 전부라 해도 과언이 아니다. 그만큼 일본의 장례비용은 상상을 초월한다. 어떤 통계를 봐도 일본의 장례비용은 턱없이 비싸다. 묘지선정 때 가장 중시되는 변수 중 하나가 비용부담일 정도다.

　2009년 묘에 관한 의식조사메모리얼아트에 따르면 묘지선택의 최우선순위는 가격이다. 가격 · 유지비94.9%가 가장 중요한 변수인 가운데 접근성94.2%, 관리주체84%, 교통편의83.8%, 주변경관67.6% 등이 꼽혔다. 구체적으로 비용항목부터 보자. 장례비용은 크게 장의비용과 묘지비용으로 구분된다. 장례비는 평균 231만 엔으로 조사됐다2007년 일본소비자협회. 도쿄 등 수도권은 256만3,000엔인데 그나마 경쟁격화로 2003년305만 엔보다 약 50만 엔 급감했다.

장례 후의 묘지비도 상당수준이다. 땅값부터 묘석·관리비까지 감안하면 부르는 게 값이다. 천차만별이지만 2009년 현재 묘석비용만 전국평균 170만 엔대다 전국우량석재점모임. 장례무용론 관련저서를 쓴 시마다 히로미島田裕巳에 따르면 각국 장례비는 미국44만 엔·영국12만 엔·독일20만 엔·한국37만 엔으로 일본이 월등히 높다90년 기준. 1990년대부터 디플레가 있었다는 점을 감안하면 일본의 장례비는 당시나 지금이나 비슷한 수준이다.

보다 구체적으로 보자. 주간『다이아몬드』가 2008년 뽑은 견적서다. 참석자 100명의 장례식을 도쿄에서 치르는 경우다. 비용은 크게 3가지다. 장례식·화장 등 일반적인 장의비와 철야·정진요리·음료수 등 음식비, 그리고 포시布施·계명戒名료 등 승려절사례금 등으로 나뉜다.

가장 비용이 많이 드는 건 제단이다. 크기와 화려함에 따라 비용은 천양지차다. 재장齋場·화장장 등의 민영·공영여부도 금액을 가르는 변수다. 공영이 민영보다 최대 1/5 정도 싸다. 다만 공영은 수가 적어 멀리 찾아갈 경우 각종 이동비용이 더 큰 부담이 되기도 한다.

이런 제반비용을 합한 장의비만 140만 엔이다. 여기에 음식비54만 엔와 승려사례금68만 엔을 합하면 도합 256만 엔대다. 같은 맥락에서 승려사례금에 대한 반발도 많다. 6글자의 불교식 이름戒名과 2시간의 독경비용으로 68만 엔이라는 거액을 내는 건 부당하다는 판단에서다.

다만 이 경우는 장례비용만 계산한 수치다. 이후의 묘지비용은 장례비용보다 더 비싼 게 보통이다. 구체적으로 묘지건설 땐 크게 영대永代사용료, 묘석비, 관리비가 필요하다. 영대사용료는 토지사용권을 얻는 비용이다. 관리비연간는 묘지의 공유부분 청소·관리용도다. 도쿄 민영묘지의 경우 영대사용료와 묘석비를 합해 200만~500만 엔대다. 2008년 묘석비는 100만~200만 엔45.6%대가 가장 일반적이다. 전국평균은 176만 3,000엔이다.

수도권의 경우 장례·묘지비용 등 500만 엔 이상

도쿄의 경우 영대사용료170만 엔와 묘석비110만~210만 엔 외에 연간관리비 1만5,000엔를 합해 300만 엔대가 평균치라는 통계도 있다. 지방으로 갈수록 100만 엔대 초반에도 구입 가능한 것으로 알려졌다. 반면 최대가격은 2,000만 엔대도 있다.

결국 공영·민영·사원묘지 등 묘지종류가 뭐냐에 따라 비용은 크게 갈린다. 최근 저렴한 묘지의 경우 단신75만 엔·부부95만 엔 등 가격경쟁력을 내세워 어필하는 경우도 있다. 여기에 생전구입의 경우 연간관리비 9,000엔 가량가 든다. 납골 후엔 연간관리비가 없는 대신 33회째 기일부터는 공동으로 관리되는 형태다永代供養. 당대한정 관리는 가족부담을 덜어준다는 점에서 인기다.

상황이 이렇다 보니 장례문화는 급속히 변한다. 합계 500만 엔대를 웃

■ 일본의 장의비용

	합계비용	합계 중 음식접대비	합계 중 절비용
전국평균	231.0	40.1	54.9
도쿄근교평균	256.3	53.5	68.4

— 자료: 일본소비자협회 실태조사(2007년, 단위; 만 엔)

도는 과다비용 트러블과 함께 생존가족의 부담을 덜기 위해서다. 남겨진 가족에게 폐를 끼치지 않고자 생전에 스스로 장례를 준비해두자는 인식확산이다.

당장 장례를 치르고 제사를 지낼 후손이 줄고 있다. 저출산 때문이다. 가령 부부 2인이 4인의 부모를 모시거나 단신자녀가 부모를 모시면 비용부담은 상당한 스트레스다. 외동아들·딸이 결혼해 4명의 양친부모 장례를 모두 지낸다면 이론상 2,000만 엔대의 비용이 필요해서다. 반면 장례수요는 급증세다. 사망자는 2003년 100만 명을 최초로 넘긴 뒤 2040년 166만 명으로 절정에 달할 전망이다. 80세 이상 사망자도 1960년 16.2%에서 2006년 49.8%로 늘어났다.

때문에 장례 자체는 상당히 간소화되는 추세다. 밤샘오츠야 후 화장하는 게 일반적이다. 제사를 지내지 않고자 장례식 없이 화장만으로 끝내는 경우도 수도권에선 30% 이상으로 알려졌다. 즉 직장直葬이다. 비용부담에 따른 장례기피 현상심화다.

조상대대의 묘에 납골하지 않고 자연장·산골을 택하는 경우도 많다. 아들이 없는 경우 묘를 만들지 않는 경향도 뚜렷하다. 유지해야 할 가업家業이 없는 한 굳이 양자까지 들여 묘를 만들 필요는 없어서다. 이는 도시로의 묘지집중과도 맞물린다. 도시화·핵가족화로 고향의 전통묘지 대신 생활권 주변의 도심묘지를 선호하는 현상이다. 요컨대 묘와 후손의 미스매치 심화다. 핵가족화로 후손은 도심에 있고 묘는 고향에 있어 지속관리가 쉽잖다는 게 대표적이다.

때문에 묘지를 옮기는 개장도 유행이다. 묘를 도심의 민간·공영묘지에 옮기는 편이 심리·경제적으로 낫다는 판단에서다. 그렇지 않으면 사실상 대부분 무연묘로 전락할 수밖에 없는 처지다. 1990년대 이후 도시 근교에 묘를 만들려는 수요가 늘어난 게 그 증거이다.

최근엔 무연묘도 증가세다. 후손이 줄면 무연묘는 자연히 늘어난다. 물론 후손이 있어도 관계단절로 봉양의식은 급격히 옅어졌다. 2010년 여름 100세 이상 행방불명자가 전국에서 속출해도 별로 놀라지 않을 정도다. 먹고살기 힘들어져 부모장례·제사까지 챙길 여력이 없어서다.

실제 고도성장기 이후 무연묘는 덩달아 늘어났다. 최근 비혼·이혼 증가에 따라 독신가구가 늘어나 묘의 승계자가 감소한 것도 무연묘 증가와 관계 있다. 일부이긴 해도 주변에 폐를 끼치고 싶지 않아 자살을 선택하는 극단적인 단신가구도 적잖다는 분석이다.

수요증가로 경쟁치열…
묘지 다양화로 돈 걱정 해소

이는 결국 묘지형태의 다양화로 연결된다. 승계자가 불필요한 절·묘지 관리자의 대행공양묘지는 물론 벽묘지, 합장묘지, 납골당 등 형태도 다양하다. 자연환원을 순응하는 수목장·산골장 등도 증가세다. 이것도 부담되면 최근 인기인 공동납골당이 일반적이다. 유골을 넣는 로커형태의 수장고에 모시는 경우다.

굳이 묘지로 절을 선택하지 않는 경우도 늘었다. 종교와 무관하게 묘를 지을 수 있는 공영·민영묘지를 찾는 수요증가다. 공동묘의 선택지도 있다. 독신여성만 모아 공동으로 묘를 구성해주는 SSS네트워크NPO법인

활동이 대표적이다. 서클활동처럼 가벼운 마음으로 묘지를 선택하자는 발상이다. 회원의 경우 영구공양료 25만 엔만 내면 공동묘에 들어갈 수 있다. 매년 1회 묘지에서 개최되는 회원대상 가든파티를 통해 얼굴을 익히고 새로운 인간관계를 쌓는 기회를 만들기도 한다. 최근 10년에 걸쳐 약 300명의 희망자가 쇄도한 것으로 알려졌다.

한편에선 생전장례라는 것도 있다. 평소 친지·지인을 모아 이별행사를 가져보는 식이다. 환갑 후 1회, 70세 때 2회 등의 식으로 반복하는 경우가 많다. 장례를 둘러싼 불안감을 희석해보려는 의도다. 생전에 스스로 본인 묘를 마련하려는 수요도 적잖다. 가족의 개인화 등으로 자녀에게 폐를 끼치고 싶지 않아 미리 준비해두는 경우다.

슬픈 블루오션
'죽음에 돈이 있다!'

부담스러운 비용지출 탓에 비용절감형 장의문화가 확산되는 건 엄연한 추세다. 그럼에도 불구, 장례식이 필요 없다고 단언하진 못한다. 오히려 대부분은 여전히 조상추모에 대해 애정과 의무감을 갖는다. 여건이 안 돼 부담은 되지만 장례·묘지는 필요하다는 게 일반론에 가깝다. 그만큼 금전부담과 조상숭배에 대한 갈등이 크다는 의미다.

다이이치第一경제연구소가 2009년 설문조사남녀성인 600명한 결과를 보자. 77.9%가 조상음덕·자손참배를 당연히 여겼다. 또 현재가족25.0%보다는 조상대대39.0%의 납골당에 함께 묻히고 싶다는 응답도 많았다. 묘가 불필요하다는 응답은 여성과 젊은 세대의 집중지지를 받았지만 아직은 20.5%에 그쳤다.

한편 제사조사에 따르면 불단·신붕神棚 보유율은 과거보다 줄었지만 여전히 30~40%가 보유 중으로 나왔다. 특히 3대 동거세대에서의 보유율이 높아 그 원인은 핵가족화로 이해된다. 묘소참배는 별로 줄지 않았다. 응답자의 75.4%가 매년 반복해 묘소를 참배한다. 특정종교와는 관계없이 습관 혹은 선조감사 등의 이유가 많았다.

실제 일본인의 경우 조상이 보살펴준다는 믿음은 남녀노소 공통적으로 뿌리가 깊다. 대신 조상공양이 없으면 뒤탈이 있을 것이라는 미신적인 시각은 많이 옅어졌다. 35~49세대 중 30%가량이 믿을 뿐이었다. 조상공양의 목적이 부정적 사고차단에서 긍정적 심리만족으로 바뀐 셈이다.

본인의 묘가 장래 무연묘가 되진 않을 것이라는 응답은 13.9%에 그쳐 묘의 승계를 믿는 이가 적은 걸로 나타났다. 묘의 무연화를 방지하는 대책으로 기간한정의 묘로 정해 계승자가 없으면 기간 종료 후 합장하는 방법과 절과 교회 등이 자손을 대신해 관리해주는 방법을 주로 선호했다.

혈연과 혼인관계가 없는 이들과의 공동묘를 싫어하는 이는 5.8%인 반면 30%가 괜찮다고 응답했다. 64세 이하의 30%와 여성의 30%가량이 가족이 아닌 사람과 묻혀도 좋다고 응답했다. 이는 산골14.7%보다 높아 사회적 저항이 별로인 걸로 이해된다.

상속재산은 형제자매 등 균등상속이 원칙이다. 다만 분묘상속민법 제897조은 관습에 따라 선조제례를 주재하는 자가 승계한다. 즉 장자를 비롯한 가족책임이다. 이 경우 이별독신, 생애미혼자, 무자녀부부 등 승계자가 없는 문제는 해결하지 못하는 딜레마에 빠진다.

묘의 제사와 승계곤란이 사회문제로 거론된 건 1980년대. 1985년 이후 계승자가 없는 무연묘 증가가 심화됐다. 핵가족화와 전근 등의 영향으로 관리비용을 장기 연체하는 묘가 증가한 것이다. 요컨대 무연묘의 증가다. 라이프스타일의 다양화에 따른 무연묘 증가는 20년의 역사를 갖는다. 대도시 묘지수요는 여전히 증가하고 핵가족화 진행 등 가족구성 변화와 묘지에 대한 의식변화로 묘의 존재형태를 다양화하는 등 행정변화는 한층 필요해졌다.

장례가 필요 없다고?…
'내 묘 무연묘 되지 않을 것' 응답은 14%뿐

한편 일본묘소는 가묘家墓가 주류다. 가묘역사는 고작 100년 정도에 불과한데 이는 화장보급을 전제로 정착됐다. 가묘를 위한 방법적인 차원에서 화장이 보편화된 덕분이다. 일례로 1900년 30%에 불과했던 화장률이 지금은 99%까지 급증했다.

화장에 따른 장례법은 비교적 복잡해 장의사 등 전문가가 개입할 수밖에 없다. 사업모델로서의 주목배경도 여기서 출발한다. 주지하듯 고령사회라는 점에서 장의시장 성장성은 무궁무진하다. 일각에선 황금알을 낳는 음지산업으로 비유하기도 한다. 장의비용을 안 쓸 수 없다는 점에서 '슬픈 블루오션'으로 폄하되는 이유다.

장의시장은 2조 엔대로 추정된다. 현금장사라는 점이 무엇보다 고무적이다. 조화 등을 비롯해 필요물품의 절대다수가 즉일발주인 탓에 재고비용이 별로 들지 않는다. 반면 대금은 3일 이내 회수되는 게 일반적이다.

업계내부에선 수도권의 경우 포화상태라고 볼 정도로 최근 신규진입 증가에 따른 경쟁격화도 심화됐다. 상장회사만 10여개에 육박할 정도다. 부정적인 이미지도 많이 개선됐다. 최근 상연된〈오쿠리비토送り人(우리나

■ 장의시장 규모와 단가 추이

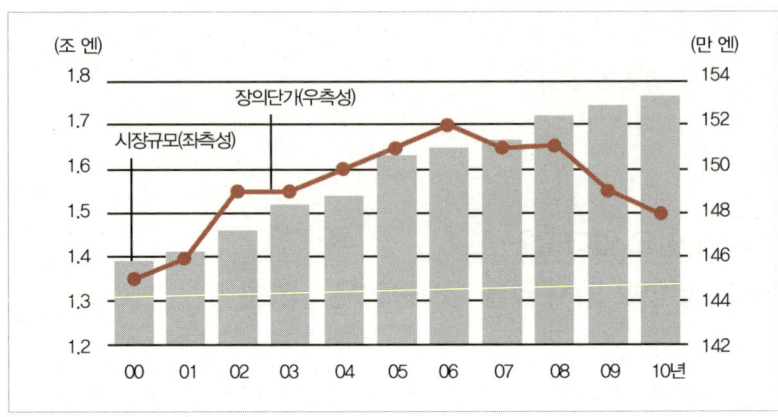

— 자료: '특정서비스 산업동태 통계조사'

라에서는 〈굿 바이〉로 상영됨)〉 등 관련영화 덕분에 음지느낌이 적잖이 희석돼서다.

실제 이업종에서 장의시장으로의 진입은 꾸준하다. 이 결과 장의 관련기업은 6,500~7,000개사에 이르는 것으로 집계된다. 신규업체로는 호텔·전철회사·농협·생협 등이 대표적이다. 최근엔 가족장 패키지를 주력상품으로 내건 프랜차이즈체인 에폭저팬 등도 있다. 이들 신규업체의 경우 아직은 전체매출의 10% 미만이지만 점유확대는 시간문제로 알려졌다.

파워풀한 건 거대업체의 도전장이다. 이온·패밀리마트 등 유통업체의 도전이 그렇다. 기본서비스 제공은 물론 관련용품의 세트판매에서 단품판매로 전환하는 등 수요확보에도 열심이다. 꽃꽂이업체가 제단구성 등의 장점을 내세워 장제사업에 진입한 경우도 있다. 그만큼 장의는 지역밀착형 사업으로 진입장벽이 낮다. 최대기업조차 전국점유율 1%를 채우지 못할 정도다. 즉 대부분 영세·중소기업으로 구성된 업계다.

대기업이 욕심을 낼 만한 사업기회가 적잖은 이유도 여기에 있다. 농협의 시장가세도 같은 맥락이다. 농협 진출지역의 경우 기존업자의 고전이 상당한 걸로 알려졌다. 지연·혈연이 강한 지역의 농협조직력이 워낙 막강해서다. 경쟁심화로 폐쇄적인 업계관행도 개선 중이다. 투명한 가격설정은 물론 터부시된 가격협상 등도 적극적으로 바뀌는 추세다.

기존 전문회사의 생존전략은 진화 중이다. 최근 많은 회사가 고객확보 차원에서 '상부상조互助회'라는 회원조직을 가동하는 게 그렇다. 경쟁격화에 따라 사전에 예비고객을 확보해두는 게 유리하다는 판단에서다. 조직의 운영주체는 장의업자지만 운영자금은 회원선수금으로 꾸려진다.

■ 사망인구와 장의시장 규모추이

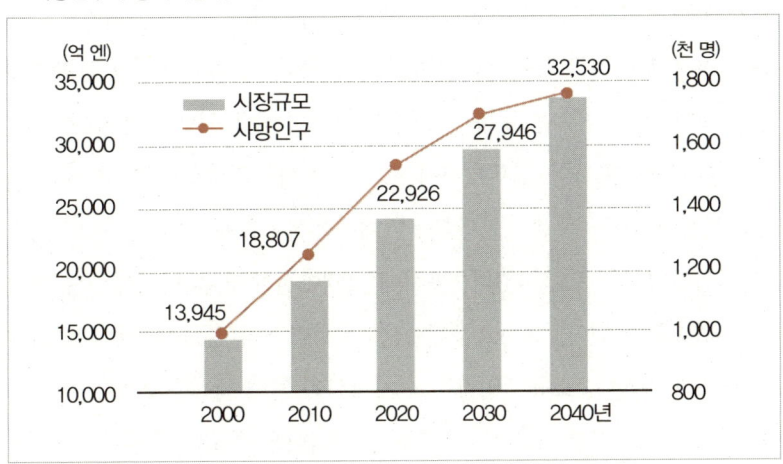

— 자료: '특정서비스 산업동태 통계조사'

회원메리트는 월 1,000엔 정도로 패키지요금을 적용받으며 각종시설을 사용할 수 있다는 점이다. 해약여부도 자유로우며 선수금도 절반은 법무국에 공탁돼 비교적 안전하다. 즉 저렴한 가격을 확실하게 사전에 알고 이용할 수 있다는 점이 매력이다.

반면 운영주체 도산 때 선수금 회수가 어렵다는 점은 한계다. 지금은 호조세라도 인구감소가 계속되면 신입회원이 준다는 점도 부담스럽다. 결국 흡수합병을 통해 현재 300개 안팎에서 1/3 이상 줄어들 것이라는 전망도 많다.

장의시장은 포화상태…
품질불만에 과다비용 부작용

업계에 따르면 장의시장은 이극분화가 불가피하다. 서비스범위를 확대해 건당 수주단가를 높이거나 아웃소싱을 통한 가격의 철저한 삭감추세가 그렇다. 살아남자면 둘 중 하나를 선택할 수밖에 없다는 얘기다.

가령 업계대형사인 코우에키사公益社는 종합장의업화를 지향한다. 기존사업에 답례품·운송·불단불구판매·음식·유체위생보전 등의 영역까지 업무범위에 포함시켰다. 동시에 고객예산에 맞춰 단가를 메뉴처럼 구분해 명확히 했다. 고정요금에 원하는 서비스의 변동비용을 포함시키는 구조다. 반면 중소규모업자는 수지개선을 위해 핵심을 뺀 부가서비스의 아웃소싱을 도모하는 경우가 많다. 기회비용 축소와 인건비 절감 등을 위해서다.

대형사 '베르코'는 또 다른 전략을 채택했다. 이 회사는 회원조직 강화를 위해 생명보험사를 자회사로 개업했다. 사망 후 보험금이 적시에 지급되지 않아 불편을 겪는다는 불만에 착안했다. 즉 보험금을 담보로 장례를 치를 수 있게 했다. 죽음을 전제로 영업하는 장례업과 보험업을 묶음으로써 상승효과를 누리게 된 셈이다.

시장과열은 곧 갈등증가를 뜻한다. 가격인하 압력이 품질저하 개연성으로 연결될 수 있어서다. 애초계약과 달리 비용이 눈덩이처럼 부풀어 오르는 경우가 그렇다. 노인고객을 헷갈리게 해 기본요금만 내면 모든 걸 처리해준다는 투로 유도하는 형태다. 엄연한 과장권유다. 일이 발생하면 각종옵션이 붙어 실제 청구액이 그 이상인 경우가 태반으로 알려졌다.

〈아에라〉는 2010년 12월 '당신의 묘가 위험하다'는 기사를 통해 불법투기 후 발견된 대량의 묘석 관련기사도 내보냈다. 연고자가 없는 무연묘묘석 등을 불법으로 투기한 사건이다. 놀라운 건 유사사건이 반복된다는 점이다. 여전히 가격이 높다는 지적도 많다. 적정가격을 제시하는 회사가 전체의 30%뿐이라는 시민단체장의지원센터 분석도 있다. 이들에 따르면 적정비용은 도쿄의 경우 약 93만 엔 수준에 불과하다.

그렇다면 어떤 회사를 골라야 만족할 수 있을까. 장의사 선택엔 몇 가지 기준이 있다고 한다. 체크포인트를 보면 사전상담에서 세밀한 견적서를 보여주고 담당자가 바뀌지 않는 게 중요하다. 전체비용만 가르쳐주면 추후 각종 추가청구 가능성이 높아 피하는 게 좋다.

돈 얘기만 강조하는 회사도 경계대상이다. 사망 후의 병원소개 장의사도 가급적 신중히 선택할 필요가 있다. 사전연계에 따른 마케팅비용이 가격에 전가되는 경우가 적잖아서다. 이런 이유로 사전에 장의예약을 해둘 필요도 제기된다.

　한편 가족장도 최선책은 아니라는 게 대세다. 비용부담 때문에 가족장을 선택하는 수요가 많은데 이는 잘 생각해볼 문제다. 장례규모를 작게 한다고 유족부담이 반드시 줄어든다고 볼 수는 없어서다. 가족장보다 일반장을 통해 부조를 받는 게 일정부분 도움이 돼서다. 가족장 후 고인조문이 계속되는 것도 일일이 대응하기 힘든 문제다.

늙으면 아프다는데
'준비상황은 무방비'

"여보, 어머님이……"

대기업에 근무하는 A씨는 요즘 회사에서 능력을 인정받아 업무로드가 부쩍 늘었다. 어느 날 고객접대 중인데 갑자기 아내에게 전화가 왔다. 아침까지 멀쩡하던 모친이 뇌경색으로 쓰러져 병원으로 옮겼다는 것이다.

목숨은 구했지만 통원을 반복하며 침대생활에 의지했다. 결국엔 치매認知症 진단까지 받았다. 가까스로 아내를 설득해 집에서 모시기로 했다. 요양시설도 생각했지만 부모는 자식이 모시는 것이라는 친척의 압력에 굴복했다.

하지만 이게 결정적 실수였다. 날이 갈수록 간병을 담당한 가족의 신체·정신적 피로가 깊어지면서 신경질적인 반응이 늘어났다. 결국 참다못해 아내가 가출했다. 더 이상은 한계라는 포기선언이었다. 아내를 찾은 곳은 건널목 앞이었다. 넋 나간 표정에서 A씨는 소름이 끼쳤다.

그때서야 심상찮은 분위기를 파악, 요양기관을 수소문해 2,000만 엔의 입주비와 월 23만 엔의 이용료를 내고 모친을 입원시켰다. 경제적 부담은 상당히 컸지만 살기 위해선 어쩔 수 없는 선택이었다주간『동양경제』2010.10.23.

'설마'가 '역시'가 되는 건 흔하다. 어쩌면 일상다반사다. 또 대개는 안 좋은 일일 때가 많다. 살아내기 힘들어진 현대사회의 주요단면 중 하나다. 고령화·저출산 현상도 이런 '설마→역시'를 양산한다. 대표적인 게 '개호介護=간병지옥'이다.

노인국가 일본에선 곳곳이 간병지옥이다. 부모·부부 등 가족의 연을 맺은 누군가가 간호대상이 되면 중산층에서 빈곤층으로 몰락하는 경우가 태반이다. 우연을 가장한 비극이지만 사실은 필연에 가까운 일이다. '간병예비군·후보'로 분류되는 이들이 그만큼 늘어서다. 노인국가라면 언제 닥쳐도 이상하지 않은 무차별적인 불행도미노인 셈이다.

결국 '단란한 가족행복=불행한 간병지옥'이다. 누구·언제든 닥칠 수 있는 간병공포가 상상을 초월하는 위협·파괴적인 후폭풍의 불행전령을 의미해서다.

위협·파괴적인 간병공포···
무차별적인 불행도미노

개호는 옆에서 돌봐준다는 뜻이다. 일종의 간병이다. 개호간병지옥이란 곧 간병환경이 그만큼 부담·열악하다는 뜻의 비유어다. 간병지옥의 메커니즘은 일견 당연하다. '고령사회→노인급증→노환증가→간병필요→

금전부담→가족해체'의 악순환 때문이다.

가령 치매 부모를 집안에서 모시다 한계에 달한 간병가족이 가출·자살했다는 식의 기사도 흔해졌다. 개호지옥에서 버티다 종국엔 우울증에 빠지는 경우도 많다. 문제는 노인환자의 간호기한을 알 수 없다는 점이다. 힘들어도 끝날 시기를 알면 버텨내지만 고령자 간병은 그렇지도 않다. 체력·금전 등 숨이 끝에 차도 현실은 냉정하다. 장기간병의 증가다. 이는 간병주체의 건강·정신만 갉아먹는 데서 끝나지 않고 간병대상자의 불행으로도 연결된다. 삶의 마지막을 엄청난 폐를 끼치며 비참하게 마감할 수밖에 없어서다.

간병 불안감은 특히 홀로 사는 고령자일수록 높다. 주로 여성고령자가 그렇다. 워낙 커뮤니케이션이 없다 보니 각종 방문판매 사기에 쉽게 넘어갈 정도로 외로움을 호소하는 경우다. 실제 노인홈 등에 입주한 노인을 포함해 65세 이상 단독가구는 남성 130만 명·여성 370만 명 등 500만 명에 달한다. 남성 12%와 여성 25%가 혼자 산다는 얘기다.

추세는 매년 확산 중이다. 그럼에도 불구하고 본인의 간병확률을 포함한 미래 위기감은 생각보다 낮다. 간병판정을 받은 10명 중 9명88%이 "더 불편해도 지금 집에 계속 살 것" 등으로 답했다. 대부분은 경제적인 부담을 회피하기 위한 고육지책이다.

물론 현실은 녹록지 않다. 요개호 5도58%, 4도46% 등 개호필요가 높아질수록 간병시설 이용이 불가피한 걸로 조사돼서다. 치매에 대비해 재산관리인을 정해두지 않은 경우도 41%에 달해 부족한 노후준비를 보여줬다. 간병이 필요해졌을 때 자택·시설 중 어디를 선택할지에 대한 고민수준도 당연히 낮다. 자택간병이라면 더더욱 철저한 준비가 필요하다.

훗날 무연간병이 되지 않도록 네트워크 확보 등 다각적인 방안을 강구해둬야 해서다.

간병비용을 포함한 노후비용을 미리미리 챙기고 정리할 필요도 늘어났다. 건강할 때 간병비용과 재산관리자 등을 선정·대비하자는 취지에서다. 이때 주로 활용되는 게 요즘 인기인 후견인제도다. 요컨대 임의후견인제도의 활용증대다.

이는 추후 판단력이 떨어지거나 간병이 필요해질 때를 대비해 신뢰할 수 있는 사람에게 재산관리와 간병수속 등을 맡겨두는 제도다. 늙고 병들어 침대생활이 불가피할 때도 평소의 자금관리를 대행해줄 사람이 필요하다. 유언장을 작성해두는 것도 불안·갈등을 낮추는 방법이다.

치매 걸리면 끝장…
생전에 유언장 작성해 만약사태 준비

성년후견제도는 2000년 시작됐다. 종류는 판단능력에 따라 4가지로 나뉜다. '임의후견'은 건강할 때 계약을 맺어두는 것이다. 판단력이 떨어져 일상생활에 지장이 있다면 '후견'이다. 일상생활은 괜찮지만 부동산매매 등 중요행위가 불안하면 '보좌'라는 게 있다.

전부 가능하지만 자신이 없다면 '보조'를 활용하면 된다. 과거엔 불명확하게 대리권 없이 뒤를 봐주는 경우가 많았는데 이젠 합법적으로 다른 친족의 문제제기 없이 대리행위가 가능해졌다. 편의성이 알려지면서 이용자도 증가세다. 수속은 쉬운 편이다. 배우자 등 4촌 이내 친족이 가정재판소에 신청하면 10만 엔 정도에 가능하다.

후견인 중 2/3는 친족이다. 나머지는 변호사·사법서사·사회복지사·법인 등이다. 매월 수만 엔의 보수가 지급된다. 자녀의 상속분쟁 등이 예상될 경우나 재산탕진 우려가 있다면 제3자에게 맡길 수 있다. 결국 후견인 선정 땐 신뢰성 여부가 제일 중요한 변수다.

무차별의 간병지옥
'노환비용 5년에 1억 엔'

일본의 간병현실은 아슬아슬한 살얼음판이다. 요컨대 수요는 느는데 돈이 문제다. 정부재원이든 개인부담이든 돈의 압박에 생채기 난 가정이 수두룩하다.

앞으로는 더 암울하다. 당장 고령자를 떠받치는 현역감소가 뚜렷하다. 지금은 청년 3명이 노인 1명을 부양하지만 2050년엔 비율이 1대1까지 떨어질 전망이다. 노인은 늘고 청년은 주니 재원이 좋을 리 없다.

반대로 노인증가는 간병수요가 계속해 늘어남을 뜻한다. 자금지원개호보험 대상의 요要개호 인정규모는 460만 명을 넘어섰다2008년. 당연히 개호보험 세출액도 증가세다. 2000년 3조 엔대 중반에서 2008년에는 7조 엔을 넘겼다. 개호보험이 기능부전에 빠질 수밖에 없는 상황악화다.

결과는 명확하다. 이용자와 사업자의 부담증가다. 이용자는 △보험료 인상 △엄격한 간병인정 △줄어든 노인병원 △치열해진 대기경쟁특별요양노인홈 대기자만 42만 명 △보험 부담대상 연령인하논의 등에 직면한 상태다. 사업자도 마찬가지인데 △저렴한 간병보수 △열악한 노동환경과 이익감소 △무리한 정책도입과 이용감소 등 사면초가의 딜레마에 빠진 상황이다.

이용자의 부담집중은 다양한 지표로 확인된다. 먼저 저소득자의 개호보험 미납률이 늘었다. 65세 이상 개호보험 수납률보통징수은 2000년 93%대에서 2008년 85%대까지 떨어졌다. 보험수혜의 사각지대가 늘면서 가족의 간병부담은 더 커졌다. 요개호 5도최고 수준의 경우 가족의 24시간 간병비율이 절반을 넘어섰다. 1~5도 전체로는 21%가 가족의 종일간병으로 나타났다국민생활기초조사.

특히 간병가족의 고령화도 추세다. 노노老老개호다. 주요간병자 중 절반 이상이 60세를 넘긴 동거가족이다. 간병부담이 커질 수밖에 없는 이유다.

보험수혜 사각지대로 비용부담 증가…老老간병 추세

가족간병을 위한 전직·이직도 덩달아 증가한다. 2002년 9만 명 수준이던 전직·이직간병이유은 2006년 14만 명을 웃돌았다. 특히 그중 8할 이상은 여성으로 '간병=여성'의 인식도 여전하다. 가족간병에 의지할수록 가정환경은 열악해질 수밖에 없다. 수입중단에 따른 금전부담과 삶의 질의 저하다. 간병과 일의 양립은 그만큼 힘들다. 정부가 가족 1인당 93일의 간병휴가를 법으로 정했지만 이용률은 5.8%뿐이다.

간병방법은 물론 다양하다. 크게는 재택간병과 시설간병으로 나뉜다.

환자를 집에 모시고 각종의 간병서비스를 이용하는 방법이다. 입욕·야간대응 등의 서비스를 방문·통근형태로 받는 경우다. 간병수준이 낮고 치매증상이 없다면 이걸로도 충분하다.

반면 중증 이상이면 부르는 게 값이다. 이땐 대부분 시설간병이 불가해서다. 실제 침대생활·중증치매 등으로 일상간병이 필요하면 재택보호는 무리다. 이때 방법은 시설간병이 가장 합리적이다. 문제는 금전부담이다. 이 경우 비교적 저렴한 공공시설을 이용하면 된다. 대개 월 20만엔이면 커버할 수 있어서다.

하지만 실제 공공시설은 규모가 턱없이 부족하다. 시설간병의 상당비중을 차지하는 개호노인복지시설특별양호개인홈은 입소대기에만 2~3년이 보통일 정도다. 요개호 3도 이상이 아니면 그나마 들어가기도 힘들다. 개호노인보건시설은 원칙적으로 자택복귀를 위한 요양시설이라 평생 살 수 있는 구조도 아니다. 또 2011년 폐지예정이었다 가까스로 백지화된 개호요양의료시설노인병원은 앞날이 불투명해 부담스럽다.

결국 공공시설은 한계가 뚜렷한 데다 들어가기도 바늘구멍 통과에 가깝다. 사실상 기대할 수 있는 실제 대안은 민간시설이다. 유료노인홈이 대표적이다. 최근엔 비교적 저렴한 시설도 증가세다. 다만 결과적으로 금전부담은 피할 수 없다. 정부도 개호보험 재정악화를 우려해 개호가능 유료노인홈의 총량규제에 나섰다.

이 결과 개호가능 유료시설의 신규공급은 줄어드는 한편 주택기능을 강조한 주거시설주택형 유료노인홈·고령자전용임대주택 등은 증가세다. 둘의 차이는 간병서비스의 상시제공 및 요금체계로 구분된다. 시설간병을 제공받는 유료노인홈은 동일간병이면 동일비용이 원칙이다. 반면 주택형 주거시설의 간병서비스는 간병대상자가 외부업자와 별도로 계약해 서비스를 받는다. 비용도 서비스에 따라 달라진다. 이중 고령자전용임대주택은 2009년에만 3만 호가 보급될 만큼 확산추세다. 재정압박이 큰 개호시설을 줄이려는 정부의 고육지책이 낳은 결과다.

정부의 총량규제는 곧 가계로의 가격전가를 낳았다. 물론 굳이 정부규제가 아니라도 간병비용은 이미 충분히 천문학적이다. 간병수준과 가족상황 등에 따라 간병비용은 천차만별인데 많게는 수억 엔대에 달하는 사례도 있다. 평균수명이 90세를 웃도는 여성의 경우 적어도 수천만 엔 이상은 필요하다는 게 정설이다. 민간운영 개호시설 유료노인홈은 최소 월 20만 엔 이상이 일반적이다.

물론 정부지원이 있다. 일본정부는 요개호도要介護度에 따라 지급한도액을 정해 지원하는데 자기부담액은 10%다. 자택서비스의 경우 1도4만

■ 가족의 일상간병이 불가능할 때의 입소선택지

구분	시설종류	특징	월 이용료
공공시설	개호노인복지지설	특별양호노인홈. 저렴한 경비의 공공시설. 개별 룸 제공형태도 등장. 2~3년 대기는 보통	6만~15만 엔
	개호형노인보건시설	老健. 병원에서 자택복귀 위한 재활시설. 기본은 최장 6개월	13만~15만 엔
	개호요양형의료시설	증상 안정된 고령자 대상 장기입원 의료시설. 폐지예정에서 백지화	18만~20만 엔
민간시설	개호유료노인홈	요지원·요개호 노인이 대상. 제로입거금 시설 최근 증가	15만~35만 엔
	고령자전용임대주택	高専賃. 개호중심형. 임대주택인데 개호에 특화된 경우도 존재	외부서비스 합해 20만 엔 ↑ 경우도
	그룹홈	치매 고령자 대상시설. 필요개호 수준이 높으면 나가야 하는 경우도 존재	13만~20만 엔

- 주: 주간『동양경제』 2010. 10. 23일자 취합정리

9,700엔부터 5도35만8,300엔까지 최대금액이 설정된다. 금액별로 이용가능 간병서비스를 보면 5만 엔대 이하는 자택서비스가 중심이다. 방문·통근개호·방문간호 등의 조합으로 개호보험 한도액과 실비로 구성된다.

5만~10만 엔은 개호보험 자택서비스 외에 민간서비스를 이용할 수 있다. 가사대행·시중 등이 그렇다. 10만~20만 엔은 공공운영 간병시설에 입주하는 평균비용이다. 반면 민간시설을 이용하자면 20만 엔 이상이 최저라인이다.

정부규제가 가격인상으로 연결…
여성 간병비는 천문학적

간병지옥의 핵심은 높은 비용부담과 복잡한 요금체계로 요약된다. 기본적인 요금체계는 입거入居금 및 매월비용으로 나뉜다. 입거금은 시설입소 때 수십만에서 1억 엔 이상을 5년~15년분의 집세로 내는 경우다. 그만큼 매월요금은 싸진다. 매월방식은 입거금이 없거나 적지만 매월요금에 집세상응의 요금을 가산하는 형태다.

둘은 일장일단이 있다. 4년 이상 살면 입거금 방식이 저렴하지만 중도에 나오기 힘든 게 단점이다. 입거금과 관련해 '상각償却'이라는 업계 특유의 시스템도 갈등의 불씨다. 상각은 시설이 회수해 갖는 돈이다. 입거신청금·시설협력금·종신이용권 등으로 불리지만 대부분 반환되지 않는다. 초기상각이란 입소 때 일정액을 회수해 입소자에겐 반환하지 않는 돈이다. 일종의 계약금이다.

나머지 입거금은 일정기간에 걸쳐 시설이 회수한다. 요컨대 입거금 1,000만 엔에 초기상각 30%, 상각기간 5년이라면 최초입소 때 300만 엔을 떼고 700만 엔은 5년에 걸쳐 임대수입으로 시설이 갖는다는 뜻이다. 상각기간이 끝나면 추가임대료는 없다.

문제는 초기상각이 과도하게 높거나 상각기간이 아주 짧을 때다. 입소자로선 그만큼 금액부담이 커지는 셈이다. 유료시설의 경우 입거금이 평

■ 노인홈의 종류와 내용

종류	내용
유료노인홈	입소노인에게 식사제공 및 일상생활 편의제공이 목적. 노인복지지설이 아닌 것으로 규정(노인복지법). 민간업자가 주로 경영. 설치기준 있어 정부신고 의무화된 시설
특별양호노인홈	개호노인복지시설이 정식명칭. 일본에서 가장 많은 고령자시설(2007년 현재 6,000개, 입소자 40만 명, 대기자 약 40만 명)
노인보건시설	65세 이상·개호도 1도 이상이 입소 가능한 공적시설. 자택생활을 목표로 하는 시설이기에 약 3~6개월 후 퇴소하는 경우가 일반적
그룹홈 (치매대응그룹홈)	5~9명 정도의 가벼운 치매·지적장애·정신장애자가 소수직원에게서 최저한의 원조·시중을 받으며 스스로 식사준비·청소를 하는 공동생활체. 자립을 목표로 함
양호노인홈	경제적 혹은 환경적 이유로 자택생활이 곤란한 고령자가 입거하는 복지시설. 일정조건 충족하면 '특정시설입거자생활보호'를 통해 시설내부의 개호서비스를 제공할 수 있음
케어하우스 (경비노인홈)	60세 이상(부부 중 누구든)의 개호는 불필요해도 가족 뒷바라지가 힘들거나 고령으로 1인 생활이 어려운 노인을 대상으로 하는 공적시설
실버하우징	고령자 대상의 불편함을 없앤 공영임대주택·공단임대주택. 안부확인·긴급대응 등 서비스를 실시하는 생활원조원을 배치. 기본적으로 개호를 받지는 못함. 필요하면 방문개호 등 이용
고령자전용임대주택	유료노인홈 신청이 불필요한 고령자 전용의 임대주택. 2005년 제도화. 주거공간 안에서 개호유료노인홈과 함께 개호제공 가능
고령자우량임대주택	고령자 대상의 불편함을 없앤 정부인정 민간임대주택. 고령자전용임대주택에 고령자 불편함을 없앤 시설을 갖춘 주택
분양형 케어맨션	다양한 고령자 대상 서비스를 실시하는 분양형 맨션. 개별맨션에 따라 제공서비스 내용은 다름. 주택형 유료맨션과 유사
생활지원하우스	개호는 필요하지 않지만 1인 생활로 불안감을 느끼는 고령자·부부가 입거할 수 있는 공적시설. 자립생활이 가능한 입거자가 대상

균 2,000만 엔대지만 많으면 억 단위도 있다.

주간 『동양경제』의 '2010년 유료노인홈 베스트랭킹' 결과에 따르면 일정조건을 갖춘 전국 1,878개 시설 중 1/3인 629개소가 5년 총비용 1,000만 엔 이하로 조사됐다. 입거금 없이 월평균 17만 엔 정도면 이용할 수 있는 시설이다. 반면 134개소는 3,000만 엔을 초과했다. 가격이 비싼 만큼 호화건물·내장과 만족스러운 서비스를 제공한다는 경우가 많다.

특히 값비싼 간병형간병·지원필요의 경우 5년간 총비용이 8,955만 엔힐데모아코마자와공원에 달한다. 자립자립가능·혼합형간병·자립양립은 5년 경비가 1억1,793만 엔사쿠라비아세이조인 경우도 있다. 둘 다 도쿄입지라지만 실로 엄청난 금액이다.

그럼에도 불구, 서비스품질은 글쎄다. 고객의 이용불만이 끊이지 않는 게 그 증거다. 많이 개선됐다는 평가도 있지만 여전히 구태의연한 저질 서비스로 눈살을 찌푸리게 하는 사건도 잦다. 직원퇴근에 맞춰 5시에 저녁식사를 주거나 기저귀를 정해진 시간에만 갈아주는 등 비상식적인 개호가 그렇다. 이는 노동력 부족으로 아무나 업계에 들어오면서 품질저하를 초래한 결과다. 제도의 미성숙 이상으로 직원의 미성숙도 심각한 지경으로 알려졌다.

'간호 정도야 누구든 할 수 있다'는 안이한 사고도 만연했다. 고용대책으로 간병분야 취업알선이 늘어난 것도 원인이다. 간병을 하는 게 아니라 본인이 간병을를 받으려는 취업자까지 있다는 우스갯소리도 있다. 테크닉을 갖춘 경력자나 쫓기듯 잠시 취업한 신입이나 봉급 등 대우체계가 똑같다는 것도 문제다. 의욕상실로 이어져서다.

불만 중에는 입거금 등 요금 트러블이 가장 많다. 소비자보호기관인

국민생활센터에 접수된 유료시설의 제반문제 중 70% 이상이 요금관련일 정도다. 애초계약과 다른 과다청구 피해사례가 대표적이다. 기저귀 비용은 물론 환자식·야간콜·병원송영 등까지 별도요금으로 청구하는게 그렇다. 직원이직률이 높아 담당자가 자주 교체돼 일정한 서비스를 받을 수 없다는 점도 문제다.

일부지만 병세가 깊어지면 금전부담과 무관하게 퇴소권유를 받는 경우도 있다. 의료행위·식사 등 시설상의 한계 때문이다. 다른 노인에게 폐를 끼치거나 시설이 도산했을 경우도 마찬가지다. 이 경우 요양시설은 최후의 집과 거리가 멀다. 언제든 나올 수 있다는 점도 염두에 둬야 한다는 뜻이다.

비싼데도 저질서비스…
불만족스러운 최후효행

한편 위험수위에 달한 일부업체의 도산압박도 문제로 거론된다. 실제 경영부진에 한치 앞을 내다볼 수 없는 시설이 적잖다. 이 경우 금융기관이 자금회수에 힘들어지면서 시설입소자의 불안감은 높아질 수밖에 없다.

대규모 노인홈인 CS Charming Square의 경영부진이 대표적이다. 입거금이 최고 8,500만 엔에 이르는 호화시설로 화제를 모았지만 실속은 별로였다. 공격경영을 주도했던 자회사의 경영압박이 실패원인으로 거론된다. 운영회사의 경영파탄으로 입거금을 날리거나 쫓겨나는 경우도 있다.

설상가상 입소자를 지킬 법·제도장치도 거의 없다. 분양형의 시니어맨션은 업자가 도산해도 소유권을 지킬 수 있는 것과 대조적이다. 반면 유료시설은 이용권을 입소자와 사업자가 계약한 것에 불과하다. 도산하면 이용권이 소멸된다는 의미다. 도산 후 제3자가 경영위탁을 해도 재계약과 추가비용을 요구하는 경우가 보통이다.

또 입거금의 상각기간이 남아도 돈을 돌려받지 못하는 게 보통이었다. 2006년 4월 500만 엔의 입거금 보전조치 의무화 이전에 설립된 경우 특히 그렇다. 그만큼 철두철미한 경영상태 조사가 필요해졌다는 얘기다.

흔히 간병시설은 부모를 위한 최후효행이라는 말이 있다. 건강할 때 들어가면 자립형 인생최후의 거액쇼핑으로 비유가 바뀐다. 그만큼 잘 골라야 후회 없는 최후효행·쇼핑이 된다는 의미다. 난립하는 업체 중에서 만족스러운 시설을 골라내기란 그만큼 중차대한 이슈다.

이때 무엇보다 중요한 건 냉정한 비교선택이라는 게 중론이다. 입거목적과 조건 등 우선순위를 정해 하나하나 체크하면 그나마 실수를 줄일 수 있다는 판단이다. 이후 철저한 사전조사와 견학을 통해 실제 거주환경을 면밀히 살펴보는 게 무엇보다 중요해서다.

소개센터는 조심할 필요가 있다. 중개수수료나 성공보수 등 물밑거래의 희생양이 될 수 있어서다. 일부는 업자가 소개채널을 운영하는 경우도 있는 것으로 알려졌다. 입거금의 상각방법과 이용료 등과 함께 입거율을 챙기는 것도 중요하다. 통상 70~85%일 때 손익분기점을 넘긴다는 점에서 90% 이상이면 합격점인 걸로 분석된다.

간병자 1인당 직원숫자도 중요하다. 법률로는 1대3이 최저한도지만 실제로는 1대1.5 정도가 바람직하다. 전반적인 분위기도 중요한데 이는 시설책임자와의 상담현장에서 일정 부분 알 수 있다.

커지는 노노격차
'부자노인 vs 빈곤노인'

부자노인의 '지갑이 둘인 까닭' = 60대 중반의 친한 일본인이 있다. 대기업 간부로 퇴직한 뒤 취미생활로 노후를 보낸다. 재산은 상당하다. 연금소득에 자산이익은 물론 건물까지 보유해 매달 월세를 받는다. 부모 유산을 물려받은 덕분이다. 해외여행은 격월행사다. 가끔 함께 식사를 하는데 장소는 대부분 고급식당이다. 메뉴판은 본 적조차 없다. 압권은 계산 때다. 지갑이 2개로 장지갑에는 빳빳한 1만 엔권이 묵직하게 들어있고, 또 다른 지갑엔 1,000엔권 지폐가 접혀 있다. 신용카드를 워낙 안 쓰는 나라다 보니 어쩔 수 없이 현금을 많이 들고 다닐 수밖에 없어서다. 또 자가용 계기판 옆에는 통행료로 쓰기 위한 1,000엔권 지폐가 수북하다. 놀라운 현금동원력(?)이다.

빈곤노인의 '정부조차 버린 삶' = 오사카의 니시나리西成구는 하자瑕

疵 있는 사람이 모여드는 최후보루다. 행정명칭인 '아이린'보다는 니시나리로 불리는 이곳은 일본의 대표적인 빈민촌이다. 새벽 인력시장 때문에 일용직근로자의 집성지로 알려졌지만 실은 오갈 데 없는 빈곤노인의 쓸쓸한 풍경이 일상적인 공간이다. 이곳은 2005년 기준 일본남성의 평균수명이 가장 짧은 곳으로 집계됐다. 73.1세로 5년 전 동일조사에 이어 재차 최단명지역으로 기록됐다. 이곳 빈곤노인의 삶은 아주 열악하다. 도야로 불리는 하루 1,000엔 이하의 방에서 살며 3끼 식사는 기본적으로 힘들다. 생활보호자로 신청해도 자격조건이 까다로워 지정예외다. 아파도 병원은커녕 외출조차 힘들다. 여름겨울엔 냉난방비가 없어 몸 하나로 버텨낸다.

일본은 부자나라 · 빈곤국민의 전형이다. 경기침체니 재정적자니 해도 사실상 일본만큼 국부가 많은 나라가 없다. 양적지표이긴 해도 2006년 기준 일본의 전체국부는 8,560조 엔이다. 부채5,840조 엔를 뺀 순자산만 2,720조 엔에 달한다. 이중 1,500조 엔 안팎이 개인 금융자산이다부채포함. 국채보유분900조 엔도 세계 최고수준이다.

돈이 많아도 쏠려 있으면 문제다. 즉 빈부격차다. 일본의 부富는 특정그룹에의 쏠림현상이 아주 뚜렷한 편이다. 특정그룹이란 고령인구로 요약할 수 있다. 동시에 현역세대 중 2030세대의 청년빈곤이 나머지 한 축이다. 많이 깨졌다지만 어쨌든 종신고용 · 연공서열적인 임금시스템 탓에 소득수준은 연령별로 확연하게 갈린다. 퇴직세대의 연금소득3층이 어지간한 20~30대 근로자보다 많을 정도다. 비정규직이라면 부자노인과 비교할 필요조차 없다.

부자나라의 빈곤국민…
이제는 부자노인 · 빈곤청년 부각

소득격차가 벌어진다는 것은 곧 자산격차도 비례해 확대됨을 의미한다. 즉 생애소득 자체가 부자노인 · 빈곤청년의 대결구도를 심화시킨다. 실제 금융자산의 절대비중60%을 60세 이상 고령세대가 쥐고 있다. 금액으론 900조 엔 정도다. 가계조사총무성 · 2004년도 비슷한 결과다. 세대주 65세 이상 가구의 평균 총자산이 5,679만 엔으로 나타났다. 부동산자산 3,709만 엔과 금융자산2,179만 엔을 합한 것에서 부채209만 엔를 뺀 결과다. 상당한 부富다.

반면 현역세대 금융자산은 그 절반에도 미치지 못한다. 연령별 금융자산 분포도2009년를 보면 60대 이상이 전체저축의 60.7%를 보유한 데 비해 20대0.4%와 30대5.4%는 1/10도 갖지 못한다. 시각을 넓혀 50대까지 전체 금융자산을 다 합해도 39.3%에 불과하다. 이는 2008년 합계40.3%보다 소폭 줄어든 수치다. 갈수록 고령인구로의 부의 쏠림이 가속화된다는 의미다.

구체적인 금액으로 65세 이상 세대와 60세 미만 세대의 금융자산 잔고분포를 보자. 고령세대는 2,000만 엔 이상의 거액자산가가 월등히 많은 반면 현역세대는 200만 엔 미만이 가장 많다. 가령 고령가구의 경우 4,000만 엔 이상의 금융자산가 세대가 전체의 17.6%에 달한다. 금액을 낮춰 3,000만 엔 이상까지 아우르면 비중은 27.8%에 달한다.

결국 2,000만 엔 이상 세대가 43.0%로 '노인가구=부자집단'이라는 인식은 여기서 비롯된다. 반면 현역세대의 경우 1,000만 엔 미만 세대가 63.9%에 달해 고령세대34.9%보다 훨씬 열악한 상태다.

■ 세대주 65세 이상 세대와 60세 미만 세대의 금융자산 잔고분포(2007년)

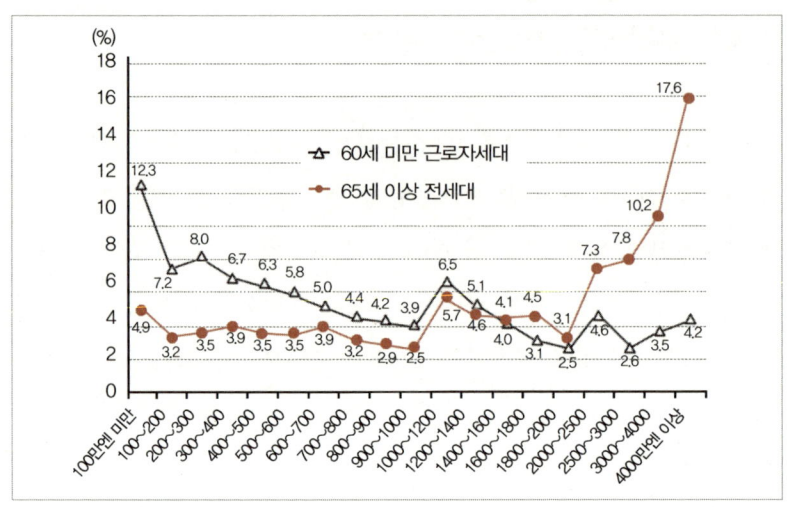

- 자료: 총무성(가계조사)

실제 어떤 통계를 봐도 부자노인·빈곤청년의 격차심화는 예외가 없다. 고령세대의 평균적인 연간장부를 보면 부자노인은 한층 설명력이 높아진다. 가령 고령자 평균이미지인 고령부부65세↑·무직세대의 경우 월 19만1,000엔의 가처분소득으로 23만7,000엔의 소비지출을 한다. 공식적으로는 4만6,000엔 적자다.

하지만 고령가구는 가처분소득을 웃도는 금융자산을 상당량 보유한 상태다. 비록 앞날이 불안해 저축인출 생활을 자제한다고는 해도 그들 생애에는 이미 쓰고 남을 정도로 잔고가 탄탄하다. 앞서 1,500조 엔의 금융자산 중 60%를 물가·연금액·금리변화가 없다고 가정한 뒤 인출생활비 적자액해 쓴다 해도 최소 20년 이상은 버틸 수 있다. 금융자산에서 빠진 부동산자산을 포함하거나 65세 이후 근로소득까지 감안하면 더더욱 그렇다.

다만 부자노인·빈곤청년의 극단적 이미지 안에 감춰진 치명적인 허점을 거론하지 않을 수 없다. 부자노인의 개념규정에 문제가 없는가 하는 점이다. 즉 개괄적 평균상이 부자노인일 뿐 그 껍질을 벗겨보면 빈곤노인의 존재감이 적지 않기 때문이다. 통계에 따르면 적지 않다는 느낌보다는 오히려 빈곤노인 비중이 지배적이라는 증거가 많다.

고령부부·무직세대의 소득·자산보유 차원에서 보면 '부자노인'은 옳다. 하지만 실은 감춰진 예외사례가 더 많다. 즉 65세 이상 세대원이 있는 1,926만 세대 중 고령·부부세대는 439만 호에 불과하다. 평균치 밖의 단신세대433만와 부부·미혼자녀209만, 기타203만세대가 수치측면에선 오히려 더 압도적이다. 특히 단신세대의 경우 절대다수가 무직의 빈곤노인이다. 또 직업유무에 따라 저축률은 현격히 갈린다. 같은 고령자라도 경제격차가 현격해질 수밖에 없다는 얘기다.

■ 세대주 65세 이상 세대의 수입과 지출(2007년, 단위: 만 엔)

	세대주 65세 이상 & 2인 이상 세대				세대주 65세 이상 & 단신세대 (고령단신 무직세대)
	근로자 세대	무직세대	고령자 무직세대	고령부부 무직세대	
세대인원(명)	2.61	2.37	2.94	2.00	1.00
실수입	390,867	227,658	223,859	223,459	123,986
세대주수입	200,791	—	—	—	—
공적연금급부	134,004	197,327	206,724	206,567	113,422
비소비지출	52,406	32,416	32,130	32,206	11,373
가처분소득	338,462	195,242	191,729	191,254	112,613
소비지출	301,399	243,143	238,863	237,475	142,042
저축	37,063	−47,902	−47,134	−46,221	−29,429
흑자율(%)	11.0	−24.5	−24.6	−24.2	−26.1

소득불평등을 의미하는 지니계수를 연령계층별로 추산해 고령자세대의 소득격차를 살펴보면 다른 연령세대보다 훨씬 격차가 벌어짐을 알 수 있다. 지니계수가 가장 낮은 연령대는 30대로 이후 그 수치가 높아지고 있기 때문이다. 연령계층별 세대소득의 지니계수2005년를 보면 30대0.25 이후 꾸준히 느는데 60대0.39, 70대0.42, 80대0.46 등으로 조사됐다.

결국 고령세대의 소득격차가 큰 건 평균적인 노인이미지를 추론할 때 꼭 염두에 둘 변수다. 다만 소득격차는 현격해도 생활수준 격차는 그다지 크지 않을 수 있다. 거액자산을 보유해 근로소득이 없어도 충분히 노후생활을 영위할 수 있는 세대가 적지 않아서다. 역으로 자산이 없어 근로소득을 확보해야 하는 경우도 존재한다.

부자노인에 가려진 통계착오…
숫자로는 빈곤노인 더 많아

지금 고령가구는 그래도 낫다. 소득 및 자산격차가 존재함에도 불구, 대다수는 빈곤하지 않은 생활을 무리하지 않고 지낼 수 있다. 일부 극빈노인을 제외하면 필요자산을 비교적 충분히 보유했을 확률이 높기 때문이다.

다만 장래의 고령자 상황은 현재의 제반환경을 감안할 때 결코 쉽지 않을 전망이다. 당장 공적연금 지급개시 연령은 2025년 65세가 원칙이다. 재고용 등 고용연장이 활발하지만 60~65세의 소득이 현역시절보다 대폭 감소될 것은 확실시된다. 최악의 경우 이 5년은 소득제로일 확률이 높다. 또 연금수급액조차 저급여 쪽으로 방향을 굳혔다. 소비자물가상승률과 금리수준을 감안하면 현재 고령세대보다 사실상 상당한 비교열위에 놓이게 된다.

현재 65세 이상 고령세대가 보유한 거액의 금융자산 중 상당부분은 기업의 퇴직금 덕분이다. 60세 미만 세대와 비교할 때 그 격차가 크다. 2002년 연간 지급금액16조 엔과 대급여비율6.6% 모두 정점을 찍은 이래 퇴직금은 점차 감소경향을 보이고 있다. 활발해진 구조조정과 퇴직금제도 자체의 폐지비율도 증가세다. 연공서열 개정과 함께 비정규직이 늘고 있는 것도 그렇다. 퇴직일시금 억제 등 하나같이 고용비용 절감을 위한 전략이 확대되는 추세다.

이는 비정규식으로 사회출발을 하는 젊은 세대의 증가세와 임금커브의 평준화에 따라 은퇴자금 마련이 힘들어진 4050세대의 한숨소리로 자연스레 연결된다. 비정규직의 경우 후생연금 적용예외와 국민연금 미가입 등도 증가세다.

· 제4부 ·

노후자금
길 없는 곳에서
길 찾기

시장규모 50조 엔
'상속에서 갈리는 은퇴 이후'

웰빙Well-Being 이후는 웰다잉Well-Dying이다. 잘 사는 것만큼 잘 마무리하는 것도 그만큼 중요한 과제여서다. 은퇴 이후의 인생 2막이 길어진 고령사회에선 특히 그렇다.

같은 맥락에서 인구구성상 노인비중이 대단히 높은 일본의 경우 웰다잉은 이미 중요한 사회이슈로 떠올랐다. 가족은 물론 현실사회와 철저히 고립된 무연無緣화가 심화될수록 준비된 웰다잉의 필요성은 더욱 강조된다.

최근 사회문제로 급부상 중인 고독사孤獨死에 대한 경계감이 대표적이다. 일본이 풀어야 할 웰다잉 이슈의 최대관문은 사실상 유산·상속문제다. 무난한 상속완성이야말로 가족행복은 물론 사회·경제의 활력부활을 위해서도 꼭 필요해서다.

빈부격차는 일본의 골칫덩이다. 그리고 그 핵심은 세대격차로 이해된다. 가진 부모세대와 못 가진 자녀세대의 갈등부각이다. 일본의 개인 금융자산은 1,500조 엔 안팎이다. 그중 빚은 500조 엔 정도다. 결국 순자산은 1,000조 엔인데, 이중 600조 엔이 60세 이상에 집중된 상태다. 노인세대의 경우 사망당시 금융자산만 1인당 평균 3,500만 엔에 달한다는 통계도 있다. 가난한 노인도 많지만, 부자 노인도 흔하게 볼 수 있다.

문제는 추세다. 부자노인은 시간이 갈수록 증가세다. 최근 〈2010 아시아 태평양 부富 보고서〉가 발표됐는데 메릴린치, 일본의 경우 고소득자 금융자산 100만 달러 이상가 인원·금액 모두 각각 아태지역의 54.6%와 40.3%를 독점한 것으로 나왔다. 금융위기 때 갉아먹은 금융자산 대부분이 벌충된 건 물론이다. 역시 자산의 절대비중은 노인보유분이다.

반면 자녀세대의 경우 정규직 취업은 낙타가 바늘귀에 들어가는 격처럼 힘든 데다 연공서열 약화로 평균임금은 더 줄어들었다. 게다가 노인의 돈은 꽉 막힌 상태다. 더 오래 살까 두려워 쓰지를 않는다. 장수위험이요, 또 다른 의미의 유동성 함정이다.

와중에 돈 없는 자녀세대는 부모눈치만 살피며 독립을 주저한다. 부모가 사망해도 고령연금이 끊길까 사망신고조차 않을 정도다. 그나마 4060세대 자녀는 사정이 낫다. 평균수명을 감안하면 8090세대의 부모로부터 상속수혜를 입어서다. 인생최대의 불로소득이라는 수식어처럼 상속 여부에 따라 은퇴 이후의 삶의 질이 달라진다는 우스갯소리가 있을 정도다.

그 대표집단이 광의의 단카이團塊세대다. 쇼와昭和 20년대 1945~1954년까지 포괄해 태어난 약 2,000만 명의 베이비부머들이다. 이런 점에서 일본의 최근 상속동향은 순전히 노노老老이전이다. 때문에 유산문제를 포함한 상속비즈니스의 타깃도 평균 50대에 집중된다. 즉 정작 투자·소비성향이 강한 그 이하 청장년세대의 수혜는 거의 없다. 정부대책이 사후 상속보다 생전증여로 압축되는 이유도 여기에 있다. 즉 상속세는 늘리고 증여세는 줄이는 방향이다.

Well-Dying 위한 부드러운 유산 · 상속 필수

우선 거대한 상속자산의 규모부터 보자. 현재 상속시장 전체규모는 50조 엔대로 추정된다. 향후 더 늘어날 건 명약관화다. 통계에 잡히지 않는 상속재산까지 포함하면 그 규모는 훨씬 커진다. 2020년엔 약 140조 엔에 육박할 것이라는 추정도 있다 노무라자본시장연구소 · 2010년.

앞서 설명처럼 일본의 가계자산은 고령세대에 편재된 상태다. 유가증권의 경우 70%가 60세 이상에 몰려 있다. 더구나 이 비중은 고령화 진전에 따라 점점 높아지는 추세다. 이 거액자산이 자녀세대로 이전될수록 상속동향은 가계자산 전체에 상당한 영향을 미칠 수밖에 없다.

이 과정에서 축적된 거액자산의 주인이 교체된다는 점도 상속이 갖는 특징 중 하나다. 연령이 높을수록 자산축적이 심화되는 건 당연하다. 세대별 순자산액을 비교해보면 자산축적이 가장 많은 계층이 70세 이상 세대로 집계된다. 때문에 상속으로 이전될 자산도 상당할 수밖에 없다.

설문결과를 보면 재산 상속의지는 64%로 나타났는데, 평균상속액은 5,653만 엔으로 집계됐다 유세이종합연구소 · 2006. 다른 많은 분석치를 참고해도 세대평균 최저 4,000만 엔 이상은 상속될 것으로 추정된다.

거액자산의 주인교체는 요컨대 어느 날 자산이 급증한 사람이 생겨남을 의미한다. 상속세는 해당연도에 사망한 자산보유액이 많은 단 4%의 사람만이 대상이다. 즉 부유층 대상의 세금이다. 하지만 정확한 내용확인은 힘들다. 연 1회 공표하는 상속세통계가 거의 유일한 사실지표다. 가장 최근 통계는 2010년 6월 발표된 2008년 상속세통계다.

이를 감안해 2008년 상속세통계를 보면 샐러리맨 생애임금인 3억 엔 이상을 상속한 이가 3,500명이나 있었다. 1억 엔 이상은 2만9,000명에 달했다. 상속금액을 4,000만 엔 이상으로 낮추면 15만 명 이상으로 집계된다. 상속세 신고가 불필요한 이들까지 합하면 상당한 인구가 적든 많든 상속혜택을 입는다는 얘기다. 상속이 일부만의 전유물은 아니라는 의미다.

이 결과 개개인의 자산형성에 상속재산이 미칠 상대적인 중요도가 훨씬 커질 걸로 예상된다. 1990년대 이후 일본기업 상당수가 종신고용·연공서열을 포기·변형함으로써 이젠 근속연수가 소득증대로 연결되는 경우가 급감했다.

따라서 지금의 현역세대 자산형성은 부모세대보다 열악하며 축적 정도도 훨씬 늦어질 수밖에 없다. 본인이 모은 자산보다 부모의 상속자산이 차지하는 비중과 영향력이 이전보다 높아졌다는 뜻이다.

한편 상속동향의 주된 흐름은 몇 가지로 구분된다.

우선 토지가 50% 정도를 차지하는 최대의 상속자산이라는 점이다. 물론 전성기였던 1980년대 후반 버블 때 76%와 비교하면 상당히 떨어진 수치다. 이는 상속제도상 토지가 다른 자산보다 상속에 유리한 점이 많은 결과로 분석된다.

다만 이는 앞으로 바뀔 전망이다. 소규모택지 등의 경우 지금까지의 특례적용이 엄격해질 걸로 보여서다. 이 결과 과세대상·금액이 늘면 피상속인의 자산선택에 일정부분 영향을 미칠 가능성이 높은 것으로 지적된다.

상속은 거액자산 주인교체 의미…
4,000만 엔 이상 15만 명

2008년 현재 유가증권은 상속재산의 13%를 차지한다. 증시환경이 좋았던 2006~2007년의 17% 육박시절보다는 다소 줄었다. 다만 유가증권을 가진 부모피상속인비율은 추세적인 증가세다. 유가증권 내역을 보면 1980년대는 자사주로 보유한 유가증권이 40%를 차지했지만, 최근엔 펀드를 통한 보유비율이 늘어났다. 보유자 인원분포로 보면 펀드보유자가 더 많다.

부유층의 금융자산 운용니즈가 착실히 늘면서 이들 부유층과의 접점을 찾으려는 상품·서비스가 중시되는 이유다. 일본의 부유층 자산은 국내에 집중한 것으로 보이지만, 자산액과 내역·부채상황 등은 다양하다. 개별상황에 맞춘 다양한 눈높이 마케팅의 필요성이다.

상속재산에서의 현금비율은 최근 21%에 달하는 등 과거 최대치까지 상승했다. 전후 계속해 10%대를 밑돌던 현금비율은 1992년 이후 상승세를 유지하고 있다. 무엇보다 상속재산의 활용자유도가 높다는 장점이 주효했다. 부동산 등 매각이 힘든 자산을 상속하는 것과 달리 현금예금은 유동성이 훌륭해 언제든 활용할 수 있기 때문이다.

부모세대도 마찬가지다. 노후자산의 상당 부분을 현금예금으로 보유 중인데 이는 디플레이션 회피목적은 물론 노후의 다양한 리스크를 대비하는 데 매력적이다. 최근 연금·의료 등 공적제도의 불안감이 높아지는 와중에 노후불안의 전통적인 충격완화 장치였던 가족부양마저 기대할 수 없어진 결과다. 이런 상황에서 유동성 자산비중의 상승은 고령자가 지닌 다양한 리스크장수위험 등를 줄이는 수단으로 괜찮기 때문이다.

■ 상속자산의 유형별 내역 추이

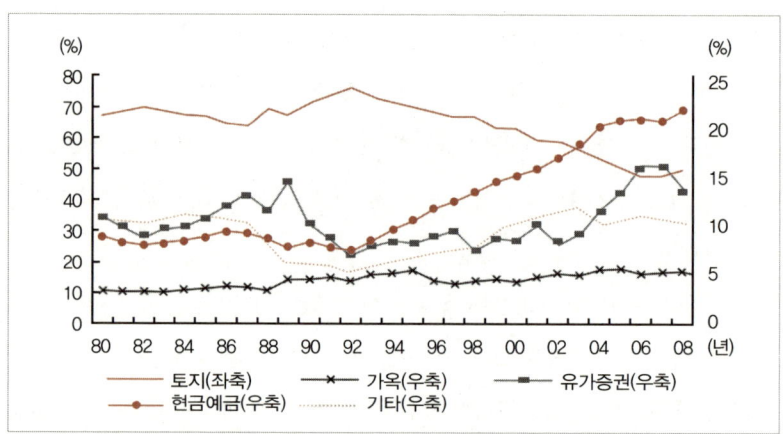

- 자료: 노무라자본시장연구소

치열해진 재산분쟁
'경기침체로 유산의존 증가'

상속규모가 큰 만큼 관련분쟁이 늘어나는 건 어쩔 수 없다. 돈의 세대물림과 관련된 고령사회의 어두운 단면이다. 가정재판소에 제기되는 상속 트러블은 연간 16만 건에 달한다. 최근 10년에 2배 이상 늘어난 규모다. 특히 분할이 힘든 부동산 등의 현금화와 관련된 형제자매의 의견대립이 많다. 형제마다 의견이 다른 데다 현금처럼 쪼개기도 힘들기 때문이다.

이밖에도 분쟁내용은 각양각색이다. 장남 등 특정상속인이 상속재산의 정보공유를 제대로 하지 않아 서로 의심하는 경우부터 상속재산 운영을 일부상속인의 의사에 따라 진행되는 것도 갈등의 씨앗으로 작용한다. 부채가 있는 경우는 두말할 필요조차 없다.

최근엔 부모간병의 부담 정도에 따른 상속비율 여부도 뜨거운 감자로 떠올랐다. 주지하듯 요즘 늙고 병든 양친봉양은 적잖이 힘든 문제다. 전통기준이었다면 부모봉양 의무가 높았던 장남 등이 부모재산을 받는 대신 노후를 책임지는 형태가 보편적이었다.

하지만 법률개정으로 부모유산은 자녀수에 맞춘 1/n로 바뀌었다. 그럼에도 불구, 부모간병은 대개 자녀 1명이 부담하는 게 현실이다. 상속비율을 둘러싼 불공평성이다.

상속 관련분쟁이 증가하는 건 돈 때문이다. 90년대 이후 장기·복합불황이 계속되고 고용 없는 성장이 정착되는 등 샐러리맨의 소득수준은 최악상태로 전락했다. 그만큼 부모유산을 기대하는 사람이 늘어났다는 얘기다. 상속이야말로 인생최대의 불로소득이나 마찬가지이기 때문이다. 실제 상속액수가 정년퇴직금보다 높은 경우가 흔하다.

특히 상속기회가 평생 1~2번에 그친다는 점도 이성을 잃는 근거를 제공한다. 주택담보대출과 자녀교육비 등 라이프사이클에 따라 거금이 필요한 4050세대가 상속분쟁에 자주 휘말리는 게 그 증거라고 할 수 있다.

상속금액 〉 정년퇴직금…
장기불황으로 치열한 유산분쟁

구조적 경기침체로 돈벌이 기회가 줄어들었단 점에서 상속분쟁은 부자그룹만의 전유물은 아니다. 수십, 수백억의 거액갈등은 아닐지언정 상속트러블은 평범한 중산층 이하에서도 자주 발생한다. 한 푼이라도 더 받으려는 게 인간심리인 까닭에서다. 가격이 얼마든 집 한 채라도 있으면 예외가 아니다. 매각 대신 부모가 살던 집에 들어가 살아도 월세는 굳기 때문이다. 왕왕 형제배우자까지 총출동해 대분규로 연결되는 이유다.

상속과정에서 금전분쟁이 생기는 데는 희박해진 가족관계도 영향을 미친다. 형제라도 평소 부모와의 친소관계에 차이가 날 수밖에 없는데, 이를 둘러싼 상속비율의 정당성 문제가 그렇다. 즉 결혼 이후 혈연관계를 거의 끊고 살았던 형제가 부모 장례를 계기로 불쑥 나타나 법정비율을 달라고 할 때 트러블은 생기기 쉽다. 좋지 않은 일로 결별했다면 더더욱 감정이 좋을 리 없다. 즉 무연사회와 상속분쟁의 비례관계다.

일본적 특수성을 반영한 상속갈등도 있다. 이른바 가업승계와 연관된 트러블이다. 일본의 중소기업·노포老舖 중엔 비단 핏줄이 아니라도 장인정신 승계차원에서 업력을 유지하는 전통이 강하다. 양자·데릴사위가 성을 바꿔 가업을 잇는 게 전혀 이상하지 않다.

하지만 이는 우량할 때 한정된다. 회사·장사경영이 악화돼 빚더미에 몰릴 경우 얘긴 전혀 달라진다. 전국에서 후계자가 없어 폐업하는 중소회사가 약 7만 개에 달할 정도로 가업상속이 문젯거리인 배경이다.

엄청난 상속시장 규모와 빈번한 유산분쟁 건수는 새로운 시장개척으로 연결된다. 부자노인이 많다는 건 사업기회가 매력적이라는 증거인 까닭에서다. 이런 거대시장에 업계가 관심을 갖는 건 당연하다. 금융권의 상속재산 운영대행이 대표적이다. 여기엔 상속세의 경감대책과 신고대행 등도 포함된다. 가업이 있다면 사업승계·양도대책을 조언하는 회사도 많다. 유산분쟁을 막고 효과적인 대물림을 위해 유언장 작성·보관 대행서비스도 성황 중이다.

게다가 상속재산의 상당 부분이 부동산이라는 점에서 이를 활용하는 정보제공업도 인기다. 상속업무에 납세·분할문제가 빠지지 않는다는 점에서 변호사·회계사 등 전문직을 포함하는 업계제휴도 일반적이다.

NPO인 '상속지원네트'에 따르면 일본에선 연 4만 건 정도가 상속대상이다. 기초공제액을 뺀 사실상의 거액상속이다.

기초공제액은 '5,000만 엔+(1,000만 엔×법정상속인)'으로 계산되는데, 자녀가 둘이면 7,000만 엔까지 공제된다. 즉 상속액이 7,000만 엔 이하면 과세대상이 아니다. 사실 이 금액만 해도 상당한 거액인데 실제 집계되는 상속세 대상은 이보다 훨씬 높다는 의미다.

결국 실제적인 상속비즈니스 범주는 더 광범위하다. 예·적금 없이 집만 있는 경우가 특히 그렇다. 집을 둘로 쪼갤 수는 없어서다. 이때 고인의사를 따르면서 유족불만을 중재하는 역할을 상속비즈니스가 맡을 수 있다.

경쟁도 심화되는 추세. 주요은행은 유언장 집행 등을 대신하는 유언신탁과 함께 주로 상속에 관한 상품·서비스 강화에 역점을 둔다. 전문회사와의 제휴도 많다. 신탁은행의 유언장보관·유산정리 수탁건수는

■ 상속시장의 추이

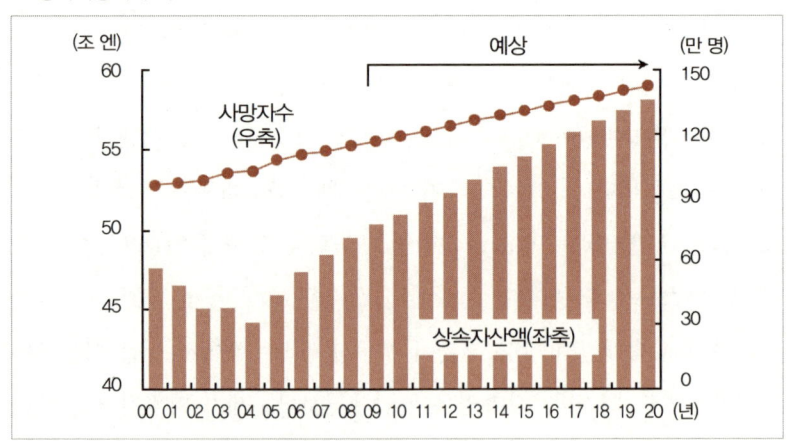

- 자료: 노무라자본시장연구소

2009년 9월 현재 4만 건에 육박한다. 6년 전보다 2배나 늘어났다.

유언신탁은 생전에 유언장을 작성해 보관하는 것이고, 유산정리는 사후에 상속수속을 대행해주는 것이다. 단순한 수수료 수입은 물론 유산상담을 계기로 자산운용 수탁으로까지 이어진다는 점에서 고무적이다.

유언장 대행서비스 각광…
금융기관의 풀 서비스 전략배경

노무라증권은 높아지는 상속관심을 이유로 거의 매주 '상속세미나'를 개최한다. 원만한 상속이 가능하도록 다양한 금융상품을 팔기 위해서다. 일례로 특정인에게 상속하기 쉬운 생명보험을 보험사와 연대해 판매하는 게 그렇다. 반대로 상속자산의 효과적인 자산운용을 지속적으로 제안하며 수익을 높이려는 작업도 병행한다.

미즈호신탁은행은 유산을 복지에 활용하고 싶다는 고객요청이 증가하자 일본맹도견협회와 제휴해 사후기부를 신청한 이의 유언 작성을 도와주고 해당수수료만큼 은행도 기부하고 있다. 미쓰비시신탁은행이 4월부터 시작한 신상품은 고객의 신탁자산 1억 엔 이상을 운용해 사후에 유족에게 정기적으로 지불하거나, 자녀가 성인이 될 때까지 재산을 관리하는 등의 다양한 내용을 담았다. 세제개정으로 상속·증여세가 일체화돼 생전증여가 쉬워지자 생전계약도 가능하도록 했다.

유언장 관련사업도 관심을 끈다. 유언장의 효력은 크다. 법정상속인의 생활상 곤란이 없도록 최저한의 권리를 주장하는 유류분은 보장돼도 원칙적으로는 법정상속분과는 상관없이 본인의사에 따라 자유롭게 재산을 나눌 수 있다.

그런데 유언장이면 아무래도 좀 부정적인 게 사실이다. 죽음을 전제로 하기에 좀체 작성기회를 갖기가 어렵다. 이 부정적 이미지를 불식시키고 갈등 없는 사전준비를 권하고자 유언장 작성기회를 제공하는 사업모델이 속속 출시 중이다. 유언투어나 유언장키트가 그렇다.

유언투어는 온천여행을 주선해 유언장을 쓸 수 있는 환경을 제공해준다는 취지다. 일상생활에서 벗어나 본인 인생을 뒤돌아보는 시간은 물론 구체적인 작성방법까지 알려준다. 참가비2박3일가 10만 엔을 웃도는 고액기획이지만 만족도가 높다는 후문이다.

여행참가가 힘든 경우엔 유언장 키트도 대안이다. 문구회사 고쿠요의 제품은 연 2만 개 판매목표를 세웠지만, 발간 4개월 만에 달성했을 정도로 인기다. 봉투·용지 등 유언서 작성에 필요한 물품이 완비된 데다 작성안내책자까지 포함된다. 위변조를 막고자 복사가 불가능한 안전장치까지 덧붙였다.

한편 미쓰이스미토모은행은 사업승계에 집중해 틈새를 노린다. 고도성장기 때 창업한 수많은 1대 경영자가 최근 세대교체를 맞고 있다는 데 주목했다. 그 대부분이 회사를 차세대에 승계하지 못하는 사태에 직면하고 있다는 이유에서다. 본사에 소속스태프만 70명을 둔 사업승계부서를 설치해 전국망의 지원업무에 돌입했다. 2009년에만 1,200건의 사업승계 상담 건수가 집계됐다. 종합금융그룹답게 계열사와의 시너지효과를 기대할 수 있는 건 물론이다.

결과적으로 상속사업은 전망이 밝다. 직접적인 상속세 케이스는 적어도 광의의 유산다툼과 생전증여까지 포함하면 더더욱 범주가 넓다. 이유는 대략 3가지로 요약된다노무라자본시장연구소. △방대한 시장규모 △거액자산의 주인교체 △향후 자산형성에 대한 영향력 등 그렇다. 금융권을 비롯한 관련업계가 안테나를 바짝 올려 세울 수밖에 없는 이유다.

그나마 상속금은 부자 부모를 둔 이들에 한정된 수혜다. 그렇지 않은 경우 그림의 떡이자 상대적 박탈감만 안겨줄 수밖에 없는 이질적인 뉴스다. 제아무리 열심히 일해도 먹고살기 힘든 판에 누구는 부자부모가 물려주는 엄청난 거액으로 사다리 끝까지 자동으로 올라간다면 그 상실감은 국가적 문제로까지 이어질 수 있다.

정부가 상속세를 부의 재분배 차원에서 엄격히 관리하는 이유다. 실제 상속세는 부의 재분배에 중요한 역할을 한다. 때문에 민주당 정권도 사후의 상속세보다는 생전의 증여세 증세방향으로 일단 길을 잡았다. 2010년 4월엔 상속세법이 개정돼 연금을 상속할 때 적용하던 우대조치를 폐지했다. 상속세율의 상향조정 방침이다.

상실감 낳는 허탈한 부의 이전…
상속세 상향조정 여론

그런데 이는 서막에 불과하다. 향후 시정격차의 관점에서 2011년엔 상속세의 과세베이스와 세율구조를 개정할 것이라는 분명한 정부입장 때문이다. 격차를 바로잡는 세원으로 재분배기능을 담당하는 상속세를 지명했다. 현역세대에의 생전증여로 재산의 유효활용을 유도하기 위해서다.

이를 통해 격차해소의 문제해결도 기대하는 눈치다. 격차문제를 포함해 상속세 향방이 앞으로의 경제성장을 쥐락펴락할 감춰진 아킬레스건으로 이해되기 때문이다.

다만 상황은 녹록지 않다. 노후불안을 호소하는 고령자가 급증해서다. 허술하고 신뢰하기 힘든 공적제도에 가족안전망마저 깨진 와중에 돈만큼 효자가 없다는 판단이다. 고령세대의 예비적 동기에 의한 저축증대다. 결국 이런 노후불안의 상황배경이 생전증여를 주저하게 만든다.

결국 고령세대가 스스로 저축을 활용하게끔 제도설계를 하는 것도 중요하다. 자발적인 자산이전을 통해 본인만족과 소비부활에 공헌토록 하는 것이다. 가령 차세대의 교육자금에 한정해 증여를 활용토록 하는 게 대표적이다. 사실 자녀세대를 위해 교육과 유산의 선택문제는 많은 부모가 지닌 본질적인 과제인데, 이를 교육으로 푸는 게 여러모로 바람직하다는 판단이다.

날개 단 용돈펀드
'고령고객 눈높이에 제격'

0.1%.

일본의 기준금리다. 명목상 플러스+지만 실제론 제로나 마찬가지다. 그나마 디플레이션물가하락 덕에 버텨내는 수준이다. 이자를 따먹는 금리사냥이 기본적으로 불가능하다는 얘기다. 실제 일본인에게 은행은 이미 자산증식과 무관해졌다.

최대은행 중 하나인 미즈호의 개인고객 금리정보를 보자. 보통예금 0.02%은 물론 정기예금0.03% · 1년 모두 사실상 이자가 없다. 10년짜리 국채금리가 0.9% 안팎이니 두말하면 잔소리다. 여기에 일본 부동산은 폭락신화의 진원지답게 일부를 빼면 여전히 엄동설한이다. 심한 곳은 전성기 때보다 1/10 이상 떨어진 곳도 적지 않다. 증시상황도 암울하기는 마찬가지이다. 아직도 버블전성기였던 1989년 사상최고치의 1/4토막 상태다.

이런 이유로 1990년대 이후 일본사회에서 재테크라는 말은 거의 자취를 감춰버렸다. 관심도 없고 돈도 없는 이중딜레마에 빠져서다. 학계에선 유동성 함정에 빠졌다고 진단했다. 다만 무기력이 밥을 먹여주진 않는 법이다. 방법이 필요했다. 살아갈 날^{평균수명} 82.7세이 더 길어졌으니 노후자금 압박감은 한층 심화됐다.

고개 숙인 재테크 원조국…
자산시장 붕괴상징 오명

위험을 싫어하는 일본인들이 2000년대 이후 고위험의 외환거래에 손을 댄 건 이런 이유에서다. 그런데 외환거래는 투자그룹이 한정됐다. 국민자산으로 성장하기엔 거래방법·위험 정도·전문지식 등이 한계로 작

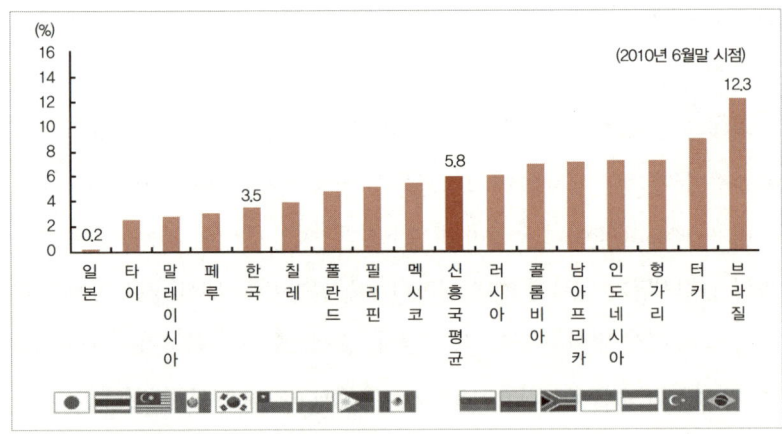

■ 주요국가 국채금리 비교

- 자료: 다이와증권

용했다. 한때 붐이 됐다 이젠 좀 잠잠해진 배경이다. 금융업계도 급해졌다. 매력적인 상품설계를 위해 사활을 걸 수밖에 없어졌다.

매월분배형 펀드는 이 와중에 탄생했다. 매월분배형 펀드는 없어서 못 파는 최고의 히트상품 반열에 올랐다. 말 그대로 낙양지가다. 저금리·고령화에 부합하고자 1990년대 중후반 최초로 출시된 이래 이젠 일본가계의 필수자산으로 떠올랐다.

시간이 갈수록 붐을 넘어 트렌드로까지 성장하는 추세다. 자금유입만 봐도 그렇다. 2010년 상반기 펀드시장은 재정위기·엔고지속 등 악재에도 불구, 꾸준한 자금유입을 이뤄냈다. 전년 동기 대비 226%가 늘어난 3조1,364억 엔이 유입됐다. 그런데 특이한 건 자금유입의 절대방향이 '매월분배'라는 타이틀이 붙은 펀드에 한정됐다는 사실이다. 덕분에 2010년 3월 현재 개인투자자가 매입가능 추가공모한 펀드 중 매월분배형이 60% 이상의 비중을 차지하게 됐다.

실제 매월분배형 펀드의 순자산은 2000년 3월 7,551억 엔에서 2010년 4월 28조2,612억 엔으로 40배나 커졌다. 개수도 150개에 안착했다. 순자산총액 및 자금유입 상위랭킹도 매월분배형의 독차지였다. 일본펀드 중 1위인 '글로벌 소버린 오픈'도 매월분배형으로 순자산이 4조 엔에 육박한다. 일부 언론은 인기가 과열상태라며 자제를 요청하는 기사까지 실었다.

매월분배형이란 매달 분배금·원금을 지급해주는 펀드다. 일명 용돈 펀드다. 시중금리 이상의 분배금을 매월 지급해 생활자금을 충당토록 한다는 게 부동의 인기비결이다. 특히 퇴직자의 일반연금이 대개 짝수 월에 지급되기에 매월 분배금을 받으면 한층 안정적인 생활이 가능하다는 게 매력이다. 결국 매월분배형은 고령인구에 타깃을 맞춘 펀드라는 의미

■ 매월분배형펀드의 순자산 잔액 추이

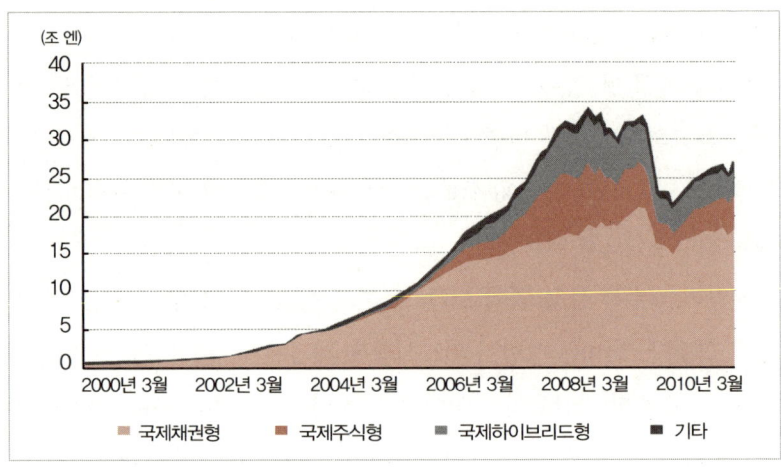

– 자료: 투자신탁협회

다. 연금펀드나 라이프사이클펀드Life cycle fund처럼 고령고객의 니즈에 부응한 상품이다.

매월분배형 펀드는 1997년 최초 출시됐다. 이후 베이비부머인 단카이 團塊세대의 대량퇴직에 발맞춰 연금처럼 매달 받아쓰는 분배금이라는 캐치프레이즈가 먹혀들며 빠른 속도로 성장했다. 2000~2010년 중 2008년 금융위기 때만 빼고 자금유입은 지속적이었다. 금융위기 이후엔 오히려 안정적인 분배금을 원하는 수요가 보다 늘면서 인생최후의 돈을 맡길 안식처라는 인식은 한층 강해졌다. 효자상품의 판매확대를 위한 판매망도 강화추세다.

매월분배형 펀드는 상품 자체가 은퇴세대의 눈높이와 일치한다는 게 최대 장점이다. 즉 60대 이상의 고령인구는 연금 이외에 들어올 수입원이 마땅히 없는 데다 생활비는 매달 필요하다. 때문에 장기투자로 목돈을 만지기보다는 눈앞의 안정적인 생활유지가 우선이다. 어차피 있는 예금을 쪼개 쓰나 별반 차이가 없다. 그런데 기대수익은 은행예금보다 훨씬 짭짤하다. 요컨대 매월분배형은 저위험·저수익을 추구하는 펀드다.

움직임도 더디다. 일반펀드가 투자원금에 시세차익을 합해 재투자돼 그만큼 등락폭이 크다면 매월분배형은 매달 시세차익없다면 원금을 지급하기에 기준가격의 변동 자체가 적다. 이론적으로 투자원금 고수를 목표로 해 약간의 ±변동만 허용해서다. 분배금 지급 후 기준가격이 하락해도 분배금을 고려하면 일반펀드보다 하락폭이 적을 수 있다는 의미다.

인기절정의 매월분배형 신화…
노인의 적자생활비에 딱

업계에 따르면 대략 50세 이상이 1인당 평균 400~500만 엔을 투자하는 것으로 알려졌다. 500만 엔 투자 때 매월분배금은 평균 약 2만5,000엔이 일반적이다. 크진 않아도 노후생활비로 부족한 연금수입을 보완하기에 나쁘지 않은 수준이다.

위험이 적은 대신 수익도 적은 매월분배형 펀드가 주목하는 선호자산은 단연 채권이다. 애초부터 선진국 채권에 투자해 안정적인 분배를 확보하는 걸 목적으로 했다. 이후 고위험채권, 신흥국채권, 고배당주식, 리츠 등 분배금을 상향조정한 펀드도 속속 출시됐다.

여기엔 자산시장 환경변화도 기여한다. 국제적인 저금리기조 덕분에 안정적인 채권수익이 가능해져서다. 실제 매월분배형 펀드 중 순자산잔고가 가장 큰 부류는 70%를 차지하는 국제채권형이다. 과거 국내증시가 안 좋을 때마다 자금유입이 늘었던 결과다.

국제주식형·국제하이브리드형도 일부를 차지한다. 최근엔 통화선택형이 특히 인기다. 이는 해외채권에 대해 사전에 선택한 통화로 위험을 막으려는 헤지 운용법이다. 투자자산 운용이익과 통화헤지 프리미엄 및 선택통화 가격차익 등 3가지 수익기반을 두루 갖췄다는 게 장점이다. 선두주자는 브라질레알채권과 통화선택형이다. 이밖에 하이일드채권과 리츠, 호주달러채권 등도 관심대상이다. 그만큼 투자니즈가 다양해졌다는 얘기다.

인기지속은 안티발생의 원인이다. 매월분배형의 인기가 장기간 지속되자 그 허실·문제점을 지적하는 목소리도 높다. 화장발에 감춰진 진짜 얼굴을 보자는 문제제기다. 그만큼 매월분배형의 상품구조상 치명적인 약점도 적지 않아서다.

먼저 분배금을 둘러싼 오해다. 사실 분배금을 예·적금에 붙는 이자 정도로 이해하는 시각이 많다. 펀드운용에 따른 시세차익이라는 인식이다. 분배금은 보통분배금과 특별분배금으로 나뉜다. 보통분배금은 운용성적이 좋아 덤으로 남긴 이익이다.

반면 특별분배금은 운용이익이 없지만 약속대로 분배금을 줘야 하기에 원금에서 빼준다. 때문에 운용성적이 나쁘면 본인재산에서 현금화된 분배금을 받는 것이기에 이득이라 볼 수 없다. 게다가 이자야 사전에 대개 정해지지만 분배금은 운용결과에 따라 금액이 달라진다. 지급이 안 될 때도 있다.

세금측면에서도 일반펀드보다 불리할 수 있다. 본인원금에서 헐어 받는 특별분배금은 과세대상이 아니지만 운용차익인 보통분배금은 과세된다. 이 경우 길게 봐 복리효과를 기대하기 힘들다. 운용성적이 동일하면 그때그때 빼먹는 분만큼 과세되는 일반펀드보다 복리효과가 떨어질 수밖에 없다. 세금이연 효과가 거의 없어서다.

게다가 소득세는 2011년 12월까지 10%의 경감세율이지만 이후엔 20%로 원상복귀다. 결국 전체 분배금액보다 더 많은 지급회수를 중시하는 최근 상황을 볼 때 과세에 따른 과실분산은 그 자체로 상당한 부담이다.

눈 가리고 아웅…
분배금의 진실과 비싼 수수료

분배금이 많으면 운용성적이 좋다는 것도 오해다. 분배금은 펀드의 순자산잔고에서 지급된다. 때문에 분배금 지급 이후는 펀드의 기준가격이 하락한다. 따라서 분배금액 여부는 운용성적을 가름하는 절대기준일 수 없다. 운용성적을 볼 땐 전체이익과 위험 등 종합적 판단으로 기준가격의 등락여부를 함께 챙기는 게 필요하다.

노후용돈으로 여기기에는 분배금이 너무 적다는 것도 짚고 넘어갈 문제다. 시중금리보단 월등히 낫다지만 좀 괜찮게 받자면 역으로 상당액의 투자원금이 필요하다. 월 5만 엔을 받자면 최소 1,000만 엔은 들기 때문이다. 이 정도면 거액투자인데 자칫 자산배분의 균형이 깨질 수 있다.

무엇보다 손실발생 염려가 일상적이다. 상황이 나빠져 원금을 까먹으면 몇 푼 용돈보다 더 큰 자산손실이 불가피하다. 펀드매각 때 분배금과 손실분을 저울질해보면 손해일 수 있어서다.

운용보수가 비싸다는 것도 뺄 수 없다. 요즘 인기인 '노무라미국하이일드채권투신통화선택형'은 신청수수료3.15%에 신탁보수0.924% 등 제반비용이 만만찮다. 해약 땐 0.5%를 떼는 펀드도 적지 않다. 또 10% 세금도 있다. 수익이나 내면 다행인데 벌지도 못한 운용사에 보수까지 지불하는 우를 범할 수 있다.

실제 상품구조를 모르는 가입자가 많다. 분위기에 편승한 유행투자다. 50대 이상 가입자가 절대다수인데 이들은 정작 용돈수입보다는 장기목돈을 원한다는 조사모닝스타도 있다. 받은 분배금을 다시 저금하는 사례도 적지 않다.

자산증식을 원한다면 매월분배형은 그 자체로 탈락인데도 불구하고 용돈감각·평생연금이라는 문구에 혹해 가입한 결과다. 실제 50대 여명餘命이 30~40년임을 보면 매월분배보다는 장기투자가 옳다는 분석이다. 보다 위험수용적인 자세로 자산을 늘리는 게 먼저여서다.

매월분배형 펀드는 나이불문의 인기절정 상품이다. 이젠 은퇴계층뿐 아니라 2030세대도 구매행렬에 가담한 모습이다. 다만 여전히 대세는 고령자다. 모닝스타 조사결과를 보면 매월분배형 펀드의 인기는 정확히 연령에 비례한다. 2010년 10월 현재 연령별 보유펀드 인기랭킹 톱20 중 매월분배형 펀드는 20대3개, 30대5개, 40대7개, 50대14개, 60대18개, 70대19개로 조사됐다. 50대 이상에겐 펀드 하면 이제 매월분배를 떠올릴 정도다.

피델리티 설문조사2010년 5월 매월분배형 펀드투자자 3,340명 대상는 보다 구체적이다. 조사결과 무려 80%가 매월분배형을 보유 중이며 그중 40%는 국제해외채권형을 갖고 있다고 했다. 재구입 의사는 30%였으며, 그중에선 70%가 매월분배형을 사겠다고 했다.

매월분배형의 평균보유액은 803만 엔이며 연간 분배금은 24만5,000엔으로 조사됐다. 대략 배분이율은 3~5%로 추계됐다. 그런데 고수익 지향성은 강했다. 기대이율은 4.5~7.5% 정도로 지금보다 2배 이상 원하는 투자자가 64%에 달했다.

이들 투자자그룹에선 행동경제학에서 말하는 행동편견도 목격된다. 연 1회 1만2,000엔 분배22%보다는 월 12회 1,000엔 배분36%을 더 선호했다. 심지어 매월 900엔을 받는 게 연간 1만2,000엔을 단번에 받는 것보다 낫다는 응답25%도 적지 않았다. 분배금액보다는 매월분배를 더 선호한다는 결론이다. 전형적인 조삼모사朝三暮四지만 고령가구는 잦은 수령빈도에서 비교적 더 높은 만족도를 얻는다고 할 수 있다.

위기의 실버창업
'60세 넘으면 언감생심'

"그만두면 장사나 해야지……."

창업은 한국사회의 퇴사체증을 풀어주는 유력루트 중 하나다. 호구지책·자아실현 등의 이유로 회사를 그만뒀을 때 누구든 한두 번쯤은 고려하는 선택지다. 연령·나이불문의 창업열기는 불황일수록 특히 뜨겁다. 불황일 때 식당개업이 많다는 속설이 그 증거다.

실제 창업은 낯설지 않다. 어떤 형태든 독립을 꿈꾼다면 떠올리는 우선관문이 창업이기 때문이다. 한국경제의 활력소답게 자영업자로의 신분변신 사례는 셀 수 없이 많다. 구조조정 이후 마땅한 소득원을 상실한 4050세대가 인생 2막을 위해 창업카드를 고르는 경우가 일반적이다.

그렇다면 일본은 어떨까.

먼저 일반적인 창업시장 분위기부터 체크해보자. 일본의 창업시장은 다소 어둡다. 한국과 달리 실업탈출구로서 역할을 제대로 하지 못한다.

한국의 자영업이 노동시장 불균형을 경감하는 일종의 완충장치인 것과 대조적이다.

일례로 민간고용에서의 자영업 비율2006년은 한국이 28%인 데 비해 일본은 11%에 불과하다. 한국의 자영업자 고용증가율은 불황일수록 높아지지만 일본은 실업률과 그다지 관련도 없다. 장기불황에 따른 고실업에도 불구하고 창업비율은 비교적 낮은 수준에 머물러 있어서다.

내리막길 창업열기·수요…
실업탈출구 역할은 글쎄

결국 일본의 자영업은 한마디로 내리막길이다. 사오정·오륙도의 일촉즉발 위기타개 차원에서 창업을 적극적인 유력카드로 준비하는 한국과는 적잖이 구별된다. 불경기·고실업 문제해결 차원에서 일본정부의 지원정책은 적극적이다. 법신사업창출촉진법까지 개정해 2003년부터 자본금이 1엔 이상이면 누구든 창업할 수 있도록 했다. 내수침체의 불황타개를 위한 일종의 승부수였다. 기업가정신을 살려 창업에 도전할 것을 바라기 때문이다.

1998년 〈중소기업백서〉의 부제를 '변혁이 필요한 중소기업과 기업가정신의 발휘'로 붙였을 만큼 창업정신의 필요를 요구하고 있다. 창업이야말로 경제활동의 자극제면서 영양분이기 때문이다. 도전정신의 실종에 대한 경고이기도 하다.

다만 효과는 '글쎄'다. 정부정책과는 다소 거리감이 있는 사회분위기 때문이다. 즉 대기업 위주의 분단경제를 반영하듯 중소기업 이하 창업환경은 그다지 맑지 않다. 벤처기업이 한국처럼 활성화되지 않는 것도 비슷한 이유다.

당장 은행융자가 힘들다. 90년대 불량채권을 기억하는 금융권의 경우 융자관행이 적잖이 경직된 상태다. 실패해도 다시 일어설 재도전 기회도 생각보다 적다. 이를 반영하듯 자영업 종사자 규모감소는 일상적이다. 총무성노동력조사 통계에 따르면 일본의 자영업자가족종사자 제외는 96년 604만 명에서 10년 후 512만 명으로 줄어들었다.

2010년 국세조사에서도 먹구름 낀 자영업이 확인된다. 국세조사는 보통의 샘플조사와 달리 특정시점의 전체인구를 대상으로 한 정밀조사로 신뢰성은 최고수준이다. 일본에선 행정운영의 기반자료로 활용됨과 동시에 선거구 확정과 세금지방교부세산정 등 각종 법률행위의 필수자료로 인식된다. 이 조사에 따르면 일본의 자영업자는 매년 꾸준히 감소하는 가운데 창업형태에도 시대상황을 반영한 적잖은 변화가 목격된다.

먼저 자영업자 전체규모자영업주와 가족종사자·가족내직자 합계는 연간 2%포인트씩 감소세다. 구체적인 내역을 보면 농림어업은 감소세지만 의료종사자 등 전문·기술직과 분류불능은 증가세다. 결국 농민 등 전형적인 자영업자 이미지가 변하고 있다는 얘기다. 또 대부분의 직업구분에서 고용이 없는 자영업주가 증가경향이다. 최근 종업원의 비정규직화와 함께 개인적인 하청의뢰가 늘고 있다는 점과도 일맥상통하는 결과다.

반면 고령화를 반영한 실버세대의 창업수요는 꾸준히 증가세다. 버블붕괴가 있었던 1990년대 이후 고령창업은 정착추세로 인식된다. 50세 이상 인구의 창업비율은 1991년 11.5%에서 2009년 25.9%까지 올라갔다국민생활금융공고종합연구소.

 반면 젊은 인구의 창업의지는 그만큼 줄어든 느낌이다. 취업과 전직이 힘들어 창업으로 방향을 전환하는 수요가 없지 않지만 대세는 아니다. 청년계층에 확산된 특유의 폐색심리도 한몫했다. IT를 필두로 한 청년창업은 찾아보기 힘들다.

 한편 연령을 더 세분화하면 결과는 또 달라진다. 60세 이상의 창업수요는 줄고 있어서다. 60대 취업자의 취업상태 고령자취업실태조사결과 · 2004년를 보면 전체의 13.7%가 자영업주인데, 이는 직전조사 2000년의 17.3%보다 감소한 수치다. 결국 고령창업의 절정은 50대로 이해된다. 이는 정년 이전에 미리 준비하는 경우가 일반적이라는 추정과도 맥이 닿는다. 때문에 정년시점인 60대에 접어들면 창업의욕은 꺾인다고 봐도 무방하다.

 65세 이상 인구를 고령자라고 한다면 일본에서 이들의 창업열기가 낮은 이유는 뭘까.

 자영업 결정요인을 통해 확인해보자. 먼저 기대소득이다. 근로임금보다 자영업소득이 높을 것으로 예상될 때 독립·창업을 선택하는 게 보편적이다. 그런데 경기침체로 90년대 이후 장기·복합불황으로 내수시장은 확실히 얼어붙었다. 내수침체·소비양극화·과당경쟁 등은 한국과 판박이지만 내수침체의 경우 일본이 더 위협적이다. 섣불리 창업했다가 기회비용이 훨씬 더 지불될 수 있다는 우려. 노인창업을 주저하게 만드는 이유다.

 자아실현 등 상사명령보다는 독자선택으로 위험을 감수하려는 진취적 경향도 창업확률을 높이는 변수다. 젊은이의 창업동기가 대부분 여기에 해당한다. 그런데 65세 이상 인구라면 개인만족감을 위해 굳이 노후생활을 저당시킨 불확실성을 선택할 유인이 적어진다. 30~40년을 줄곧 한 집단에서 회사인간으로 살아왔다는 점도 창업의욕을 꺾는다.

60세 이후 창업의욕↓…
'창업할 이유가 없다!'

이런 점에서 고령창업 스타일은 3040세대의 청년창업과 구분된다. 젊은 창업이 이상추구·자기실현적인 목적이 강한 반면 늙은 창업은 사회공헌·잠재니즈 대응형이 많다. 설사 창업해도 장기간 축적된 자신만의 인적자본을 체화시킨 틈새사업에 도전하는 게 일반적이다. 리스크를 지기보다는 안전위주로 현역시절 담당업무를 연장시킨 사업모델이 대표적이다.

 도와줄 가족 여부도 창업 결정변수 중 하나다. 그런데 이것도 생각보다 우호적이지는 않다. 가족관계는 미룬 채 회사인간으로만 살아왔던 탓에 은퇴 이후 가족동의를 구하기란 여러모로 힘들어서다. 망주妄走니 폭주暴走니 하듯 남편 본인의 생활부적응이 더 시급한 문제인 까닭에서다. 일창업을 벌였다 황혼이혼=熟年이혼에 봉착하는 경우도 적잖다.

 그럼에도 불구 고령창업은 꾸준히 시도될 전망이다. 절대비중은 줄어들어도 고령인구의 경제활동 필요와 압박은 나날이 커지고 있기 때문이다. 사회보장에의 불안측면과 평생현역에의 의욕 등이 대표적인 창업호재다. 물론 핵심이유는 결국 돈이다. 노후자금을 확보하는 차원에서 자발적인 정년연장과 평생현역의 길을 자영업에서 찾기 때문이다.

이와 관련해 재미난 조사결과가 있다. 닛세이기초연구소 자료를 보자 중고령 자영업에의 전직이동과 직무만족도·2008년. 자영업 선택요인을 구분했더니 기본모델60대 대기업 정년퇴직 후 2,000만 엔 퇴직금 수령과 공적연금 수급은 단 1.5%만이 자영업자로 변신하는 데 그쳤다.

반면 중소기업에 근무했지만 퇴직금·연금 수급 없이 퇴직한 경우는 41.6%가 자영업을 이후직업으로 선택했다. 중소기업에 근무했지만 퇴직금이 없는 경우도 29.3%로 집계됐다.

실제 실버기업으로 불리는 고령창업 성공사례도 적잖게 보고된다. 단순한 자영업 창업을 넘어선 기업起業차원의 도전사례라는 점에서 언론의 주목도는 높다. 이들의 최대강점은 인맥이다.

가령 사원 전체가 70세 이상으로 구성된 '선테크니컬'은 주문제작 형태로 진공리프트를 개발해 화제를 모았다. 매일 혈압관리를 해 무리하지 않는 범위에서 근무할 수 있는 조건을 갖췄다.

다만 생산기반을 갖춘 중소기업으로까지 키워낸 시니어기업은 아직은 드물다. 성공확률은 60%대의 2030세대 청년창업과 달리 50%에도 미치지 못하는 게 현실이다.

자영업자 노후위기
'국민연금조차 그림의 떡'

일본의 밤풍경은 시간대로 나뉜다. 막차 여부가 그 중요한 분기점이다. 도심 한복판에서 근무하는 샐러리맨의 경우 막차가 끊기는 12시를 전후해 썰물같이 번화가를 빠져나간다. 이후시간대는 한마디로 조용하다. 인기척조차 드물다. 결국 10~11시 전후가 클라이맥스다. 끝까지 버티던(?) 상점가도 막차를 보내면 문을 닫는다. 24시간이 모자란 한국과는 다른 풍경이다.

그나마 이는 도심 한복판 얘기다. 도심을 벗어날수록 상점가 풍경은 확연히 달라진다. 저녁 9시만 되면 상점가 타이틀이 무색하게 네온사인이 꺼진다. 철시가 빠른 점포는 6시만 돼도 문을 닫는다. 역세권이 아니면 행인조차 보기 힘들다. 술집이 밤거리를 밝히지만 떠들썩한 건 없다. 밤거리를 지키는 건 24시간 편의점이 유일하다.

일본을 흔히 안정사회로 평가한다. 단 1~2년 만에 도시풍경이 달라지는 한국과 대조적이다. 10~20년 후 유학 시절 살았던 동네에 가보니 변한 게 거의 없더라는 감상은 일반적이다. 일본경험이 있다면 누구나 공감할 이슈다. 상점가가 대표적이다. 도쿄도심의 번화가를 빼면 동네상점가 가게가 바뀐다는 건 이례적인 일이다. 주인은 바뀌어도 점포는 그대로인 게 보통이다. 시골로 갈수록 문 닫은 빈 점포도 많아진다.

셔터 내려진 상점가…
'밤 9시 이후면 사람이 없다'

일본은 원래 자영업의 천국이었다. 한국의 사농공상처럼 사무라이를 중심으로 한 엄격한 신분제가 존재해 신분상승의 기회를 막은 게 그 원류다. 신분상승이 막힌 대부분 일본인은 직업을 평생직장이자 천직으로 받아들이며 몰두해왔기 때문이다. 중세부터 시장기능을 중시한 정책도 상인계급을 키우는 계기가 됐다.

장사를 미천하게 보는 시각은 없었다. 장인정신의 출발이다. 결과물이 장수기업이다. 일본엔 창업 1,400년을 자랑하는 곤고구미金剛組, 578년 창업처럼 장수기업이 수없이 많다. 100년 이상은 명함조차 내밀기 힘들다. 인근지역에 경쟁점포가 세워지는 걸 암묵적으로 견제하는 등 상도덕도 자영업의 호재로 작용해왔다.

그랬던 게 패전 이후 적어도 중소규모 자영업시장엔 위기가 닥쳤다. 1950~1980년대까지 무려 30여년에 걸쳐 이뤄졌던 경제성장이 자영업 기반을 훼손했기 때문이다. 즉 자영업자의 비교대상인 샐러리맨의 세력

증대다. 애초 일본사회에 샐러리맨은 별로 없었다. 대기업 등 대형 영업주체가 존재하기 이전의 시장기능은 대부분 자영업자가 맡았다.

그런데 경제성장으로 시장자원의 대부분이 거대기업으로 몰려들었다. 사람도 자본도 기술도 마찬가지다. 대기업으로의 일극집중이다. 이 과정에서 자영업자의 대표주자인 농민이 대거 샐러리맨으로 변신했고, 영세 자영업자의 상당수도 같은 길을 걸었다. 자영업 집안인데도 가업을 잇기보다는 취직을 선호하기 시작했다.

이 결과 일본의 자영업은 고군분투 중이다. 앞서 살펴봤듯 자영업자는 매년 적잖은 규모로 시장과 결별하고 있다. 일례로 고령취업자 60~64세의 자영업 비율추이를 보면 1962년 62%에 달했던 게 지금은 10%대까지 떨어졌다. 1990년대 이후 가속화된 경쟁격화도 자발적 퇴출압력을 높였다. 쌀시장 개방과 소매업 등의 규제완화 등 산업구조 변화양상이 자영업에 악재로 작용했기 때문이다. 갈수록 자영업의 고민소리가 깊은 이유다.

이를 뒷받침하는 통계가 있다. 영세규모일 확률이 높은 1인 자영업자의 증가다. 자영업자 전체에 대해 고용인원이 없는 자영업주 비율은 1990년 48%에서 2005년 53%로 늘었다. 사람을 부릴 정도로 여유가 넉넉하지 않은 자영업주가 증가했다는 의미다. 같은 기간 자영업자 숫자는 반복해 떨어졌다. 1,300만 명에서 900만 명대까지 추락했다. 전체규모는 주는데 1인 자영업은 더 늘었다는 얘기다.

자영업의 고민은 광범위하다. 다만 핵심은 매출저하에 따른 소득감소로 갈무리된다. 당면소득이 감소하면서 은퇴 이후에 대한 준비상황은 무방비상태로 전락했다. 얼추 500만 명을 웃도는 이들 개인사업주 정식명칭 중 금전고민이 없는 경우는 극소수에 불과하다. 대부분 열악한 근로조건

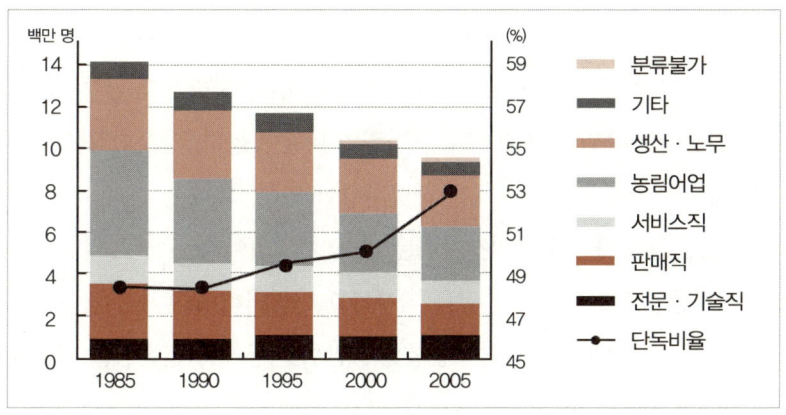

■ 자영업자수와 단독(1인 자영업)비율 추이

- 자료: '국제조사'

에도 불구, 경제보상은 미흡하기 짝이 없다. 장사가 안 돼 마츠리로 불리는 지역행사 준비자금을 못 내면서 행사 자체가 무기한 연기되는 상점가도 수두룩하다.

그래도 적으나마 수입이라도 있는 지금은 사정이 좀 낫다. 남들이 일컫는 노후자금을 생각하면 밤잠을 이룰 수 없다. 결국 자영업자의 노후생활은 불안 그 자체다. 실제 인터넷사이트 커뮤니티를 들여다보면 노후가 무섭다는 자영업자가 셀 수 없이 많다. 한탄을 넘어 공포를 떠올리는 이도 적잖다. 장인 특유의 자신감은 버려도 좋으니 어쨌든 돈을 벌고 싶다는 속내다.

게다가 자영업엔 정년조차 없다는 푸념이 많다. 죽을 때까지 일할 수밖에 없다는 신세한탄이다. 정년연장·평생현역 등 샐러리맨의 치명적 한계가 거론되는 가운데 다소 이율배반적인 한숨이지만 '돈도 못 벌면서 죽을 때까지 하는 일'이라면 이해 못할 바는 아니다. 때문에 이런 지지부진한 가업을 애지중지 키운 자녀에게 넘겨주는 것도 여러 이유로 거부된다.

실제 자영업자의 노후는 사실상 살얼음판이다. 꼬박꼬박 납부했다면 국민연금만이 유일한 은퇴 이후 소득원일 확률이 높다. 일시퇴직금도 후생연금샐러리맨도 자영업자에겐 해당사항이 없다. 그나마 사업·장사를 잘해 목돈을 모아뒀다면 걱정거리는 없다. 자영업이라는 게 워낙 들쑥날쑥해 안정성이 떨어진다는 점을 직시하고 미리미리 노후자금을 마련해뒀을 경우다. 몇 대에 걸친 장인정신의 발휘를 통해 단골손님을 확보해둔 경우도 행복한 사례다.

자영업의 노후불안 한숨소리…
퇴직금도 후생연금도 해당 제외

다만 이런 경우는 일반적이지 않다. 경기침체로 내수부진이 계속되면서 매출확보에 고전 중인 자영업자가 절대다수다.

와중에 경쟁상황은 한층 치열해졌다. 어지간한 동네상권은 이미 대형 경쟁사가 시장을 거의 장악했기 때문이다. 틈새영역이 아니면 생존 자체가 힘들어졌다. 소매유통만 예를 들면 대형편의점과 일반편의점 사이에 낀 전통적인 소매영업자가 대표적이다. 대형과 특화의 중간에 끼면서 문을 닫는 자영업자가 속출했다.

일본 고령가계의 주된 노후자금이 연금소득이라는 점을 염두에 두고 연금제도와 관련해 자영업의 노후불안감을 살펴보자. 고령부부·무직세대의 월평균수입은 22만3,459엔인데 이중 92.4%20만7,574엔가 연금소득이다. 이는 샐러리맨 혹은 공무원으로 은퇴한 세대가 절대다수다. 연금체계가 3층까지 구비된 경우다. 국민연금만 의지하는 자영업자는 거의 해당되지 않는다.

비교대상인 샐러리맨과 놓고 봤을 때 당장 연금소득에 큰 차이가 발견된다. 평균적으로 샐러리맨의 노후연금은 모두 합해 대략 20만 엔임에 비해 자영업자는 6~7만 엔에 그친다수급조건을 완벽히 채웠을 경우. 동일한 보험료를 내도 자영업자는 샐러리맨보다 최대 월 10만 엔 이상 받을 금액이 줄어든다. 후생연금이 있는 샐러리맨의 경우 회사가 절반을 부담해서다.

연금방정식이라는 말도 인터넷상을 떠돈다. 어떤 직업이 연금수혜를 가장 많이 받느냐를 방정식으로 푼 형태다. 정답은 '공무원 〉 회사원 〉 자영업자' 순서다. 공무원국민연금+공제연금+직역가산이 가장 탄탄한 반면 회사원국민연금+후생연금과 자영업자국민연금는 그보다 허술하다. 격차만 놓고 보면 공무원과 회사원은 직역가산만큼만 차이가 있지만 회사원과 자영업자는 아예 커버되는 연금제도 자체가 달라진다.

그나마 이 경우는 공적연금만 놓고 봤을 때다. 퇴직금을 재원으로 운영돼 추후 지급받는 3층임의보충식 연금까지 넣으면 격차는 더 벌어진다.

샐러리맨의 노후연금이 갖는 최대장점은 안정성이다. 경쟁격화·구조조정이 일상화되면서 해고사례가 증가세지만 자영업자보다는 생활기반이 안정적이다. 장기근속의 정규직이면 더더욱 안정적이다. 월급쟁이의 확보연금이 훨씬 촘촘해서다. 즉 공적연금인 국민연금과 후생연금의 2층 수혜가 가능하다. 여기에 일종의 퇴직금을 연금화한 기업연금이 3층을 커버한다.

연금형태가 아니면 퇴직일시금으로 받을 수도 있다. 특히 2층후생연금과 3층기업연금은 기업이 보험료 절반을 납부해준다. 가입자 보험료·급부에 대해서는 세제상 메리트도 제공한다. 어지간한 샐러리맨 은퇴가구가 연금수입만으로 생활할 수 있는 배경이다.

반면 자영업자프리랜서 포함의 연금구조는 흔들리는 돌쌓기다. 샐러리맨과 달리 2층후생연금과 3층기업연금이 없기 때문이다. 제도 자체가 없으니 기업의 연금부담절반 수혜도 근본적으로 받을 수 없다. 결국 자영업자의 공적연금은 사실상 1층국민연금에서 끝난다. 1호 피보험자로 국민연금에 가입하는 게 전부다.

노후연금 구조…
'탄탄한 샐러리맨 vs 빈약한 자영업자'

물론 자영업자에게도 장점은 있다. 체력·의지만 있다면 사실상 정년이란 존재하지 않기 때문이다. 자유재량에 따라 얼마든 일을 연장할 수 있다는 얘기다. 60세 이후 은퇴 압박을 받는 샐러리맨과는 차원이 다르다. 추후 65세까지의 정년연장이 완성되면 좀 낫겠지만 근본적인 처방으로는 부족할 수밖에 없다.

노후자금 확보를 위한 재량권도 비교적 폭넓다. 일시퇴직금 및 기업연금의 설정방법·수급요건 등의 기본적인 결정권이 기업에 있는 것과 비교해 자영업자는 본인의 라이프플랜에 맞춰 자유롭게 설계하는 게 가능해서다. 게다가 기업연금처럼 세제상 메리트를 이용할 수 있는 연금제도도 갖춰져 선택권이 늘어났다.

빈약하지만 국민연금 부족분을 벌충해줄 보완장치도 있다. 자영업자 연금제도인 '부가연금'이라는 게 대표적이다. 이는 국민연금 급부의 하나로 국민연금 보험료에 월 400엔을 추가납부하면 추후 '200엔×부가보험료 납부월수'만큼의 추가연금을 받을 수 있는 제도다.

가령 부가연금 보험료를 10년120개월간 내면 65세 이후 매년 2만4,000엔200엔×120개월이 국민연금에 플러스된다. 이때 부가연금의 보험료와 지급액은 정액이다. 물가·임금변동에 따른 변화가 없다. 2년 이상 수급하면 지불된 보험료 이상의 연금을 받는 것으로 조사됐다. 보험료와 수급액의 경우 공제도 된다.

그래도 한계는 있다. 부가연금으로 플러스되는 연금액이 그다지 많지 않기 때문이다. 40년을 납부해도 매년 플러스연금은 9만6,000엔200엔×480개월에 불과하다. 게다가 40년 이상 국민연금과 부가연금을 내는 자영업자 규모가 생각보다 많지 않을 것으로 추정된다. 작은 경기부침에도 휘둘릴 수밖에 없는 자영업의 태생한계를 감안하면 특히 그렇다.

국민연금기금이라는 카드도 있다. 지급기간과 연금액에 다양성이 확보된 제도다. 본인의 라이프플랜에 맞춰 골라잡을 수 있는 플러스연금이다. 세제 메리트가 존재하는 데다 추후의 연금액이 정해져 있어 노후계획을 잡는 데도 유리하다. 부가연금 이상의 연금액을 설정할 수 있으며 종신연금과 유기연금일정기간 수급 중 하나를 고를 수 있다.

다만 유기연금 지급액은 종신연금 지급액을 초과할 수는 없다. 보험료는 성별·연령별로 달라지지만 가입 후에는 60세까지 동일금액을 납부

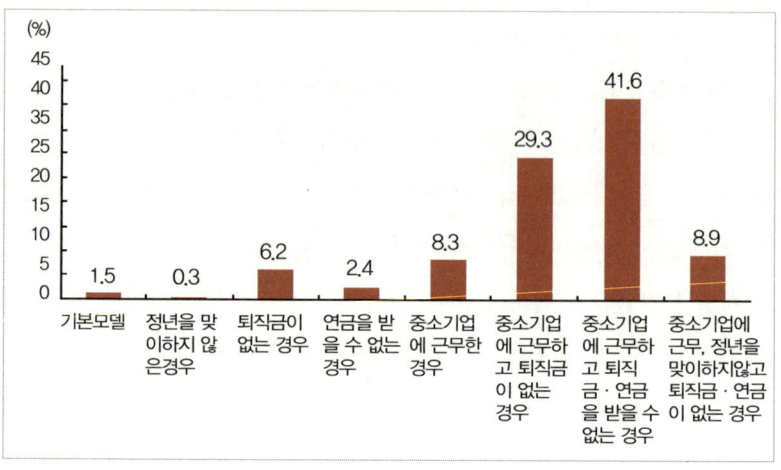

— 자료: 닛세이기초연구소(2008년)

한다. 가입 이후 추가입금계좌증가이 가능하지만 1개월 6만8,000엔의 상한선이 적용된다. 국민연금기금과 부가연금은 이중가입이 금지된다.

샐러리맨의 3층 연금을 완성하는 확정갹출연금도 자영업자의 연금자금 추가확보 방법이다. 자영업자가 가입 가능한 형태는 개인형확정갹출연금이다. 가입기간 10년 이상이면 60세부터 지급받을 수 있다. 특히 연금액은 연금형태뿐 아니라 일시금으로도 받을 수 있어 자영업자의 퇴직일시금으로 이용할 수도 있다.

단지 미래수급액은 본인의 운영성적에 따라 가변적으로 결정된다는 한계가 있다. 국민연금기금 혹은 부가연금에 가입한 자영업자도 가입 가능하지만 납부자금 상한이 합산해 1개월 6만8,000엔을 넘길 수는 없다.

결국 부가연금 · 국민연금기금 · 확정갹출연금개인형 등은 자영업자의 연금부족분을 벌충해줄 중요한 제도장치다. 적어도 1층국민연금을 넘어 2층 안전망은 만들 수 있기 때문이다.

그런데 현실은 녹록지 않다. 당장 1층조차 제대로 기능하지 못한다는 지적이 중론이다. 국민연금을 받지 못하는 자영업자가 증가하고 있어서다. 자의든 타의든 최소한의 국민연금조차 보장되지 않는다면 자영업자의 노후생활이 어떨지는 불을 보듯 뻔하다.

자영업은 국민연금뿐…
그나마 못 받는 경우 비일비재

국민연금 가입자1호 피보험자는 2010년 현재 2,184만 명 정도다. 이중 미가입자를 포함한 실질적인 미납자가 330만 명에 달한다. 현재 국민연금 보험료 납부율은 56.7%다2010년. 2008년 62.1%에 이어 하락세가 지속되는 중이다.

10명 중 6명만 보험료를 낸다는 의미다. 소득이 없어 납부면제를 인정받은 이들까지 포함한 수치다. 이때 전체 자영업자를 500만 명으로 치면 미납비율43.3%로 단순계산하면 미납자는 220만 명 정도로 추출된다. 상당한 규모가 아닐 수 없다.

미납이유는 두 가지로 압축된다. 먼저 장기적인 경기악화다. 경기침체로 소득감소 가구가 늘어났다는 얘기다. 매월 1만5,020엔2011년 4월~2012년 3월이지만 3인 가족이면 이것도 상당한 금전부담이다. 웬만한 가계라면 4만5,000엔을 국민보험료로 매달 내기란 쉽잖다.

또 하나 원인은 연금제도의 불신이다. '사라진 연금'이 뜨거운 감자로 부각됐듯 불성실한 관리를 염려해 국민연금을 더 이상 못 내겠다는 반발이 많다. 인구구조 변화로 향후 연금파산이 불가피할 것이라는 우려도 실제적이다. 못 받을 것 같으니 안 내겠다는 의식발로다.

연금 박탈감은 자영업자 본인에게만 해당되지 않는다. 본인사망 때 유족연금을 받을 수 있는 배우자에게도 불리하긴 매한가지다. 유족에게 지급되는 대표적인 공적연금은 유족후생연금후생연금과 유족기초연금국민연금이 있다. 자영업자라면 유족기초연금이 해당된다.

하지만 정작 자영업주인 남편사망 뒤 유족기초연금을 받지 못하는 경우가 수두룩하다. 유족기초연금은 자녀가 있는 아내 혹은 자녀에게 한정해 지급되기 때문이다. 자녀라 해도 연금법이 지정한 18세 미만만 한정된다. 결국 자녀연령이 18세 이상이면 누구도 유족기초연금을 받지 못한다. 과부연금이나 사망일시금 등 이런 한계를 메울 제도장치가 없는 건 아니지만 그렇다고 그 불합리성이 사라지는 건 아니다.

물론 자영업자 삶이 부정적이지만은 않다. 노후소득원인 연금구조만 보면 열악해도 이를 능가하는 장점이 적잖다. 무엇보다 자유롭다. 상사·조직의 눈치 없이 속 편하게 일할 수 있다. 영업시간 등도 재량껏 결정할 수 있다. 근무환경이 유연한 것도 장점이다. 공적·사적업무를 엮어 해도 문제될 게 별로 없다.

무엇보다 돈을 벌 확률이 상대적으로 높다. 쉬운 말로 한 방이 터질 수 있다. 잘 될 경우 사업체를 얼마든 확장해 목돈을 만질 수 있기 때문이다. 하지만 이 모든 장점은 노후의 안정적인 연금소득과 베팅해 얻어지는 결과일 뿐이다. 절대 공짜가 아니다.

과도한 저축의존
'쓰나미가 남긴 개인금고'

뉴스해설 1 = 2011년 진도 9를 넘는 대지진은 일본가계의 현금선호도를 단적으로 보여줬다. 무너진 폐허 속에서 개인금고가 무더기로 발견됐기 때문이다. 경찰서 마당에 쌓아두고 보관할 만큼 숫자가 엄청났다. 분실신고도 많았지만 대부분 주인 확인이 힘들어 사회문제로 비화됐다. 외관만으론 주인을 찾기 힘들어 경찰로서도 곤혹스럽긴 매한가지다. 주인 확인이 안되면 복구비용으로 전용하자는 목소리까지 나왔다. 주인의 절대다수는 고령인구로 추정될 뿐이다.

뉴스해설 2 = 2009년 1월 사가佐賀현에서 현금 3억6,000만 엔의 도난신고가 접수됐다. 회사임원으로 퇴직한 80대 집주인이 40년에 걸쳐 노후자금으로 비축해둔 현금이었다. 현금은 모두 1만 엔권으로 다발째 용기에 담아 마당에 묻어뒀다. 매일 상태확인을 하는 등 각별히 조심했지만

누군가 모두 파헤치고 가져간 것으로 확인됐다. 집주인은 "은행은 금리가 낮으니 차라리 옆에 두고 관리하는 게 나을 것 같았다"고 말했다.

위의 두 가지 뉴스는 일본가계의 저축선호를 잘 증명해줬다. 특히 고령가구의 저축맹신이 단적으로 드러났다.

고령가구일수록 "믿을 건 현금뿐"이라는 인식이 강하다. 그나마 1990년대 이후 시중금리가 제로금리니 은행에 맡기는 건 오히려 실질적인 손해인 점도 한몫했다. 각종 수수료와 번거로움을 감안하면 차라리 집 안에 보관하는 게 속편해서다.

일본노인이 현금선호·보관에 목을 맨다는 징후는 여러 곳에서 포착된다. 특히 도난사건의 피해물품 중 자주 등장하는 게 현금뭉치다. 액수도 놀라울 따름이다. 2008년 4월엔 77세 무직남성이 장롱에 넣어둔 5,200만 엔이 몽땅 사라졌다며 신고한 사례도 있다. 화재로 마룻바닥에 넣어뒀던 현금이 다 탔다거나 치매로 현금 보관장소를 까먹어 가족들이 온 집안을 뒤집는 경우도 심심찮다. 주택개조 때 현금다발도 자주 발견된다.

요컨대 '장롱예금タンス預金'이다. 장롱예금의 파워는 2004년 1만 엔권 신권발행 이후 잘 확인됐다. 좀 오래된 통계지만 2년이 지난 2006년까지 전체 1만 엔권 중 신권비중은 70%에 불과했다는 조사통계가 있다. 발행은 됐는데 유통되지 않는 신권이 10장 중 3장에 달했다는 얘기다. 지금이야 구권비중이 많이 줄었겠지만 여전히 장롱예금 규모는 상상을 초월할 것으로 추정된다. 집에 묵혀둔 낡은 돈과 관련된 소식이 끊이지 않기 때문이다.

장롱예금이 늘어난 건 경기침체와 맥이 닿는다. 1990년대 제로금리로 은행예금을 꺼내 장롱에 넣어둔 게 유래다. 1990년대 금융빅뱅 당시 대형은행마저 휘청거리면서 장롱예금은 천정부지로 늘어났다. 당시 철제금고 판매량도 덩달아 급증했다.

디플레이션도 원인 중 하나다. 물가하락으로 현금가치가 높아져서다. 신자유주의 철학도입 이후 저축에서 투자로의 패러다임 전환캠페인이 일본열도를 뒤흔들었지만, 이때도 장롱예금은 묵묵부답이었다. 주요언론은 이를 '이에노믹스'라 부르기도 했다. '집家'을 뜻하는 일본어 '이에'와 이코노미의 합성어다.

일본노인 '믿을 건 현금뿐'…
속출하는 장롱예금 에피소드

일본은 원래 유명한 저축대국이었다. 경제성장이 한창이던 1975년 가계저축률은 23.1%를 찍으며 저축신화를 써내려갔다. 당시 높았던 저축배경은 다양하게 설명된다. 높은 실질소득 증가율과 낮은 고령자 비율, 높은 자영업자 비율, 미정비의 사회보장제도, 의도적인 유산동기, 높은 지가地價·보증금 등이 그렇다. 전형적인 인플레이션 경기의 특징을 지닌 시대였다. 즉 저축을 유발하는 다양한 요소가 복합적으로 작용했다.

그랬던 저축률이 지금은 감소세다. 이유는 앞서 설명한 저축률 상승요소가 방향전환에 나섰기 때문으로 이해된다. 위에 언급한 저축요인을 하나하나 뒤집어보면 현재 일본의 가계저축률이 왜 떨어지는지 알 수 있

■ 저하하고 있는 일본가계 저축률

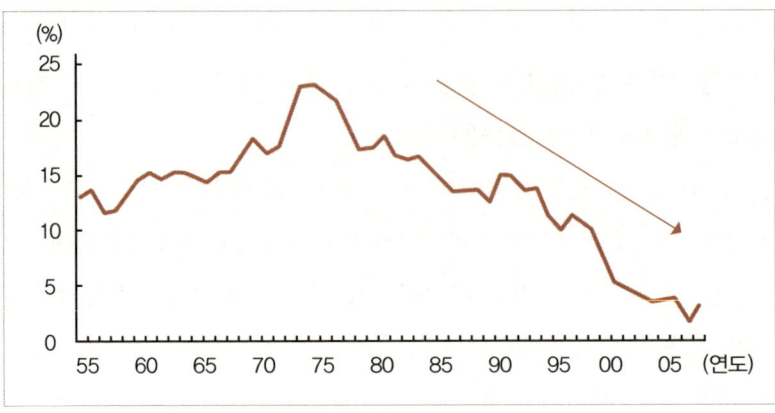

- 자료: 내각부(국민경제 계산연보)

다. 한마디로 저축이 불필요해졌거나 혹은 저축여력이 사라졌다는 의미다. 이도 아니면 저축해뒀던 것을 꺼내 쓰는 사람이 늘었다는 뜻으로도 해석된다. 일본의 경우 후자의 이유가 구체적으로 거론된다.

실제 연령이 높아질수록 고령화 자산잔액은 늘어날 수밖에 없다. 현역시절 저축해뒀다 퇴직 이후 연금수급과 저축인출로 생활하기 때문이다. 가처분소득 중 소비비중을 뜻하는 소비성향이 고령세대의 경우 100%를 넘기는 이유도 여기에 있다. 고령화가 진전된다는 건 소비성향이 100%를 넘는 세대가 늘어난다는 걸 의미해서다. 결국 축적된 금융자산은 고령인구의 부족한 생활비 충당에 따라 감소하는 게 자연스럽다.

저축률 하락을 이른바 저축동기로 살펴보자. 저축동기 유발요인는 크게 3가지다. 라이프사이클 저축동기와 예비적 저축동기, 유산용 저축동기 등이다.

라이프사이클 동기는 소득이 높은 현역 때 일부를 저축해 소득이 줄어들 퇴직 이후를 대비 소비수준 유지목적하기 위해서다. 예비동기는 장래소득·지출은 물론 여명의 불확실성 때문에 미리 자산을 축적해두려는 목적이다. 금융위기 때 저축이 늘어나는 이유가 여기에 해당한다. 자녀에게 의도적으로 유산을 남기려는 차원에서 생전소비·저축수준을 통제하는 게 유산동기다. 이 3대 저축동기에 의해 저축방향은 결정된다.

이것을 일본적 상황논리에 투영해보면 저축감소의 힌트를 얻을 수 있다. 라이프사이클에 따른 저축요인은 한마디로 고령화와 밀접하다. 저축세대가 많으면 사회전체의 저축률이 높아지는 반면 은퇴세대가 많으면 이는 줄어들 수밖에 없다.

주지하듯 일본의 고령인구 비중은 세계최고 수준이다. 65세 이상 인구 비율이 1970년부터 2009년까지 15.6%나 늘었다. 같은 기간 가계소득 실질가처분소득은 되레 줄어들었다. 소득이 감소하니 저축률은 상대적으로 떨어진다.

3대 저축동기와 일본의 저축하락…
고령화가 낳은 필연

예비동기도 시간경과에 따라 변화했다. 예비적이란 장래의 리스크와 불확실성에 대응하는 차원이다. 장래의 위기상황이 많을 걸로 예상되면 이를 위한 저축동기도 높아지는 셈이다. 대표적인 게 장수리스크다. 장수, 질병, 실업 등이 해당된다. 하지만 리스크도 통제되면 예비적으로 돈을 모아둘 동기는 줄어든다. 즉 사회보장제도가 충실하면 개별가계의 자구적 보험필요는 감소한다.

일본은 1973년부터 사회보장급부가 급격히 확대됐다. 1973년을 '복지원년'으로 부를 정도다. 2009년의 경우 복지선진국으로 일컬어지는 40~50%대의 프랑스·독일·이탈리아 등과 필적할 만큼 일본정부에 의한 사회보장급부39.7%가 높다. 다만 공적연금의 지급개시연령이 이제 막 도달하는 경우라면 얘기가 다소 달라진다. 연금재정 건전화 차원에서 이전 세대와 달리 신규수급권자의 연금액이 1995년부터 감소하고 있어서다.

자영업자가 줄고 있다는 점도 예비동기를 줄이는 요인이다. 동일소득이면 자영업자가 샐러리맨보다 리스크에 더 노출돼 있고, 때문에 저축동기도 높은 게 맞다. 샐러리맨처럼 2층후생연금과 3층임의보충형의 연금제도가 없기에 스스로 노후준비를 위해 저축을 해둘 필요가 높기 때문이다. 그런데 이들 자영업자 규모가 감소세다. 1970년 일본의 자영업자 비율은 35%였는데 2009년엔 13%까지 떨어졌다. 추세는 지속적이다.

유산동기는 어떨까. 상속을 위한 유산동기는 좀 복잡하다. 유산의지는 없었는데 생각보다 일찍 사망할 경우 자연히 상속이전이 발생하기 때문이다. 가업처럼 그대로 물려줄 의무가 있는 경우에도 유산목적의 저축과는 구분될 필요가 있다. 유산용으로 축적해뒀는데 간병비용으로 쓸 경우도 있다. 목적과 무관한 지출용도다.

이때 중요한 건 동거 여부다. 부모와 동거하지 않는 경우 유산동기가 낮을 수 있어서다. 자녀가 없는 단신·부부고령의 경우 유산동기가 있을 리 없기 때문이다. 일본의 경우 무자녀 고령세대가 1972년 20%에서 2004년 50%를 넘어섰다. 지금은 52.8%에 달한다. 핵가족화가 진행되고 자녀도움 없이도 공적연금만으로 생활하는 고령가구가 늘어난 것도 관련 있다.

은퇴 이후 적자장부
'믿을 건 저축인출?'

앞서 살펴봤듯 일본의 가계저축률은 하락추세다. 1970년대 부러움의 대상이었던 저축대국이 40년 후 극적인 저축빈국으로 추락한 것은 사실상 고령화에서 그 해답을 찾을 수 있다. 경기침체로 전체적인 저축률이 감소하는 추세지만 그 견인차는 역시 고령가구의 가계부로 압축할 수 있다.

요컨대 가처분소득을 웃도는 소비지출로 생활하는 고령인구가 늘어난 게 국가의 전체저축률을 갉아먹는 장본인이라는 지적이다. 가처분소득이 감소하고 자녀와의 동거노인이 줄고 있다는 점도 물론 뺄 수 없지만 근본적인 원인은 무직의 고령인구 증가에 있다.

먼저 일본가계의 전체적인 평균저축을 보자.

가처분소득과 연금준비금을 합해 모두 291조2,000억 엔을 벌어들였는데, 이중 9조6,000억 엔을 저축했다2008년. 나머지는 소비지출과 비소비지출세금·사회보험료 등로 빠져나갔다. 비율로 따지면 가계저축률저축/가처

■ OECD국가의 가계저축률(2009년)

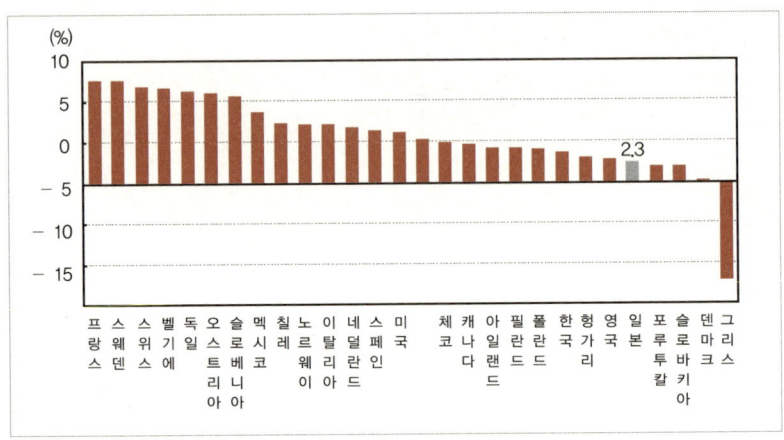

- 자료: OECD(National Accounts)

분소득×100은 3.3%다. 그나마 좀 개선된 수치가 이렇다. 2006년엔 2.4%까지 떨어졌다. 통계기록1955년 이후 최저수준이었다. 1975년의 23.1%와 비교하면 격세지감이다.

주지하듯 저축률 하락원인은 다양하다. 저축동기와 관련해 3대 변수라이프사이클, 예비적, 유산용 저축동기 등 모두가 저축률 하락압력으로 작용함을 확인했다. 가장 중요한 포인트는 저축이 늘지 않는 구조적 변화다. 경기침체와 고령화 등으로 저축을 할 경제적 여유가 줄고 있다는 점이다. 반면 저축해둔 자금을 헐어 쓰는 수요는 오히려 증가했다는 게 핵심이다.

전체적인 저축하락 분위기에도 불구, 일부계층은 오히려 저축동기가 세지고 있다. 대표적인 게 평균 이상의 자산을 보유한 고령가구와 20대 젊은 세대다. 고령인구의 저축률은 부자가구가 리드한다. 전반적으로는 하락추세지만 평균 이상의 고령자산가를 중심으로 하락압력을 흡수 중이다. 노후보장용 사회안전망이 빈약하다고 느끼기 때문이다.

고령가구가 펀드매월분배형펀드가 대표 등 위험자산으로 돈을 번 뒤 그 이익금을 저축계좌로 옮기는 게 대표적이다. 용돈펀드라는 이름처럼 부족한 생활비에 보태 쓰라는 취지로 만들었는데, 그 배당금을 되레 저축한다는 얘기다.

20대 저축률은 동반 상승추세다. 〈니혼게이자이〉에 따르면 20대 저축률은 최근 10년간 25~30%대에 달해 1980년대15~20%에 비해 적잖이 늘어났다. 1990년대 이후 취업빙하기를 거친 불황세대답게 하류의식이 강해 소비보다는 저축동기가 높다는 분석에 힘이 실린다. 일본경제의 허리인 30대 저축률5~7%이 현재의 은퇴세대가 30대일 때 보였던 25~28%보다 낮은 것과 대조적이다. 특정세대 저축증가가 소비위축을 초래한다는 볼멘소리가 나오는 이유다.

저축 늘지 않는 구조로의 환경변화 가속…
'여유가 없다'

그렇다면 반대로 저축률을 갉아먹는 대표계층은 어딜까.

먼저 밝혀둘 건 저축률 하락이 연령·소득계층별로 그 추세가 다르다는 사실이다. 저축률 하락견인은 주로 50대 이상 저소득 중·고령자와 60대 이상 무직세대다. 경기침체로 가처분소득이 줄어든 결과가 크다.

소득이 줄면 덜 쓰면 되는데 이건 소비지출의 경직성 문제로 실천하기가 어렵다. 이런 경우는 십중팔구 기존저축을 헐어 쓴다. 저축하기는커녕 거꾸로 저축계좌에서 돈을 꺼내 쓰니 저축률이 주는 건 당연하다. 공통점은 '무직'이다. 넓게 보면 40대에도 저축인출 세대가 적잖다.

더 큰 문제는 무직세대의 증가세가 가파르다는 점이다. 전체가구에서 차지하는 무직세대 점유비율의 증가세다. 역시 고령 무직세대가 압도적이다. '가계조사2인 이상 세대'를 보면 전체 세대 중 무직세대는 1967년 5%에서 2010년 7월 30.1%로 늘어났다총무성. 이들 무직세대의 95%는 60세 이상 고령자다. 평균연령은 71세다. 즉 '저축 헐어 쓰기= 고령자'로 봐도 무방하다.

반면 이들 무직세대의 가처분소득은 전체평균보다 가파른 속도로 감소했다. 2000년을 100으로 보면 2009년 전체 근로자세대의 가처분소득은 10% 정도 떨어졌는데 무직세대는 13%로 더 떨어졌다. 경상수입 감소의 91%는 사회보장급부의 삭감 때문으로 조사됐다. 2001년부터 연금지급 개시연령이 단계적으로 늦춰진 결과다2025년 완성.

이쯤에서 저축률 하락견인의 대표주자인 고령·무직세대의 월 가계부를 통해 저축률이 왜, 얼마나 떨어지는지 그 적자규모를 살펴볼 필요가 있다.

그런데 특이한 건 이들 고령·무직세대가 평균적인 일본노인의 이미지와 가깝다는 점이다. '일본노인=부자'라는 등식에도 불구, 이는 통계오류를 야기하는 평균치에 불과하며 절대비중을 의미하는 중앙치로 봤을 때는 빈곤노인이 더 많기 때문이다. 일본노인의 금융자산을 이해할 때는 이 부분을 유념해 살펴볼 필요가 있다.

실제 연령별로 금융자산 잔고를 보면 부자노인의 저축선호를 단적으로 알 수 있다. 일본경제연구센터2009년에 따르면 연령별 금융자산 잔고는 확연히 갈린다. 60대2,202만 엔와 70대2,361만 엔가 평균을 웃도는 금융자산을 보유한 것에 비해 20대294만 엔, 30대598만 엔, 40대1,111만 엔, 50대 1,670만 엔 순서로 집계됐다.

결국 연령이 높을수록 금융자산 잔고가 비례해 많은 걸로 확인됐다. 특히 60대의 경우 전체의 62%가 현금성정기성 · 통화성자산자산으로 나타났다. 70대는 64%로 60대보다 더 많은 걸로 조사됐다. 이 때문에 일본노인은 저축부자라는 이미지가 성립됐다. 은퇴생활을 위해 저축인출이 불가피하지만 워낙 쌓아둔 저축자산이 많기 때문이다.

고령 · 무직의 빈곤노인 증대…
'저축인출 말고는 답이 없다!'

이제 평균적인 일본노인의 월가계부를 볼 차례다. 여기에 앞서 평균적인 일본노인이 누구인지를 아는 게 우선이다. 무직세대의 95%가 고령가구라는 통계에서처럼 일본의 경우 고령단신 · 고령부부 무직세대가 일반적인 패턴이다. 혼자 사는 노인 혹은 부부만 사는 노인이 대표적인 고령가구 이미지라는 의미다. 왜 그럴까.

일본의 전체세대는 4,800만으로 이중 65세 이상 세대원이 있는 세대가 1,930만이다. 세대주가 65세 이상은 그중에서도 1,540만 세대로 압도적이다.

좀 세분화하면 고령부부560만와 고령단신433만이 제일 많다. 거의 1,000만 세대에 가깝다. 가히 대표성을 지닌다 할 수 있다그중에서도 고령부부가 특히 대표성을 지님. 또 이들의 95%는 무직세대다. 때문에 고령가구라면 가족구성은 좀 달라도 거의 대부분 무직세대로 봐도 무방하다.

물론 고령세대 중 근로가구도 존재한다. 평생현역을 지향하며 고령근로에 열심인 경우다. 다만 이는 축복받은 케이스로 정년퇴직 후 재취업에 성공해 제2의 인생후반전을 맞은 부류다. 그 수는 한정될 수밖에 없다.

즉 평균적인 노인현실과는 괴리감이 존재한다. 대부분은 60~65세에 정년을 맞이해 은퇴생활에 들어간다. 국민·후생연금 등 공적연금 사회보장급부만으론 수지타산이 안 맞는 금액을 기존저축에서 인출해 사용하는 형태가 주류다.

이들 양대 고령단신·고령부부 평균노인의 월가계부를 살펴보자. 2009년 기준 고령단신 무직세대는 11만1,392엔의 연금수입에 9,555엔의 이자·배당소득 등이 수입원이다. 모두 합해 12만947엔이다. 이 가운데 지출항

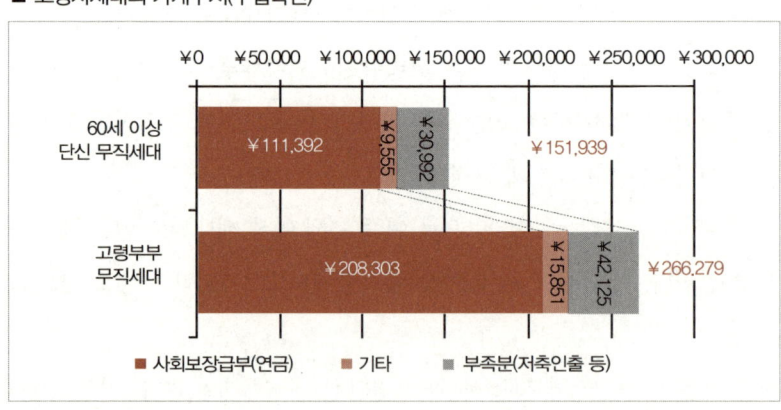

■ 고령자세대의 가계수지(수입측면)

– 자료: 노무라자본시장연구소

목인 비소비지출세금·사회보험료 등과 소비지출생활비을 합하니 15만1,939엔이 필요하다. 즉 3만992엔12만947엔-15만1,939엔의 적자생활이다. 이 부족분이 현역세대 때 저축해둔 자산보유분이다. 단 저축이 있을 때 말이다.

특히 대표성을 지닌 고령부부 무직세대의 월가계부 상황은 어떨까. 적자사정은 크게 좋을 게 없다. 연금수입20만8,303엔과 기타수입1만5,851엔을 합해 22만4,154엔의 월 평균소득이 예상된다. 결코 적은 수입이 아니지만 지출항목을 제하고 나면 적자이긴 마찬가지다. 이들의 지출비용은 26만6,279만엔으로 집계된다. 4만2,125엔의 적자생활이다. 결국 고령단신이든 고령부부든 대략 월수입의 20~30%가량 저금인출이 불가피하다.

사실 이 정도면 위험한 수준이다. 노후생활이 길어지면 질수록 자금견적이 나오지 않아서다. 지금이야 그나마 버틴다지만 연금지급 개시연령이 연장된 후속세대는 더더욱 문제다. 더 큰 문제는 근로세대와의 격차 심화다.

근로세대가 25.4%를 저축함에 비해 무직세대가 -30.9%라면 상당한

■ 연령별로 본 무직세대 가계수지(2009년)

구분	60~65세	65~70세	70~75세	75세
소비지출	27만2,735엔	25만6,733엔	24만7,155엔	21만9,693엔
가처분소득	15만3,162엔	18만4,781엔	20만2,907엔	20만464엔
적자액	-11만9,581엔	-7만1,952엔	-4만4,248엔	-1만9,229엔
적자비율	-78.1%	-38.9%	-21.8%	-9.6%
2005년 적자비율	-75.1%	-34.5%	-11.6%	-7.8%
2000년 적자비율	-45.6%	-20.0%	-2.5%	-4.0%

- 자료: 가계조사(총무성)

격차다. 무직세대의 절대다수가 고령자인 반면 근로세대는 현역세대가 대부분이라는 점에서 은퇴를 대비한 저축압박은 그만큼 높아질 수밖에 없다.

고령·무직노인 적자가계부…
월 3만~4만 엔 적자는 저축인출로

수명연장은 나이가 들어갈수록 소비여력도 떨어뜨린다. 가처분소득이 줄어든 만큼 저축으로 버틴다지만 잔고가 줄어들수록 불안감이 더해져 소비지출을 억제하기 때문이다. 실제 60~65세의 월 적자비율15만3,162엔-27만2,735엔=-11만,9581엔은 78.1%인 데 비해 70~75세는 21.8%20만2,907엔-24만7,155엔로 떨어진다. 75세 이상은 9.6%로 장부상 적자수준은 더 줄어든다.

60~65세의 충격적인 적자비율은 65세로 공적연금 지급개시를 늦춘 탓이 크다. 60세 정년은퇴로 근로소득은 없어졌는데 연금수급은 65세로 늘어났기 때문이다. 이후 적자비율이 감소하는 것은 나이가 들면서 연금지급조건이 개선가처분소득 증가됐다는 점도 있지만, 그것보다 저축감소분과 장수리스크를 감안해 소비를 보다 줄였다는 논리가 더 설득적이다.

그래도 옛날세대는 사정이 나았다. 똑같은 무직세대인데도 적자비율이 지금처럼 높지 않았다. 60~65세의 경우 적자비율은 2009년78.1%에 비해 2000년45.6% 사정이 훨씬 좋았다. 70~75세 연령대도 비슷했는데 적자비율은 2000년2.5%보다 2009년21.8%이 보다 열악해졌음을 알 수 있다. 적자비율 상승추세는 60세 이상의 공통분모였다.

결국 고령·무직세대의 적자인생은 거시적인 가계저축률을 저하시키는 요인 중 하나다. 인구구조의 고령화와 연금개혁, 그리고 고령자 고용악화가 맞물려 무직세대의 살림살이를 버겁게 악화시켰다는 얘기다.

정년연장의 수혜를 입어도 신분하락(?)은 피할 수 없다. 정년 이후 비정규직으로 잔류하며 열악한 임금수준에 만족해야 해서다. 그나마 이렇게라도 일자리를 연장하면 행복한 경우다. 대부분은 암묵적 분위기에 순응해 퇴직하는 게 일반적인 까닭에서다.

물론 해법은 있다. 저축해 둔 쌈짓돈을 찾아 쓰지 않아도 가계부 적자걱정 없이 사는 방법은 꾸준한 근로소득의 확보다. 고령근로다. 그런데 이게 또 어려운 과제다. 1990년대 이후 고령자의 고용환경이 악화됐기 때문이다. 물론 취업데이터는 다소 엉뚱한 내용을 전달한다. 고용통계의 대표주자인 완전실업률2010년 9월의 경우 5.1%인데 65세 이상 실업률은 2.5%에 그친다. 15~24세의 청년실업률 8.8%보다 월등히 낮다.

다만 면밀히 살펴보면 실상은 정반대다. 힘들어진 고용환경에 직면해 구직활동 자체를 포기한 고령자가 늘어나서다. 이들은 결국 취업의욕이 꺾여 비노동인구로 빠져 실업통계에서 제외되기 때문이다. 구직활동이 없어 실업자로 잡히지 않는 것이다.

현실은 다르다. 기회만 되면 일하고 싶다는 잠재적인 고령 취업희망자가 길거리에 넘쳐난다. 일자리를 찾는 수많은 빈곤노인에게는 역설이 아닐 수 없다.

출구 없는 노후난민
'인생 2막의 공포'

\# 풍경 1 = 작은 목공소에서 목수로 30년 일했다. 월 후생연금 14만 엔을 받는데 처음엔 그럭저럭 살 수 있을 것 같았다. 하지만 아내가 치매에 걸린 뒤 엉망이 됐다. 요양시설에 보내는 데 드는 비용만 월 13만 엔이다. 있던 저축도 다 썼다. 월 2만 엔 시영아파트에서 혼자 산다. 경비 아르바이트로 월 6만 엔주 3일×4시간을 번다. 2006년 개호보험법 개정으로 간병비가 월 1만 엔 더 늘었다. 후기고령자의료제도로 쥐꼬리 연금에서 보험료까지 뗀다. 절약도 무의미해졌다. 시설비를 못 내면 아내는 쫓겨난다. 정 안 되면 자식에게 보낼 작정이다. 아내가 기억 못하니 그나마 다행이다76세 남성.

\# 풍경 2 = 15년 전 남편과 이혼했다. 30년 넘게 폭력과 음주로 고생했다. 월 5만 엔의 국민연금과 저축만으로 살 수 있다고 봤다. 저축은 끝

까지 지키고 싶어 근처 슈퍼에서 아르바이트를 했지만 젊은이들에 밀려 수입은 월 4만 엔 정도다. 집세가 3만 엔이니 총 6만 엔이 남는다. 그걸로 살자면 절약뿐이다. 화장실은 근처 편의점에서, 목욕은 무료공영온천을 이용한다. 식사 등 고령자를 챙겨주는 각종행사엔 빠지지 않는다. 불도 켜지 않는다. 손자 용돈도 안 주는 구두쇠 할머니지만 장례비를 모으자면 방법이 없다. 남들처럼 죽자면 어쩔 수 없다70세 여성.

일본노인의 빈곤문제가 화두로 떠올랐다. 어제오늘 일은 아니지만 출구 없는 인생 2막을 염려하는 시각이 부쩍 늘었다.

일례로 맹서猛暑가 유난했던 2010년 여름 열사병 사망자가 500명8월말 기준에 육박했는데 4명 중 3명은 65세 이상 노인으로 집계됐다. 대부분은 에어컨의 혜택을 못 본 채 죽어갔다. 에어컨이 없거나 있어도 전기료가 아까워 틀지 않아서다.

빈곤노인의 열악한 최후보도는 일본사회를 충격에 빠트렸다. 노인65세 이상가구의 개별총자산 5,700만 엔2004년이라는 평균치에만 함몰돼 부자노인만 봤지 그 이면의 빈곤노인은 감춰왔던 결과다. 통계결과마다 다르지만 2,900만 명의 노인인구2010년 중 최소 10%는 빈곤계층이라는 게 중론이다.

가령 상대적 빈곤율15.7%을 감안한 생활보호 필요세대는 770만인데 이 중 570만이 안전망에서 제외된다2010년 생활보호수급 200만 세대고 보면 그중 상당수는 노인세대일 확률이 높다. 480만2006년 건강보험 체납세대 중 절반이 노인가구라는 통계도 있다. 하루 벌어 하루 사는 노인 워킹푸어도 상당수86만 명에 이른다.

충격에 빠진 2010년 일본의 여름…
빈곤노인의 최후

위의 에피소드는 『빈곤대국 일본』이라는 책門倉貴史에 나온 빈핍노인의 사례연구 중 일부다. 이밖에도 놀랄 만한 사례분석이 적지 않다.

폐품수거 쟁탈전에 나선 연금노인은 그나마 낫고 연금조차 없이 홈리스로 내몰린 고령자도 상당수다. 집을 팔아도 생활비가 모자라 극한의 궁핍생활로 연명하거나 아파도 병원비가 없어 고독하게 죽어가는 경우도 적잖다. 폐기 직전의 편의점도시락을 부탁해 받아가는 노인도 있다. 굶어죽는 것보다는 식중독으로 죽는 게 낫다는 이유에서다.

병원에 가 온갖 통증을 호소하며 과잉처방을 받아 이를 병원에 못 가는 동료노인들에게 이윤을 남기고 파는 경우도 있다. 여성고령자의 경우 연애상대를 해주며 화대花代로 생활하기도 한다. 이들에게 정년 없는 하루살이 열악한 일자리라도 고마울 뿐이다. 아니면 죽음밖에 없어서다. 연금생활로 누리는 화려한 은퇴는 옛말이 됐다. 노인빈곤의 대량발생이 급증하면서 이들 300만 생활불안은 이제 정년에 임박한 은퇴예비군의 현실문제로까지 비화된다.

빈곤노인의 양산구조엔 정부가 한몫했다. 물론 재정압박의 불가피성 탓이 크다. 다만 일본정부가 1995년 발표한 '고령사회대책기본법'의 전문은 다르다. "향후 장수를 모든 국민이 반기고 기다리며 고령자가 안심하고 사는 사회형성이 바람직하다"로 해석된다.

그런데 실상은 아니다. 부담증가로 요약되는 제도변화 때마다 고령자의 비명소리가 하늘을 찌른다. 장밋빛 고령사회 슬로건과 달리 "돈 없으면 빨리 죽는 게 최고"라는 비참한 삶이 현실일 뿐이다. 정부도 할 말이 많다. 지금 고령자우선의 복지제도를 손대지 않으면 미래가 없다는 위기감이 높다.

실제 일본의 고령화는 심각하다. 지금이야 전체인구의 22%2,900만 명에 불과하지만 앞으론 눈덩이처럼 불어날 전망이다. 가령 2012년이면 베이비부머인 단카이세대 제1진1947년생이 65세로 접어든다. 단카이세대 1947~1949년생는 그 수만 800만에 달한다.

이로써 2020년이면 연금수급세대 점유비율이 30% 전후까지 치솟는다. 고령인구 3,600만 명 시대개막이다. 반면 이들을 떠받칠 젊은 세대는 급감하는 추세다. 현역 3명이 노인 1명을 떠받치는 노인부양비율은 2050년 1대1로까지 떨어질 전망이다. 이게 연금붕괴의 핵심스토리다.

이 충격을 막거나 줄이자면 제도개혁이 필수다. 2000년대 이후 일본정부는 재정난을 막기 위한 사회보장비 삭감정책에 적극 나섰다. 2005년 개호시설 이용 때 식비·주거비를 자비로 부담토록 하는 개호보험법을 개정했다. 또 생활보호대상자를 상대로 한 고령가산제도도 폐지했다.

압권은 2008년 4월 시작된 후기고령자의료제도장수의료제도다. 신자유주의 개혁일환으로 추진된 정책으로 도입초기부터 반발이 상당했다. 핵심은 고령자의 의료비 부담증가다. 과거 일본은 1969년부터 70세 이상 노인에게 의료서비스를 무상 제공했다.

하지만 이후 관련문제가 급증했다. 고령화로 병원엔 노인들이 가득했다. 이는 과다·과잉진료로 연결됐고 비용급증을 막을 방책마련이 과제로 떠올랐다. 신자유주의 개혁을 내건 고이즈미小泉 정부는 결국 민영화방안을 선택했다. 그 결과가 후기고령자의료제도다. 1,300만 명의 75세 이상 노인을 기존의 국민의료와 분리시킨 조치다.

이에 따라 기존가입의 국민건강보험·조합건강보험근로자에서 강제로 탈퇴시켜 새로운 독립그룹으로 편성시켰다. 부양가족이면 본인부담금이 없던 것에서 자기책임을 강조해 창구납부액 10%를 개인부담으로 돌려버렸다. 또 보험료는 미납을 염려해 연금에서 자동이체토록 했다. 고령자의 삶이 팍팍해진 결정적인 이유다.

이로써 연금수입 등 생활이 가능한 수입이 있어도 질병 하나면 순식간에 하류층으로 전락할 노인그룹이 늘어났다. 치매 등 질병은 물론 골절사고라도 발생하면 경제적 부담이 불가피해졌다. 연금수입이 있으면 그나마 낫다. 소액이지만 빈곤노인에겐 소중한 생활자금이 돼서다. 1층의 기초연금인 국민연금은 현재 만기지급액이 월평균 6만6,000엔이다.

고이즈미 구조개혁…
'빈곤노인을 벼랑 끝에 내몰다'

그런데 연금수급 연령에 도달했지만 연금을 못 받는 무연금자가 44만4,000명에 이른다2004년. 연금수급 기간조건인 25년 불입을 채우지 못한 경우다. 현역 시절 저축이 없거나 중도퇴직을 하면 월 1만5,100엔2010년 기준 정액제을 내는 것도 버거워서다.

지금의 현역세대는 더 불리하다. 국민연금 부담액이 증가해서다. 국민연금은 2017년까지 1만6,900엔을 목표로 매년 280엔씩 인상된다.

연금생활이 불가능한 고령자의 최후선택은 생활보호수급이다. 물론

이것도 여간 힘들지 않다. 까다로운 수급조건 때문이다. 대략 신청 당시 저축·부동산 등 자산이 없고 현금은 5만 엔 이하에 가족의 금전원조가 없어야 하며 최저생활수준 이하의 수입일 경우에 한정된다.

최근 생활보호 부정수급 문제가 급부상한 것도 정작 수혜를 입어야 할 빈곤노인에겐 장벽이다. 부정수급 증가로 지자체 체크가 엄격해졌기 때문이다. 그도 그럴 것이 부정수급액도 90억 엔으로 사상최고치를 기록했다2006년·후생성. 이는 전년 대비 30% 증가수치다. 부정수급 내용은 근로수입 미신고53.8%, 연금수입 등 무신고16.1%, 근로수입 과소신고9.8% 등이 많다. 적발사례 중엔 급여명세 위조 등 사기행위에 가까운 경우도 있다. 야쿠자가 개입한 부정수급도 있다.

실제 피해는 고스란히 약자에게 돌아간다. 2007년 큐슈에서 발생한 생활보호 중지로 인한 아사사건이 대표적이다. 당시 사망자의 일기장엔 주먹밥 하나를 먹고 싶다는 간절한 소원이 적혀 있었는데, 이것이 보도되면서 일본열도는 충격에 빠졌다. 부자나라 일본의 자존심을 떨어뜨린 건 물론이다. 유사사건은 이후에도 끊이지 않았다.

빈곤노인의 팍팍해진 삶이 알려지면서 노후퇴직난민을 염려하는 현역세대도 급증세다. 특히 노후준비가 덜 된 4050세대 예비퇴직자의 불안감이 높다. 본인의 노후생활 땐 지금보다 상황이 더 열악해질 것이라는 분석근거도 한숨소리를 높인다.

고령재화의 가격상승 우려가 그렇다. 향후 고령재화는 '수요〉공급'의 과수요상태에 빠질 개연성이 높다. 가령 개호시설 부족으로 특별요양노인 홈은 지금도 입주대기자가 기존입주자만큼 존재하는 심각한 과수요상태다. 공급이 달리면 가격상승은 불을 보듯 뻔하다.

수급핍박 상황에선 자금력을 둘러싼 빈부격차·노노갈등이 심각해질 수밖에 없다. 게다가 현역세대 감소로 의료·개호의 공적서비스의 부담 증가까지 예상된다. 즉 생계·의료의 빈곤 사각지대로 전락할 노후난민이 급증할 수밖에 없는 암울한 시나리오다.

암울한 노후난민 예비군…
'공적연금 불신' 90%

　그럼에도 불구하고 준비상황은 암울하다. 〈피델리티투신〉이 최근 2010년 4월 실시한 '퇴직금과 노후생활에 관한 조사결과'를 보자 샐러리맨 1만 명 대상.
　결과에 따르면 응답자의 70%가 "본인 노후가 지금의 고령자 생활보다 나빠질 것"으로 내다봤다. "좋을 것"은 8%에 그쳤다. 지금 생활과 비교해 그 정도를 물어도 상황은 비슷했다. 49.5%가 "지금보다 나빠질 것"으로 대답했다. "좋아질 것"이라는 응답은 6%뿐이었다. 노후난민 예비군이 될지 모른다는 불안감의 표시다.
　퇴직 이후 최대불안은 공적연금에 대한 불신에서 비롯된다. 88.9%의 응답자가 연금불안을 호소했다. 재원고갈과 수급액인하가 그 원인으로 거론됐다. 공적연금만으론 생활이 힘들 것이란 게 절대다수였다 85%.
　이 정도 불안감이면 노후준비에 서둘러 나서는 게 일면 당연하다. 하지만 결과는 반대였다. 퇴직 후를 위한 자금형성을 하지 않는다는 답변이 40.5%에 달했다. 공적연금을 제외하고 예상되는 노후자금을 물었더니 평균 2,989만 엔으로 추출됐는데 준비 중인 노후자금 평균자산액 공적연금 제외은 516만 엔에 그쳤다. 필요자금의 1/6밖에 안 되는 준비부족이다.

준비자금이 제로라는 답도 44%나 됐다. 특히 은퇴예비군인 50대 중 27%가 자금제로라고 답했다. 50대 평균준비액은 892만 엔에 그쳤다. 평균보다는 많지만 그래도 필요자금의 1/3 수준이다. 불안감은 큰데 노력은 별로라는 결론이다.

노후자금의 운용방법은 예·적금46%이 많은 가운데 퇴직금25%과 자산운용20%이 뒤를 잇는다. 투자보다 저축신화가 여전하다는 얘기다. 반면 '투자=위험'을 떠올리는 사람이 50%에 달해 투자활동에 소극적인 걸로 나타났다. 단지 34%만이 투자활동 중이라고 했다. 그중 74%는 국내주식에 투자했으며 최근 증가세인 매월분배형 펀드에도 17%가 투자 중으로 답했다.

한편 생활비 부족60% 때문에 65세 이후에도 일하기를 원하는 이들이 30%에 달했다. 생활비 부족 이유는 의료비70%가 가장 컸다.

그나마 노후자금은 퇴직 이전 생활수준의 절반 미만으로 상정한 경우다. 그런데 75세 이상 의료비가 현역세대의 4배 이상이라는 걸 감안하면 실제 필요생활비는 더 늘어난다. 실제 현역생활비의 50%라는 은퇴자금 설정기준은 현실성이 떨어진다. 퇴직직전 연봉을 100%로 보고 은퇴자금을 상정하는 방법은 합리적이긴 해도 노후생활의 상황변화를 반영하지 못하기 때문이다. 즉 육아·주택대출 등의 부담은 줄어도 의료·개호지출은 확실히 증가해서다. 때문에 퇴직 후의 생활자금을 큰 폭으로 떨어뜨리는 건 의외로 힘들다.

그렇다면 실제 필요한 은퇴자금은 어떻게 계산하는 게 현실적일까. 이때 68%라는 숫자가 권유된다. 이는 65세 이상 세대의 월평균 지출이

55~59세 때의 68% 수준이라는 점에서 응용된다. 수명은 생존률 25%를 감안한다부부 중 한 명이 25% 확률로 생존할 연령을 95세까지 둘 경우. 즉 '퇴직직전 연봉×68%×35년-공적연금수급액'의 계산식이다.

이 결과 퇴직 직전 연봉을 700만 엔으로 두고 68%로 생활자금을 계산하면 필요총액은 모두 1억6,660만 엔에 달한다. 현재의 공적연금이 유지된다면 그 절반은 공적연금으로 커버할 수 있다. 결국 잔액은 8,000만 엔 수준이다.

물론 65세 시점에서 30년간의 필요자금이기에 거액이라 볼 순 없다. 게다가 퇴직 후에도 자산운용을 계속한다면 전액을 준비해둘 필요도 없다. 이사 등을 통해 생활비 절약까지 각오한다면 필요자금은 더 줄어든다. 정년 없이 계속해 근로소득을 확보한다면 노후자금 마련 자체의 압박감도 떨어진다.

공적연금 빼고 필요자금 8,000만 엔…
68% 룰

전문가들에 따르면 노후자금 마련방법은 얼추 5가지 정도다. ▷가능한 연령까지 근로소득 유지 ▷퇴직 후가 아닌 75세를 타깃으로 운용 ▷소액이라도 일찍 준비하기 ▷퇴직 후부터 매월수령의 자산운용가령 배분형펀드 ▷운용과 예금인출의 균형유지 등이다.

노후자금 운용방법은 벌기보다 유지하는 데 목적을 두는 게 좋다. 장기간의 퇴직생활을 유지하자면 수익성보다는 안정성이 바람직하기 때문이다. 같은 맥락에서 가능한 수입원을 확보하는 게 필요하다. 일하면서 자산을 늘리는 시기를 연장하면 쌓아둔 자금을 헐지 않기에 투자효율을 높일 수 있어서다. 쓰면서 굴리는 스타일로의 전환도 필요하다.

당연히 운용목표는 장기다. 90세 이후까지 산다면 퇴직 이후 인생만 약 30년이다. 그 분기점인 75세까지를 운용기간으로 두면 안정감을 최대화할 수 있다. 운용과 인출의 균형감각도 중요하다. 과다인출은 자산붕괴를 뜻한다. 특히 주가·환율변동으로 보유자산이 마이너스일 때조차 일률적으로 인출하면 원본붕괴가 가속화된다.

이때 활용할 수 있는 게 정률인출법이다. 자산을 일정비율로 유지하기 위해 늘 자산의 일정비율만 인출하는 방법이다. 수익이 나면 더 인출하고 나쁘면 덜 찾는 식이다. 매월의 부족생활비를 메울 수 있는 분배식 금융자산도 좋다. 매월분배형 펀드처럼 분배금을 사용하면 효율적인 지출·운용을 꾀할 수 있어서다. 시간위험의 분산을 위해선 소액이라도 조기에 운용하는 게 효과적이다. 이땐 일시의 거액투자보다는 조금씩 나누는 정률투자가 좋다.

■ 무직세대의 가계저축률

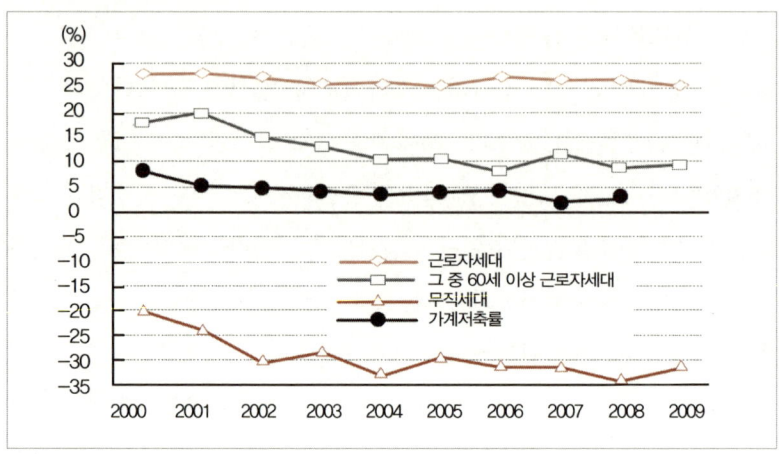

— 자료: 총무성·내각부

무너진 금융이론
'노인이 주식을 왜 사지?'

"저축에서 투자로 방향을 틀자!"

한때 일본금융가를 휩쓸었던 유명한 캠페인이다. '저축에서 투자로의 패러다임 전환'이다. 엄청나게 쟁여둔 잠자는 가계자금을 끌어내 내수부양은 물론 화폐유통을 자극하기 위한 조치였다. 이와 맞물려 민영화·시장개방·규제완화 등이 단행됐다. 가계자금의 물꼬를 트고자 투자환경이 급격히 개선된 건 물론이다. 와타나베 부인으로 상징되는 외환거래가 유행처럼 번지기 시작한 것은 이때다. 손쉬운 투자를 위한 부동산 등의 유동화상품도 속속 등장했다.

저축에서 투자로의 방침전환은 2001년 6월 발표된 '골태骨太방침'에서였다. 굵은 뼈까지 개혁하겠다는 의미답게 대폭적인 개혁방안을 담은 청사진이었다. 이에 따라 2003년부터 주식·펀드 매각이익과 배당·분배금에 대한 세율을 20%에서 10%로 인하하는 증권우대세제를 실시했다.

예금·저금금리 등은 그대로 20%를 유지했다. 2001년 3월 10.1%였던 위험자산 보유비율은 이후 17%대까지 올랐다. 적극적인 투자활동이 이뤄졌다는 얘기다.

하지만 10년이 지난 지금은 다시 제자리로 돌아왔다. 위험자산 보유비중은 급격히 줄어들었고 현·예금 등 안전자산이 다시 패권을 움켜쥐었다. 여기에는 2008년의 금융위기도 한몫했다. 일각에서는 저축에서 투자로의 슬로건이 완전히 깨졌다고까지 평가한다.

실제 가계 금융자산이 축소되는 가운데 주식·펀드 등 위험자산비율은 2010년 기준 8.9%로 떨어져 전성기 2007년 3월말 17.2%의 절반까지 떨어졌다. 손실이 뒤따른 건 물론이다. 때문에 '저축→투자'로의 국가캠페인적 슬로건이 국민을 선동했다는 점에서 위화감을 느끼는 시선이 많다. 국민을 속인 사기극이라는 극단적 비난도 있다.

저축에서 투자로의 전환?…
'정부의 대국민 사기극'

이 에피소드는 일본가계의 안전자산 선호심리를 한층 공고히 했다. '설마' 하며 정부 말을 믿고 주식 등 위험자산을 샀더니 결과적으로 손실만 봤다는 허탈감은 그만큼 컸다. 그것도 현역세대를 필두로 고용 없는 성장으로 소득수준은 정체·하락하는 와중에 없는 돈 끌어 모아 위험자산을 샀다는 점에서 박탈·배신감은 더 크다.

실제 금융위기 이후 가계자산 배분현황을 살펴보면 안전자산 선호현상은 보다 뚜렷해졌다. 2010년 6월 기준 금융자산1,445조 엔 중 56%가 현·예금806조 엔에 집중된 상태다. 이밖에 보험·연금393조 엔과 주식95조 엔·주식 이외91조 엔로 구성된다. 안전자산으로 분류되는 보험·연금까지 합할 경우 전체자산의 83%1,199조 엔가 원금보전 형태로 운용된다는 결론이다총무성·2010년.

장기추이도 크게 다르지 않다. 연도별로 변화가 없진 않지만 현·예금 등 안전자산이 일본가계의 주력상품으로 정착된 건 확실한 추세다. 금융위기 이후 조사한 의식조사에 따르면 금융상품 선택기준 1순위는 안전성44.9%이다. 유동성31.0%과 수익성16.6%은 우선대상에서 밀렸는데 이는 운용목적이 질병·재해대비69.3%와 노후대비61.6%가 압도적이라는 점에서 그만큼 원금보전 욕구가 반영된 결과로 이해된다. 때문에 금융위기 이후 한국에서 불거졌던 펀드권유 분쟁 등 투자권유를 둘러싼 금융기관과의 갈등경험도 89.1%가 없다고 답했다금융광보중앙위·2008년.

국제비교를 해보면 일본가계의 보수경향은 한층 두드러진다. 한미일 3국의 가계 금융자산을 비교한 결과를 보면 한국·일본은 현·예금비중이 가장 높은 반면 미국은 주식·채권·펀드 등의 투자비중이 제일 높다.

일본가계의 금융상품 투자목적은 배당·이자소득54.1%이 많은 가운데 장기 운용성과50.0%와 노후자금 마련34.7%이 주요 이유로 확인됐다. 이밖에 주주우대 기대19.9%, 자녀 미래준비12.3%, 단기차익11%, 증권공부8.9%, 기업응원 차원8.6% 등도 있다. 장기투자 성향은 일본이 가장 높다. 1년 이상 보유 비중이 전체의 87.5%를 차지했는데 그중 보유기간 10년 이상 비율도 30.3%에 달했다금융투자협회·2010.

안전자산에 대한 높은 선호는 곧 자산운용의 낮은 기대수익을 의미한

■ 가계 금융자산의 국제비교

	일본	한국	미국
현금 · 예금	54.9	45.4	14.4
금융투자상품	13.5	29.8	53.3
보험 · 연금	27.4	23.8	28.7

— 자료: 금융투자협회(단위: %)

■ 가계 금융자산의 미일비교(2010년 3월)

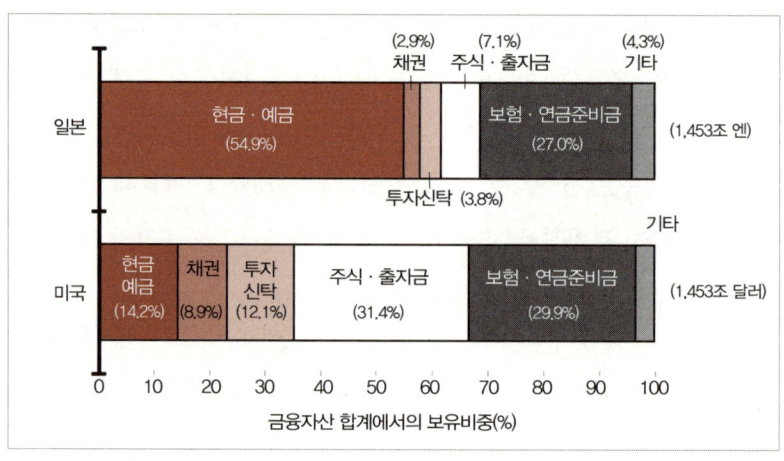

— 자료: 총무성(가계조사)

다. 투자활동의 기준잣대는 사실상 시중금리인데 일본의 경우 시중금리는 제로 상태다. 경기부양을 원해도 금리가 바닥 수준이니 돈을 더 풀 수밖에 없다양적완화.

초저금리 · 제로금리 시대안착으로 은행 예 · 적금은 사실상 자산운용 범주를 벗어났다. 결국 추가적인 플러스알파를 추구하자면 고위험 · 고수익의 위험자산 편입이 유일한 방법이다. 주식·펀드 등의 활용이 대표적이다.

그런데 앞서 살펴봤듯 일본가계의 투자자산 선택기준은 안전성이 최우선이다. 증권·운용사가 저금리를 내세워 자금유치에 사활을 걸어도 은행·우체국 아성을 무너뜨릴 수 없는 이유도 여기에 있다. 신한저팬이 2009년 고정금리 1.6%3년 만기 정기예금를 내걸자 일본고객이 물밀듯이 몰려든 것도 같은 맥락이다. 재테크잡지의 경우 기대수익 3~4%대면 성공적인 고수익 포트폴리오로 소개할 정도다. 물론 일부지만 난국타개를 위한 위험수용 차원에서 해외주식·채권을 비롯한 외환거래 등 위험자산에도 관심이 꾸준하다.

하지만 안전자산 선호현상에는 은퇴대국 일본현실을 반영하는 특징적인 예외사례가 있다. 대개의 일본가계가 주식 등 위험자산을 싫어하고 은행상품 등 안전자산을 선호하는 게 일반적인 시각인데, 여기에 상충하는 통계자료가 있기 때문이다. 즉 일본노인의 주식선호가 그렇다. 실제 60세 이상 고령가구의 주식비중이 전체평균보다 약 2배나 높다. 2008년 금융위기 이후 보유비중이 줄었지만 여전히 전체평균을 월등히 앞선다.

'나이 들수록 위험자산 기피'가 지배적…
라이프스타일 반영결과

원래 금융이론에 따르면 고령인구는 위험자산보다 안전자산을 좋아한다는 게 지배적이다. 나이가 들수록 위험회피적인 행동을 한다는 분석과

일맥상통한다. 연령별 포트폴리오를 언급할 때도 연령과 안전자산은 비례한다. 자산시장에서는 위험자산 보유비중을 '100-나이'라는 셈법으로 소개하기도 한다. 연령변화에 따른 편입비중 변화를 반영한 라이프사이클펀드도 연령과 위험자산 선호관계의 대전제를 역으로 설정한다.

고령가구가 주식을 싫어한다는 이론은 구체적으로 제시할 수 있다. 시간경과에 따른 자산배분과 관련된 연구lifetime asset allocation가 대표적이다. 근로소득이 있을 경우 안전자산과 위험자산은 연령계층에 따라 보유성향·비중이 다르다고 본다. 젊을 때는 위험자산을 보유하고 은퇴에 가까울수록 안전자산을 늘린다는 것이다. 즉 연령이 높을수록 주식비중은 줄어든다.

또 고령화와 자산구성에 대한 역U자형 주식수요를 연구한 결과도 있다. 젊었을 적엔 주식비중이 낮다가 40대를 분기점으로 절정에 달한 다음 은퇴시점에 다시 줄어든다는 실증결과다. 이는 한국을 포함한 많은 국가의 실제사례와 일치해 설득력이 높다.

자산시장 붕괴가설Asset Market Meltdown Hypothesis도 비슷하다. 베이비부머

■ 연령별로 본 가계 금융자산 잔고와 내역(2009년)

	20대	30대	40대	50대	60대	70대~
금융자산잔고	294만 엔	598만 엔	1,111만 엔	1,670만 엔	2,202만 엔	2,361만 엔
주식·펀드	4% (−1.5%)	5% (−0.7%)	6% (−0.9%)	7% (−2.6%)	8% (−3.0%)	12% (−2.7%)
채권·채권펀드	1%	2%	2%	3%	5%	5%
정기성예금	28%	33%	36%	40%	45%	48%
통화성예금	49%	32%	19%	17%	17%	16%
보험	13%	22%	31%	28%	22%	17%

− 자료: 일본경제연구센터(2인 이상세대. 괄호는 2007년 대비 변화치)

등의 은퇴 이후 이들의 자산을 흡수할 후속세대의 경제력 저하로 위험자산의 선호도가 떨어질 것이라는 이론이다. 위험 프리미엄 증가설도 이를 뒷받침한다. 고령자일수록 무위험자산을 선호한다는 의미다.

물론 반론도 있다. 고령자의 위험자산 선호가 이상하지 않다는 연구결과다. 과거 개별가계의 특정경험이 고령자가 됐어도 위험자산을 선호하게 한다거나Cohort Effect 자녀에 대한 유산동기가 위험자산을 보유하는 유인이 된다는 가설도 있다. 보유한 금융자산이 많을수록 주식비중이 높다는 연구도 있다. 손실을 받아들이는 심리적 방어수준이 다르기 때문이다.

어쨌든 일본 고령가구의 위험자산 보유비중이 높은 것은 엄연한 사실이다. 그만큼 정년 이후 평균적인 일본노인의 경우 자산운용에 꽤 적극적이다. 은퇴 이후 근로소득은 확연히 줄어드는데 지출수준은 그대로이거나 혹은 노환 등의 거액지출이 불가피한 만약의 사태가 빈번히 발생하기 때문이다. 요컨대 지출압박과 연결된 노후불안감이다. 한마디로 고령세대의 예비적 동기에 의한 저축 및 운용필요 증가가 위험자산 선호로 연결된다.

다만 단순한 저축만으로 기대수익을 맞추기는 힘들다. 위험자산의 필요성 대두다. 현역 시절 축적한 금융자산이 많다지만 평균수명이 길어질수록 보유자산을 헐어 사용하는 것도 부담스럽다. 위험자산의 선호증대는 이런 상황배경에서 비롯된다. 실제 보유 금융자산에 대한 위험자산주식·채권합계 비율은 30대가 10%인 반면 60대는 17%에 달한다내각부·2010년. 최근 증가 중인 고위험의 신흥국 투자자산통화·주식 등 편입고객 중 상당수도 정년 이후의 고령고객이 많다. 고배분펀드, 해외부동산펀드 등이 대표적이다.

실제 통계연령별 가계 금융자산 보유비중를 보자. 주지하듯 연령별 금융자산2009년은 20대294만 엔와 30대598만 엔가 60대2,202만 엔와 70대2,361만 엔보다 월등히 적다. 특히 이 통계는 2인 이상 세대로 빈곤층이 많은 단신세대는 제외한 수치다. 이중 위험자산인 주식·펀드 편입비율은 20대4%·30대5%보다 60대8%·70대12%가 압도적이다.

주식을 좋아하는 일본노인…
현역 시절 주식신화 목격

그렇다면 일본노인이 주식을 선호하는 이유는 뭘까.

일단 일본노인의 살아온 궤적과 당시의 투자환경을 중첩시켜보면 일정부분 힌트를 얻을 수 있다. 먼저 현재 정착된 일본가계의 주식기피 현상은 역사가 짧다. 장기통계를 보면 1965년 주식비중은 17.6%로 나타났다. 당시 가계자산32조 엔 중 6조 엔이 주식출자금 제로이었다. 1950년대에는 금융자산 중 50%가량이 주식자산이었다는 분석도 있다. 1980년대도 주식비중은 10~20%대를 줄곧 유지했었다. 버블경기가 한 창이던 1988년 23%까지 치솟은 이후 1996년 일순간에 8.2%까지 떨어졌다.

주식회피는 이때부터 본격화됐다. 1997년 야마이치山—증권 도산도 주식과 거리를 두는 중요한 계기가 됐다. 또 주식배척은 고령화로 위험수용의 금전여유를 갖춘 세대가 줄었다는 점도 빼놓을 수 없다. 주식을 권할 환경 자체가 아닌 셈이다.

지금의 4050세대가 주식을 좋은 투자자산으로 보지 않는 근본이유도 여기에 있다. 반대로 경제성장기 때 사회생활을 했던 지금의 고령세대에게 주식은 그만큼 익숙한 투자자산 중 하나였다. 게다가 투자수익이 상당했다는 기억도 여전하다.

일본노인이 그래도 주식에 투자하는 이유는 무엇보다 투자하지 않으면 안 될 불가피성이 크다. 거품붕괴와 자산추락 등 일련의 악재에도 불구, 주식이 아니면 기대수익을 확보하기 힘든 상태에 직면했다는 의미다. 적잖은 자금소요가 필요한 노후생활의 불안감이 대표적이다. 가령 저금리가 지속되는 가운데 연금수급 전망은 갈수록 어두워지고 있다. 이 상황에 고령가구가 위험자산에 투자하는 행위는 사실 합리적일지 모른다.

일본인이 주식에 소극적인 이유

안정적 국민성과는 무관 '정부정책이 주식보유 막아'

과거 일본은 소비보다 저축이 좋다는 신화가 있었다. 하지만 1974년 23%였던 가계저축률은 2004년 3% 밑까지 떨어졌다. 신화는 사라졌다. 일본인도 다른 국민처럼 경제사정과 환경에 상식적인 형태로 반응하고 있다는 의미다.

일본인은 본질적으로 신중한 데 비해 미국인은 적극적인 국민성을 갖는다. 경제행동이 국민성에 영향을 받는다면 적어도 그 행동은 2대 이상 안정적일 필요가 있다. 그렇다면 1950년대에 55~60%에 달했던 개인의 주식보유 비율이 현재 급락한 이유는 무엇으로 설명될까. 주식 보유비율이 높은 세대가 전전에 태어난 70세 이상인 것도 마찬가지다.

일본인의 투자행동 패턴을 설명하는 요인 중 하나는 1960년대 정부정책에 있다. 정부는 OECD에 가입하고자 해외직접투자를 자유화했다. 정부와 기업은 해외투자가의 일본기업 매수를 저지하고자 주식 상호보유 정책을 추진했다. 기업은 상호 주고 받는 식으로 신주를 발행해 이것이 결과적으로 개인이 보유하는 주식을 희박하게 만들었다.

주식분할을 적극적으로 실시하지 않고 주가를 인위적으로 높게 유지하거나 최저투자단위를 100주, 1,000주로 올린 것도 개인의 증시퇴출로 이어졌을 확률이 있다. 높은 매매수수료와 과잉 회전매매, 주식작전 등도 개인투자자의 회의감을 높였다. 지금의 4050세대는 특히 성인이 된 후 주식을 좋은 투자대상으로 볼 수 없었다. 비싸게 사 싸게 파는 뼈아픈 경험 때문이다.

반면 미국의 경우 주식투자는 위험자산으로 보기 힘들 정도로 안정적인 흐름을 보여왔다. 시황이 나쁠 때조차 평균 10% 이상 떨어진 적이 없다. 떨어져도 배당수익이 있어 손실이 보전됐다. 이는 주식투자로 장기투자를 할 수 있다는 믿음으로 이어졌.

일본의 저축패턴을 분석할 땐 금융자산을 보유한 사람들을 상세히 살펴볼 필요가 있다. 어느 나라든 금융자산 비율이 높은 사람은 수입과 연령상의 이유로 위험회피 경향이 강하다. 여유가 있을수록 위험자산에 투자하는 여유가 생긴다.

하지만 일본의 경우 금융자산의 절반을 전 세대의 60%에 상당하는 연봉 650만 엔 이하 세대가 보유한다. 이 세대는 큰 위험을 책임질 금전적인 여유가 없다. 대조적으로 미국은 금융자산의 68%를 연봉 18만 달러 이상의 상위 10% 고액소득자가 보유한다. 퇴직연령에 가까워지면 불안정한 주식보다는 확정금리상품에 투자하라는 조언이 많다. 미국은 금융자산의 절반가량은 50세 이하가 보유한다. 반면 일본은 금융자산 80%가 50세 이상 세대에 집중된다. 이중 25%는 세대주 평균연령이 74세의 가계에 해당한다. 이런 그들에게 주식투자를 권유할 수 있는 금융기관은 별로 없.

결국 일본인이 주식투자에 소극적인 이유는 국민성 때문이 아니다. 과거경험과 소득, 연령에 기초한 행동결과에 따른 것이다. 저축을 돌리고 싶은 증권사는 이런 사람이 주식에 투자할 수 있도록 납득할 수 있는 이유를 제시해야 한다.

• 제5부 •

연금의 존
똑같은 일벌레의 처지는 인생후반

연금선진국 일본의
'고령가구 평균가계부'

골프장 장악한 일본노인 = 일본은 골퍼천국이다. 고도성장 때 우후죽순 만들어지면서 골프장이 2,400개를 넘는다. 반면 경기침체로 전성기보다 이용인구는 급감했다. 연습장에서 맴돌 뿐 시간·경제적 이유로 필드 경험이 없는 골프인구가 적잖다. 와중에 골프장의 단골손님은 고령인구로 정착된 분위기다. 돈 많고 시간 많은 고령골퍼가 필드를 장악했다. 선두주자는 60대 베이비부머 단카이세대다. 최근 대량퇴직 후 노년을 즐길 취미로 골프를 선택한 이들이 많다. 현역 시절 골프경험이 많은 데다 퇴직 이후 외로움을 달래줄 동년배와의 사교장소로 제격인 까닭에서다.

스포츠카 주인이 노인인 까닭 = 일본거리에서 말쑥한 차림의 노인을 만나기란 어렵지 않다. 백화점이든 레스토랑이든 비교적 값비싼 서비스공간엔 늘 고령고객이 상당수에 이른다. 평일 온천여행을 즐기는 그룹

도 대부분 고령고객이다. 압권은 스포츠카다. 젊었을 적 로망인 스포츠카를 몰며 해안가를 달리는 반백노인은 흔하다. 휴양지답게 별장·온천 등이 밀집한 도쿄남부 해안지역 도로라면 십중팔구 스포츠카를 즐기는 노인운전자를 볼 수 있다. 차에 관심이 높을 것 같은 20대 젊은이 중 상당수가 '페라리'조차 구분하지 못하는 실정을 감안하면 적잖이 특이한 풍경이다. 희망조차 잃어버린 20대에게 스포츠카는 아예 관심조차 없다.

일본의 고령가구가 부자라는 인식은 공고하다. 1,500조 엔의 가계전체 금융자산 중 60~70%가 65세 이상 고령인구분이라는 통계는 입이 아플 정도다. 고령인구가 골프를 즐기고 스포츠카를 몰며 여유를 만끽하는 배경도 여기에 있다. 고령인구 중에서도 빈부격차가 심화되는 등 상위부자로의 쏠림현상이 가속화되고 있지만, 평균적인 부자이미지는 여전히 지배적이다.

고령인구 빈부격차↑⋯
상위부자로의 쏠림현상 심화

일본의 고령인구가 유유자적의 노후생활을 보내는 이유는 많다. 결정적인 건 돈이다. 이때 돈이란 가처분소득으로 볼 수 있다. 저축 등 금융자산은 그다음 고려대상이다. 즉 은퇴 이후 매달 통장에 입금되는 정기소득이 탄탄하기에 여유로운 은퇴생활을 즐길 수 있다. 매월소득이 부족해도 금고에 쌓아둔 돈이 충분하기에 적자가 좀 나도 큰 걱정은 없다. 또 매월입금의 생활비는 죽을 때까지 지급받기에 불확실성까지 줄어든다.

이때 생활비는 연금소득이다. 현역 시절 어떤 삶을 살았느냐에 따라 연금소득의 유무·수준이 확연히 갈리지만 연금소득 없는 노후생활을 상상하기란 어렵다. 이런 점에서 고령화에 따른 재정붕괴로 불확실성이 높음에도 불구하고 연금소득은 여전히 파워풀하다. 2000년대 이후 퇴색하긴 했어도 '노인복지 천국'이라는 타이틀이 잔존하는 이유다.

실제 일본노인들의 은퇴생활 만족도는 비교적 높은 편이다. 55세 이상을 대상으로 한 2007년 조사결과에 따르면 가계에 여유는 없어도 걱정 없이 살고 있다49.2%는 고령자가 절반에 육박했다. 여유가 있다는 경우 11.5%까지 합하면 60.7%가 금전우려가 없는 셈이다고령자 경제생활에 관한 의식조사·내각부. 물론 2002년 동일조사보다는 상황이 악화됐다. 당시 걱정 없다는 응답은 71.5%에 달했다. 경기침체와 연금감액 등이 원인으로 거론된다.

2009년 60세 이상을 상대로 한 실태결과를 봐도 고령자 경제상황은 비교적 나쁘지 않다. 힘들다는 응답이 26.4%인 데 비해 그저 그렇다보통가 65.2%에 달했다. 여유가 있다는 응답도 8.5%에 달한다. 10명 중 7명 이상이 금전적으로 그다지 힘들지 않다는 결론이다. 가계장부가 적자라는 응답이 40.4%임을 감안하면 적자라도 모종의 버팀목이 일부 존재하는 것으로 추정된다. 현역 시절 축적한 금융자산이 그렇다고령자의 생활실태에 관한 조사결과·내각부.

다양한 스펙트럼이 존재하지만 연금생활 자체를 의심하는 이가 생각보다 적다는 통계는 또 있다. 비교적 최근 통계인 2010년의 경우 여유는 없지만 연금만으로 일상생활비 정도는 가능하다는 응답이 48.9%로 집계됐다가계금융행동에 관한 여론조사 · 금융광보중앙위원회. 일상생활비로는 부족하다45.0%도 적지는 않지만 절반가량은 그래도 연금생활에 낙관적인 의견을 보였다. 이는 2000년대 이후 별다른 변화가 없는 흐름이다.

같은 조사의 노후생활비 자금루트를 살펴보면 연금의존성은 보다 확연해진다. 응답자의 80.6%가 공적연금을 꼽아 압도적인 1위를 차지했다. 기업연금 · 개인연금 · 보험금36.4%과 근로소득38.4%, 금융자산 인출생활42.1%이 그 뒤를 달렸다. 생활비를 아껴서 노후부담을 덜겠다는 비용절감적인 방향을 택한 가구를 빼면 대부분의 상위응답은 연금의존으로 압축된다.

이밖에도 일본의 고령가구가 연금소득에 의존적이라는 통계자료는 셀 수 없이 많다. 당연한 결과겠지만 근로세대와 비교하면 훨씬 의존적이다. 2008년 세대당 평균소득 구성비를 보면 전체세대의 가동稼働소득근로 · 사업소득 등이 77.5%로 대부분인 반면 공적연금 · 은급恩給, 공무원의 공제연금 시행이전에 마련된 이에 상응하는 연금은 17%에 불과했다.

그런데 고령세대의 경우 역으로 공적연금 · 은급이 70.8%로 가동소득16.9%을 크게 웃돌았다. 공적연금 · 은급수급 중인 고령세대 중에는 그것이 수입의 100%라는 경우가 61.2%로 집계됐다국민생활기초조사개황. 연금소득 의존도가 그만큼 높다는 의미다. 세계은행이 추천하는 고령세대의 연금소득 적정비율소득대체율이 60%라고 볼 때 일본은 이를 가뿐히 넘긴 셈이다.

결국 일본의 고령인구 10명 중 6~7명은 연금수입 덕분에 비교적 넉넉한 생활을 영위한다. 최근 자료에서는 그 비율이 5명 정도까지 떨어지기도 하지만 어쨌든 절반 이상의 고령인구는 연금소득이 노후자금의 일등

공신이라는 데 동의한다. 실태조사마다 조금씩 비율차이는 있어도 이 범주에서 크게 벗어나지는 않는다.

물론 뒤에서 살펴보겠지만 그렇다고 연금수입이 낙관적이지는 않다. 연금수급 개시연령 연장조치를 필두로 해 시간이 갈수록 노후연금 수령 환경이 악화되고 있어서다. 게다가 10명 중 유유자적하는 6~7명의 비율은 나날이 감소세다. 현재기준 고령세대가 덜 내고 더 받는 연금수혜를 고스란히 받을 뿐 젊은 현역세대일수록 더 내고 덜 받거나 혹은 못 받을 우려까지 제기되고 있기 때문이다. 연금의 앞날이 불투명한 이유도 여기에 있다.

탄탄한 공적연금 보장…
연금소득이 노후자금 일등공신

이제부터 평균노인의 월가계부를 통해 일본노인의 연금의존도를 확인해보자.

2007년 현재 65세 이상 고령자가 있는 세대는 전체 세대4,803만의 40.1%1,926만에 달한다. 물론 여기엔 다양한 가족구성 형태를 포함한다. 1,926만 세대 중 세대주가 65세 이상인 경우1,539만가 압도적인 가운데 세대주가 65세 미만 가구387만가 일부 존재한다. 세대주가 65세 이상인 경우는 복수세대1,106만가 대부분이며 나머지는 단신세대433만로 구분된다. 복수세대 중 2인만의 부부세대559만가 또 절반 이상을 차지한다. 부부세대의 경우 부부 모두 65세 이상439만이 절대적이다국민생활기초조사.

이상에서 유추하면 표준적인 고령자세대는 부부·무직세대로 이해해도 무방하다. 단신세대도 부부세대였다 배우자 사망 후 혼자 사는 경우가 대부분인 데다 부부세대였던 시절의 보유자산을 승계했다는 점에서 부부·무직세대에 준해 이해할 수 있다닛세이기초연구소·2010년.

이를 외벌이부부와 2인 자녀를 가진 총 4인 가구세대와 비교해보자.

일반적인 가계수입은 근로소득, 사회보장급부, 자산수입 등으로 나뉜다. 이때 표준노인으로 규정한 고령부부·무직세대의 주된 수입은 공적연금이다. 앞장에서 언급된 고령부부·무직세대의 월가계부 통계는 2009년 결과로 여기서 다루는 2007년 자료와는 금액차이가 좀 있다. 예를 들어 월 평균소득의 경우 2009년22만4,154엔과 2007년22만3,459엔이 다르다. 여기서 2007년 통계를 쓰는 것은 4인 가족과의 비교가 용이하기 때문이다.

먼저 소득내용부터 비교해보자. 고령부부·무직세대의 수입내역22만3,459엔 중 절대비중은 92.4%20만7,574엔를 차지하는 사회보장급부연금다. 압도적이다. 나머지 근로·사업·자산·특별소득을 다 합해봐야 7%에 불과하다.

반면 현역세대의 표본모델인 외벌이 4인 가족의 경우 근로소득97.3%이 가처분소득의 절대다수다. 월 합계로 53만1,509엔을 버는데 이중 근로소득이 51만7,192엔에 달한다. 사회보장급부는 단 0.8%에 불과하다.

그렇다면 지출상황은 어떨까. 고령부부·무직세대의 월수입22만3,459엔 중 세금·보험료 등을 제외한 세후수령액은 19만1,000엔 정도다. 하지만 소비는 23만7,475엔 정도로 파악된다. 즉 가처분소득과 소비와의 격차 4만6,000엔가 적자규모다. 저축예금을 인출해 벌충하든 허리띠를 졸라매든, 혹은 자녀송금용돈을 받든 추가적인 자금수요다. 식료24.5%와 교양오락11.6%이 단일항목으로는 소비지출이 높은 편이다.

그런데 현역세대의 소비지출은 31만5,453엔으로 평균소득보다 훨씬 밑이다. 세후수령액으로 따져도 15만 엔가량 여유가 있다. 흑자가계부다. 지출항목 중 높은 것은 식료22.0%와 교통통신13.9%, 교양오락12.1%, 교육10.3%의 순으로 조사됐다.

현역보다 덜 벌지만 지출은 경직적…
노인 특유의 소비항목↑

이 비교의 시사점은 고령가구의 적자가계부와 그 이유로 소비지출의 경직성이 거론된다는 점이다. 고령가구의 경우 4인 가족세대와 비교해 실수입과 가처분소득의 격차는 현격한데 소비지출 수준은 현역세대의

■ 표준적인 고령세대와 현역세대의 소득내역 비교(2007)

	금액(엔/월)	
	고령부부·무직세대	4인가족 근로세대
실수입	223,459(100%)	531,509(100%)
근로소득	2,678(1.2%)	517,192(97.3%)
사업소득	3,483(1.6%)	544(0.1%)
자산소득	3,337(1.5%)	114(0%)
사회보장급부	207,574(92.4%)	4,130(0.8%)
가족송금	560(0.3%)	455(0.1%)
특별수입	5,828(2.6%)	9,073(1.7%)

– 자료: 총무성(가계조사)

75%에 달해 큰 차이가 없다. 특히 1인당 소비액으로 환산하면 고령세대는 11만9,000엔인데 현역세대는 7만9,000엔에 불과하다. 세대특징 등을 고려한 등가소비로 비교해도 비슷하다. 고령세대의 생활수준이 그다지 떨어지지 않는다는 얘기다.

고령세대의 지출내역 중 특이한 점도 목격된다. 이는 소득·주민세와 사회보험료개인부담금 등 비소비지출을 뺀 가처분소득과 함께 그 부족분가처분소득−소비지출에서 찾을 수 있다. 라이프사이클을 감안하면 내역별 비중 차이는 일정부분 이해된다. 다만 고령세대는 기타 지출이 많은 편인데 대표적인 게 노후화된 집의 보수비용과 보건의료서비스, 여행비, 증여금 등으로 나타났다.

동시에 부족분은 대개 금융자산에서 벌충한다. 이는 65세 이후 고령가

■ 표준적인 고령세대와 현역세대의 지출내역 비교(2007)

	금액(엔/월)	
	고령부부·무직세대	4인가족 근로세대
소비지출	237,475(100%)	315,453(100%)
식료	58,092(24.5%)	69,456(22.0%)
주거	15,342(6.5%)	19,664(6.2%)
광열·수도	18,681(7.9%)	20,901(6.6%)
가구·가사용품	8,674(3.7%)	9,547(3.0%)
피복류	7,916(3.3%)	15,384(4.9%)
보건의료	16,396(6.9%)	11,538(3.7%)
교통·통신	22,256(9.4%)	43,762(13.9%)
교육	2(0%)	32,451(10.3%)
교양오락	27,524(11.6%)	38,217(12.1%)
기타	62,593(26.4%)	54,533(17.3%)

− 자료: 총무성(가계조사)

구의 금융자산 잔고가 조금씩 감소한다는 다른 통계와도 맥이 닿는 분석이다. '일본노인=부자'라는 일반적인 인식답게 적자벌충에 큰 어려움은 없다.

2010년 현재 고령부부·무직세대의 금융자산 잔고는 2,179만 엔 수준이다. 소비자물가·공적연금급부액·금리변화가 없다고 가정하면 연간 적자액55만4,000엔 벌충가능 시기는 39년으로 계산된다. 65세 시점 평균여명이 남성 19세·여성 24세임을 감안하면 충분히 여유로운 자금사정을 갖췄다. 불시에 사용할 예비자금을 1,000만 엔 정도 빼도 21년은 버틸 수 있는 규모다.

그나마 이건 금융자산만의 셈법이다. 2004년 기준 세대주 65세 이상 가구의 총자산은 무려 5,679만 엔에 달한다. 여기에서 금융자산2,179만 엔과 부채209만 엔를 빼면 주택·토지 등 부동산자산만 3,291만 엔이라는 계산이다. 매각·축소 등 부동산자산을 활용하면 보다 여유로운 노후생활이 가능해진다는 논리다. 실물자산이 없어도 금융자산을 활용해 종신연금보험형의 개인연금에 가입하면 역시 생존리스크를 경감하며 삶을 즐길 수 있다.

이 정도만 챙겨보면 역시 일본노인의 노후생활은 밝다. 골프를 치고 스포츠카를 몰아도 하등 이상할 게 없는 정도다. 연금소득이 탄탄하고 적자가 나도 이를 메울 금융자산이 충분하며, 최후보루 격인 부동산자산도 거액을 보유하고 있기 때문이다.

하지만 과연 그럴까. 이 의문에 대해서는 뒤에서 좀 더 자세히 살펴보자.

■ 고령부부 무직세대와 4인 가족 근로세대의 수입지출 비교

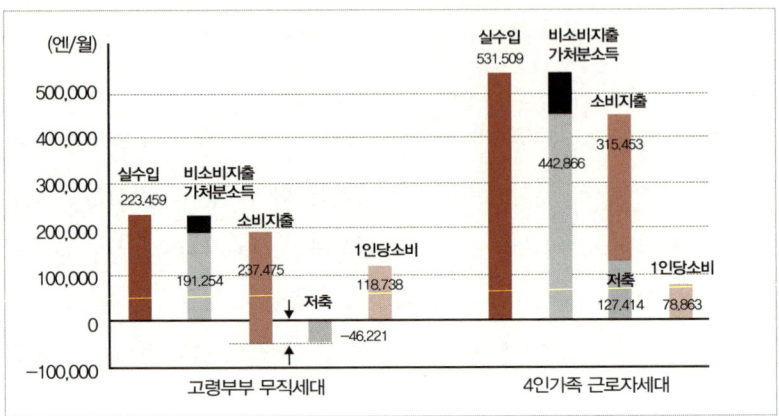

— 자료: 총무성(가계조사)

일본가계의 노후기반
'3층 구조의 연금비밀?'

'연금정기편定期便**'**

공적연금 가입자라면 매년 본인 생일 즈음에 집으로 날아오는 연금안내서다. 직장변화·개명 등의 기록변화가 생겼을 때 착실히 전환했다면 본인의 공적연금 납부내역이 전부 기재된다. 연금정기편은 연금기록 통일과정에서 기록누락 사태가 불거지면서 이를 확인하는 차원에서 2009년 신설됐다. 50세 이상 가입자라면 예상연금까지 기재된다.

연금정기편은 연금기록 누락사건이라는 부정적 이유로 탄생했지만 잊었던 연금기록에 대한 관심제고라는 점에서 긍정적이다. 65세 이후에나 받을 수 있는 연금이라 대부분의 젊은 현역세대는 크게 관심을 갖지 않기 때문이다. 사실상 국민 전체가 연금가입자인 만큼 연금정기편은 연금을 삶의 일부분으로 인식시키는 데 일조했다는 평가다.

사실상 연금제도는 일본가계의 노후기반을 지탱해주는 기본근간이다.

지금의 수급계층은 물론 현역세대도 이 점을 부인하지는 못한다. 더 내고 덜 받는다는 점에서 후속세대의 불만이 위험수위에 달했다는 지적도 역으로 그만큼 연금소득의 중요성을 인식하고 있기 때문으로 여겨진다.

문제는 앞으로 펼쳐질 미래상황인데 역시 불확실하고 불안정하다는데 이견이 없다. 장래 지급될 연금소득이 이런 제반위험을 제거한다는 점에서 세대와 무관하게 기본입장은 우호적이다.

장수불안 잠재울 연금소득…
갈등 불구 중요성은 건재

두말할 필요 없이 은퇴대국 일본에서 장수長壽는 더 이상 축복이 아니다. 세대를 넘어 사회 전체가 장수를 불안요소로 받아들이는 경우가 일반적이다. 경기침체·인구감소·만혼화 등 지금껏 일본인이 경험하지 못한 복잡한 환경으로의 돌입을 의미해서다.

'장수에 관한 의식조사'를 보면 응답자의 86%가 장수를 불안요소로 지적한다. 불안을 넘어 위험리스크으로 인식하는 응답도 70%에 달했다도쿄해상·2010년. 연령에 비례하는 금전·질병·개호 등의 불안심리가 기저에 존재한 결과다.

2008년 큰 충격을 안겼던 금융위기 이후 악화된 사회전체의 살벌한 적자생존·승자독식의 신자유주의적인 분위기도 결과에 영향을 미쳤다. 보편적 복지를 기대하기보다는 스스로의 자구책임이 중요해졌다는 인식 확대다. 그럼에도 불구, 준비상태는 열악하다. 퇴직임박기인 45~65세의 준비상태는 9.9%만이 긍정적으로 답했다.

그래도 연금소득이 있어 숨통이 트인다. 말도 많고 탈도 많지만 어쨌든 일본은 연금대국이다. 노후생활을 떠받칠 은퇴자금의 중대한 버팀목인 까닭에서다. 기록누락·내용불일치 등 연금관리가 허술하다고 연금선진국이라는 명성 자체가 사라지는 건 아니다. 특히 공적연금은 장수위험을 회피할 가장 중요하고 유력한 자금루트다.

일본의 연금제도는 3층 구조다. 흔히 3층 계단 형태로 비유된다.

1층은 국민연금이다. 사실상 전체국민을 커버한다. 금액은 크지 않아도 공적연금답게 수혜그룹이 두터운 편이다. 2층은 후생연금과 공제연금이다. 각각 샐러리맨과 공무원이 가입대상인 월급쟁이 연금이다. 1층과 2층은 국가통제에 놓이는 공적연금이다.

그 위에 3층이 있다. 이는 주로 2층 가입자의 연금부족분을 보완하기 위함이다. 월급쟁이의 일시퇴직금과 개인적립금을 따라 적립·운용해 그 이익을 배분해주는 형태다. 1~3층까지는 각각 이전 단계의 부족분을 보충하는 차원에서 나왔다.

한국의 경우 공적연금이 국민연금밖에 없어 '공적연금→퇴직연금→개인연금'의 단계별 연금구조를 갖추자는 의견이 많은데 이 아이디어가 바로 일본의 3층 연금구조에서 비롯된 것으로 추정된다. 일부 일본가계는 3층에 이어 개인연금까지 가입함으로써 연금소득을 노후자금의 100% 수준까지 맞추려고 시도 중이다. 이렇게 되면 4층 연금구조의 완성이다.

사족을 보태면 이렇게 탄탄한 일본의 연금제도도 연금개혁 압박에 직면해 대수술이 반복된다. 가입자는 적어지고 수급자는 많아지는 재정악화적인 불균형을 해소하기 위해서다. 애초예측보다 저출산·고령화가 심화되면서 개혁속도와 수준도 매번 가팔라지는 추세다. 이런 점에서 연금불안 해소를 위한 개혁과제는 현재진행형이다.

　일본은 1994년과 1999년 연금제도 개선을 위한 개혁을 단행했다. 하지만 효과는 별로였고, 2004년에 또 다시 개혁을 실시했다. 미래 연금급여를 못 받는다는 불신이 현역세대를 위시해 전국적으로 확산되면서 보험료 미납자가 급증했기 때문이다. 정부는 현행제도 틀은 유지하되 향후 100년간 안정적인 재정운영이 가능하도록 2100년 적립률연금기금/급여지출액을 1로 맞추기로 하고 개혁에 착수했다. 개혁골자는 연금수준의 점진적 인하다. 더 내고 덜 받는 형태의 조정이었다.

1층 ; 연금제도의 기둥…
균일부담 및 균일급여 원칙 적용

　● **1층 국민연금** = 1층이라는 표현답게 연금제도의 기둥이다. 전체국민을 대상으로 86년 시작됐다. 고령·장애·사망 등에 해당될 때 기초연금으로 지급된다. 명칭 때문에 다소 헷갈릴 수 있는데 기초연금이라 대개 국민연금으로 불린다. 받을 때는 이름이 달라진다. 아무 탈 없이 수급연령부터 받을 때 '노령기초연금'이라 불린다. 이밖에 장애기초연금, 유족기초연금, 과부연금, 사망일시금 등 수급상황에 따라 이름이 달라진다. 20~60세의 일본인이 가입대상강제이다. 적용 제외지만 고령자·외국인 등의 임의가입이 허용된다.

　국민연금 가입자는 3종류로 나뉜다. 1호 피보험자자영업자, 학생 등, 2

호 피보험자샐러리맨, 공무원 등, 3호 피보험자2호 피보험자의 피부양배우자가 그렇다. 기초연금답게 국민연금은 보험료가 정액부과 스타일이다. 균일부담·균일급여 원칙으로 보험료는 월 1만5,020엔2011년이다. 40년 납부 등 만액滿額조건을 갖췄다면 65세 이후 6만5,741엔을 지급받는다. 수급은 보험료를 25년 이상 납부했을 때 가능하다.

원칙적인 납부의무는 가입자다. 하지만 납부능력이 없는 실업자, 학생, 가족종업원, 주부 등은 세대주에게 연대의무로 부과한다. 보험료 납부능력이 없을 때의 세대주·배우자 연대의무다. 이들의 연금수급권 보호와 효율적인 보험료 징수를 위해서다. 연대의무는 최근 경기침체로 소득감소가 계속되면서 미납요인으로 작용한다. 가장의 외벌이인데 4인 가족 전체가 대상자라면 월 보험료 부담만 6만 엔을 넘는다. 이를 반영해서인지 국민연금 보험료 납부비율은 63.9%2007년다. 납부면제·유예까지 감안하면 49%까지 떨어진다. 2호 및 3호 가입자 보험료는 소득에서의 일괄 원천징수 대상이다.

국민연금 종류는 노령기초연금, 유족기초연금, 장애기초연금 등이 있다. 노령기초연금은 국민연금 25년 이상 납부자에게 65세부터 지급된다. 60~64세 때 조기지급도 가능하다. 이 경우 연령별로 6~30%의 감액비율을 적용받는다. 반대로 65세 이후로 지급연기 땐 8.4~42%까지 증액된다. 유족기초연금은 국민연금 가입자가 사망했을 때 지급된다. 가입기간 중 혹은 60~65세 때 사망하면 해당된다. 노령기초연금 수급자가 사망해도 유족기초연금을 받을 수 있다. 장애기초연금은 가입 중 장애판정을 받을 때 해당된다.

국민연금은 급속한 인구변화로 제도 자체의 지속유지에 의문이 생기며 급부와 부담의 양방향 개선작업에 착수했다. 제도의 지속유지를 통해 국민신뢰를 확보하고 다양한 근로형태 등에 대응한 공적연금 기반을 구축하기 위해서다. 주된 포인트는 보험료 수준을 고정하되 부담·급부의 균형을 되찾는 조정이다. 부족분은 국고부담 비율을 1/3에서 1/2로 올려 감당한다는 방침이다.

2층 ; 연금소득 최대수입원…
샐러리맨이기에 얻는 수혜

● **2층 후생·공제연금** = 사실상 고령가계의 은퇴 이후 최대 수입원이다. '가장 두터운 연금'이라는 이미지가 강하다. 수급 때 정식명칭은 '노령후생연금'이다. 다만 가입제한이 있다. 샐러리맨과 공무원의 월급쟁이만 대상으로 한다.

월급을 받을 때 원천징수하기에 자발적으로 내는 1층의 국민연금에 비해 납부제외자가 거의 없다. 직장취업 후 70세 미만2002년 이전은 65세 미만까지 가입할 수 있다. 국민연금 액수부족을 벌충코자 직장인의 보수에 비례해 책정된다.

후생연금이 민간직장인 것이라면 공제연금은 공무원이 대상이다. 즉 사립교원을 포함한 공무원은 같은 2층이지만 공제연금으로 따로 구분·관리된다. 직역연금으로 내용은 후생연금과 비슷하다. 2층을 구성하는 이 둘은 후생연금보험법에 따라 정부가 관할하는 사회보험이다. 공적연금이라는 얘기다.

물론 모든 직장인이 반드시 가입하는 것은 아니다. 또 극소수지만 직장인이 아니어도 가입하는 경우가 있다. 강제적용 혹은 임의적용사업장에서 일하는 직장인이 적용 대상이다. 가령 5명 이상 사업장이 강제적용 대상이다. 강제는 아닌데 원한다면 임의적용사업장이 될 수 있다.

보험료는 월급에 비례해 결정된다. 표준보수월액의 16.412%2011년 9월부터 1년간 납부보험료다. 보험료는 매년 9월 0.354%씩 인상, 2017년에 18.3%까지 조정될 계획이다. 월급은 변함이 없는데 가처분소득이 줄었다면 후생연금 보험료 인상분일 확률이 높다.

후생연금은 국민연금에 플러스되는 구조다. 연금소득이 탄탄해질 수밖에 없다. 게다가 보험료 절반은 회사가 납부해 금전적 이득이다. 배우자가 국민연금의 제3호 피보험자라면 국민연금 보험료를 낼 필요도 없다. 후생연금 역시 노령후생연금, 유족후생연금, 장애후생연금 등으로 구분된다.

후생연금에는 '가급연금'이라는 것도 있다. 일종의 특전인데 특정조건을 만족할 때 주어진다. 후생연금 가입기간이 20년 이상이거나 40세여성은 35세 이후 15년 넘게 가입한 이후 정액부분 지급개시 연령에 도달하면 연금이 더 플러스된다. 배우자와 자녀가 각각 수혜를 입으며 특별가산금액은 약 23만 엔이다.

3층 ; 연금제도 마침표…
퇴직금을 연금 형태로 전환수령

● **3층 기업연금**임의보충 = 3층이라는 별칭답게 일본 연금제도의 마침표다. 1층과 2층을 보완하는 차원에서 만들어졌기에 '임의보충식' 연금제도로 불린다. 일반적으로는 기업연금·퇴직연금으로도 불린다.

과거 일시불로 지불해야 했던 퇴직금을 연금형태로 전환한 개념이다. 새로운 제도출현으로 종류는 2000년대 이후 다소 복잡해진 형국이다. 후생연금기금, 세제적격퇴직연금, 확정급여DB Defined Benefit형, 확정기여DC Defined Contribution형이 있다. 퇴직적립금을 운용해 차익을 추구한 뒤 퇴직시점에 연금혹은 일시금형태로 지급하는 구조다. 확정기여를 빼면 나머지는 모두 사업주가 수익책임을 지는 형태다. 시장규모는 70조 엔을 넘는다.

역사는 길다. 기업의 퇴직금 마련부담을 덜고 근로자의 노후소득을 보장하고자 1962년 세제적격퇴직연금제도가 도입됐다. 1966년에는 후생연금기금제도를 연이어 만들었다. 세제적격퇴직연금은 퇴직금을 사외에 예치·운용하다 퇴직 때 연금·일시금으로 지급하는 제도다. 후생연금기금은 기업이 독자기금법인을 설립해 후생연금의 보험료 일부와 기업의 추가부담금을 운용하는 형태다. 주로 근로자가 많은 대기업이 후생연금을 활용했다.

이후 1990년대 본격적인 제도손질이 시작됐다. 경기침체로 적립금 운용실적이 악화된 결과다. 즉 평균 연 5.5%의 예상운용수익률을 달성하지 못할 정도로 운용환경이 급속히 나빠졌다. 반면 시중금리는 사실상 제로금리 수준까지 떨어졌다.

2001년에는 연금빅뱅으로 불리는 제도개혁까지 가세했다. 확정급여형과 확정기여형 연금제도가 도입된 것이다. 세제적격퇴직연금제도는 2012년 폐지된다. 그때까지 다른 제도로 전환해야 한다. 기업연금 시장은 세제적격퇴직연금의 폐지와 후생연금기금의 실적부진으로 빠르게 확정급여 및 확정기여형 양대체제로 개편 중이다.

확정급여형은 근로자 근속기간·급여수준에 따라 사전에 합의한 공식에 따라 연급액수를 미리 확정한다. 기업은 약속된 연금을 지급하기 위해 외부 금융기관에 부담금을 납입하며 운용한다. 이때 부담금은 운용결과에 따라 변동되는데 운용실적이 별로면 추가부담이 불가피하다.

반면 확정기여형은 부담금이 사전에 확정된다. 회사가 퇴직적립금을 근로자 개인계좌에 납입하면 근로자가 알아서 운용한다. 원래 확정급여형이 많았지만 최근 확정기여형으로의 전환사례가 적잖다. 기업부담을 회피하고 세제혜택이 예상되기 때문이다. 확정기여형 도입회사는 2010년 1만3,000개로 늘어나 2005년의 2배 수준까지 확대됐다.

■ 일본의 연금제도 현황

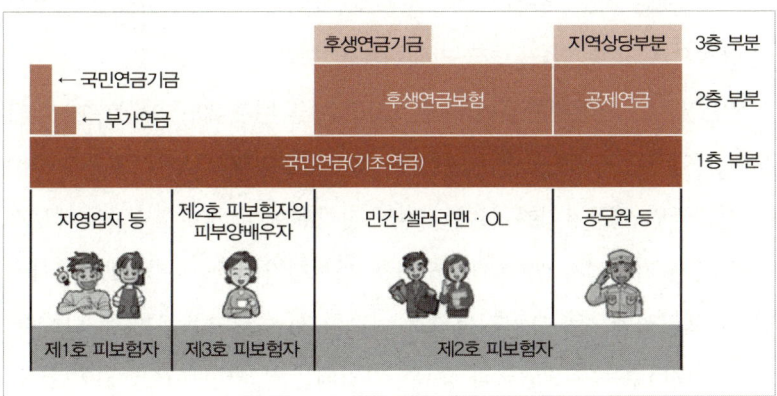

확정급여형의 인기하락은 뒤에서 자세히 살펴보겠지만 2009년 불거진 JAL일본항공의 파탄사례가 계기가 됐다. 장래 지급금액을 사전에 정한 확정급여형은 운용악화로 적립부족 사태가 발행하면 회사가 이를 메우는 게 특징이다. 때문에 지금처럼 저금리의 장기침체일 때 많은 기업이 경영부실에 빠지는 이유가 된다. 실제 2008년 기업연금 수익률이 -17%일 정도로 운용결과가 나쁘다. 상장기업 적립부족액은 2008년 약 7조2,000억 엔으로 매년 악화되는 추세다. 연금액수 삭감을 결정하는 기업이 속출하는 게 이상하지 않다.

1층(6,800만)·2층(3,000만)·3층(1,400만)…
'1,400만 명만 웃는다'

3층의 연금제도는 분명 은퇴대국 일본의 자랑거리다. 적잖은 문제와 한계를 내포하지만 연금소득이 고령세대의 핵심수입원인 건 분명해서다. 이는 연금제도라는 울타리 안에서 보호받는 일본국민의 규모를 찾아보면 단적으로 알 수 있다. 연금 가입현황이 그렇다.

국민연금1층 가입현황부터 보자. 2010년 1월 현재 20~59세6,849만 명 가운데 가입자는 6,759만 명에 달한다. 비가입자는 90만 명에 불과해 사실상 전체국민 연금가입이 실현된 걸로 파악된다미납 등은 별도문제. 세부적으로 따져 자영업자·학생대상의 1호 피보험자2,184만 명가 32%를 차지한다. 샐러리맨으로 요약되는 2호 피보험자3,473만 명는 51%에 달한다. 이중 절대다수는 후생연금과 중복·가입되는 샐러리맨3,023만 명이다. 공무원의 공제연금 중복대상은 450만 명이다.

2호 피보험자샐러리맨 등의 배우자가 주로 가입하는 3호 피보험자1,101만 명는 17%로 집계된다. 한편 3층인 기업연금의 경우 대략 1,400만 명이 가입했다. 실제로는 종류에 따른 중복가입이 적지 않아 이보다는 적다는 게 중론이다. 직장인의 40%에 해당하는 수치다. 그중에서는 570만 명의 확정급여형이 제일 많다.

결국 국민연금1층과 후생·공제연금2층 및 후생·공제연금에서 파생되는 임의보충기업연금=3층까지 합하면 6,759만 명의 국민이 연금제도라는 우산 아래 놓인다는 계산이다. 이는 실질적인 경제활동인구6,620만 명를 커버하는 수치다. 물론 임의보충의 경우 후생·공제연금에 가입했다고 전부 자동으로 연결되는 것은 아니다. 또 같은 샐러리맨이라도 비정규직 등 신분격차에 따른 수급격차가 존재하고 회사마다 3층기업연금의 운용여부가 성과를 가르기는 해도 전체적으로 봤을 때 두터운 연금우산은 분명하다.

실제 1층과 2층의 공적연금 수급자는 매년 증가세다. 2009년 말 기준 공적연금 수급자는 5,988만 명으로 과거최대치를 기록했다후생성. 반면 연금제도의 근간인 가입자는 7,000만 명 밑으로 떨어졌다. 수급자는 2009년 전년 대비 245만 명4.3%이 증가했지만 가입자는 62만 명0.9% 감소했다. 공적연금 총액은 2009년 말 현재 50조3,000억 엔이다. 전년 대비 1조4,000억 엔, 비율로는 2.8% 늘어난 액수다. 이유는 간단하다. 저출산·고령화로 수급자는 늘고 가입자는 줄어서다.

■ 공적연금 가입자와 수급자 증감비교

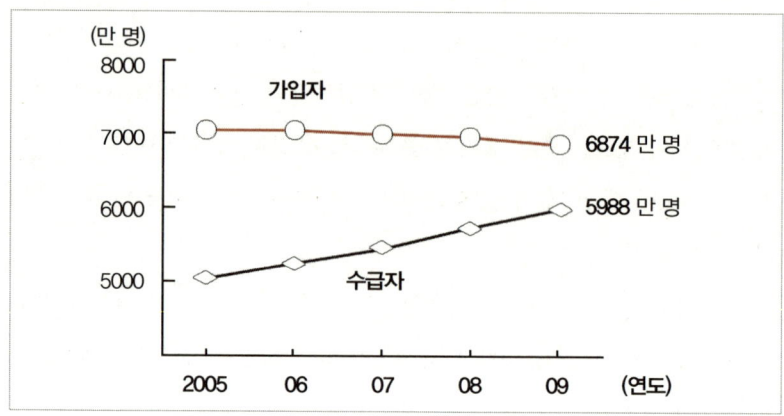

— 자료: 후생성

허상의 모델연금
'분식된 연금계산법'

여기서는 노후의 필요자금과 연금수령액을 둘러싼 돈 계산에 집중해보자. 즉 연금계산법을 통해 현행 연금제도가 갖는 다양한 한계를 확인하는 근거를 찾을 수 있기 때문이다.

결론부터 요약하면 일본정부의 셈법은 긍정적이다. '노후생활비-연금소득'의 뺄셈이 위험수위는 아니라는 입장이다. 충분하진 않아도 연금소득만으로 필요경비를 상당 부분 커버할 수 있다고 봐서다. 이는 대부분의 일본가계도 동의하는 결론이다.

다만 막상 뒤집어보면 꼭 그렇지는 않다. 일본정부가 발표한 표준치인 '모델연금'에 빈틈이 많은 데다 지금의 현역세대에겐 적용하기 힘든 가공의 이미지에 가까워서다. 예상연금액을 확인한 뒤 절망하는 사례가 많은 이유다.

생활가능은 20만 엔…
유유자적하자면 월 30만 엔 필요

● **노후를 살아갈 생활비는 얼마?** = 연금소득이 얼마나 결정적인지는 흔히 계산되는 필요경비와 비교하면 잘 알 수 있다. 필요자금에서 차지하는 연금소득의 기여율을 체크할 수 있어서다. 노후자금 예상 규모는 한국처럼 일본에서도 많은 이들의 관심사다. 정확성 여부를 떠나 금융기관의 의도적인 조바심 작전도 일상적이지만 예상 규모를 가늠하는 건 중요한 과제다. 생애설계를 위한 중대한 기초자료이기 때문이다.

발표기관에 따라 노후자금 예상 규모는 하늘과 땅이다. 개인자금 유치 압박에 시달리는 금융기관의 부풀려진 예상액부터 최소 규모의 보수적인 노후자금까지 종류는 많다. 턱도 없는 경우는 여유로운 노후생활을 위해 월 70만 엔이 필요하다거나 퇴직까지 5,000만 엔의 자산축적은 필수라는 잡지의 특집기사가 대표적이다.

반면 고령자세대의 필요생활비로 월 27만 엔을 내놓은 총무성 가계조사·2005년 자료 등은 그나마 현실성을 갖췄다는 평가가 많다. 이는 의식주를 포함한 필수경비에 약간의 여유생활을 가정한 추정자료다.

물론 중요한 것은 평균치의 허상이다. 필요한 노후자금 계측결과는 일정조건을 갖춘 조사수치로 참고는 가능해도 절대기준은 아니다. 현실적이고 적합한 노후자금은 개인이 처한 생활환경과 자산상황에 따라 달라질 수밖에 없다.

게다가 소비지출의 경우 탄력성이 낮아 금방 줄일 수 있는 성질의 항목도 아니다. 현역 시절 소비지출이 평균 이상이었다면 소득감소가 개시되는 퇴직 이후에도 당분간 지속될 확률이 높다는 점을 감안할 필요가 있다.

비교적 많은 이들의 지지를 받는 노후자금 계측결과는 정부인사원가 일반적인 국민의 표준수준을 추정하고자 산정한 표준생활비가 있다. 2인 가족세대라면 월평균 16만6,270엔이 그 결과다. 세부적으로는 주거광열비 5만5,610엔, 식료품비 3만1,370엔, 보건의료·교통통신·교양교육비 3만9,700엔, 교제비 등 잡비 3만4,560엔 등이다. 여기서 추론하면 생활 가능수준은 월 20만 엔 이하다. 연간으로는 240만 엔이다.

다만 인생의 1/4을 차지하는 인생후반전은 생각보다 길어질 수 있다. 또 먹고 사는 기본적인 의식주만으로는 부족할 수밖에 없다. 즉 여유로운 생활을 즐기고픈 이상적인 생활수준이 있을 터다. 온천여행을 가고 싶고 외식도 하고 싶으며 손주에게 용돈을 주고 싶은 게 인지상정이다. 친구들과 골프를 치거나 몸이 불편해지면서 자동차에 대한 의존도도 심화된다.

이를 감안해 유유자적이 가능한 노후자금 필요경비를 산정한 결과가 있다. 노후의 일상생활비 이외로 필요자금 금액분포를 평균화했더니 월 13만7,000엔이 추가로 도출됐다생명보험문화센터·2004년. 필수경비를 제외하고 월 10만~15만 엔의 여유자금이 필요하다는 계산이다. 앞의 필수경비 16만6,270엔에 더하면 약 30만 엔에 달한다. 연간 360만 엔이다.

사실 이 정도면 상당한 고액이다. 연금을 포함한 고령부부의 평균 가처분소득이 월 30만 엔에 달한다면 아주 행복한 케이스다. 물론 자녀와 동거하면 필요자금은 줄고, 집이 없다면 추가적인 월세경비가 더 필요하다.

다만 위의 사례는 생활비에 약간의 유유자적을 더한 경우로 고령가구가 직면하기 쉬운 복병은 제외한 경우다. 고령자 특유의 질병·사고 등 라이프스타일이 반영된 지출항목은 빠졌다. 대표적인 것이 거액이 들기로 소문난 간병개호·장례비용이다.

　앞서 살펴봤듯 일본의 장례비용은 상상을 초월한다. 장의비250만 엔대에 묘지비180만 엔까지 평균비용만 400만~500만 엔대에 육박한다. 부부 2명이면 '죽는 돈(?)'만 단순히 1,000만 엔대라는 계산이다. 도쿄 등 도심은 이보다 더하다. 늙을수록 피하기 힘든 간병비용도 주요변수다. 사실상 간병비용은 부르는 게 값이다. 천차만별이지만 평균 수천만 엔이 필요하다는 게 정설이다. 민간운영 개호시설의 경우 입주 때 입거금이 평균 2,000만 엔에 월 이용료만 20만 엔 이상이다.

평균부부 공적연금 월 23만 엔(1+2층)…
3층은 별도 15만 엔

● '얼마 내고 얼마 받나' 연금계산법 = 많이 써도 많이 들어오면 답답할 것은 없다. 문제는 지출항목은 느는데 수입항목이 주는 경우다. 퇴직 이후 고령자의 삶이 일반적으로 그렇다. 이때 연금소득은 그야말로 결정적인 힘이 돼준다는 게 지금까지의 보편적 이미지다.

　그렇다면 국민연금·후생연금의 공적연금과 3층의 기업연금은 어떻게 보험료와 연금액이 결정될까. 정확하지는 않아도 얼추 짐작이 될 경우 생애설계가 한층 뚜렷해질 수 있다는 점에서 확인필요가 강조된다.

　본인의 예상연금이 얼마인지 궁금해하긴 일본도 마찬가지다. 하지만 셈법이 워낙 복잡해 일반인으로서는 한계가 있다. 일본정부는 50세를 넘으면 사회보험사무소에서 예상견적을 확인할 수 있다. 2008년부터는 60세 미만 가입자에게 수급예상액 등을 매년 통지하는 '연금정기편'이라는 서비스를 제공하고 있다.

한편 국민연금은 당겨 받거나 혹은 미뤄 받을 수 있다. 65세 기준으로 앞당기면 연금액이 줄어들고 늦추면 늘어난다. 그 득실분기점은 77세로 알려졌다. 이보다 오래 살 것 같으면 늦추는 게 이득이라는 의미다.

다만 확인결과는 절대다수가 실망이다. 예상연금이 많다고 느끼는 이는 거의 없다. 현재 연금수령자와 달리 덜 받는 개혁과정이 진행 중이라 상대적 박탈감은 더 크다. 똑같은 조건이라도 현역세대의 연금액수가 훨씬 적어지기 때문이다.

통상적으로는 '공무원 〉 샐러리맨 〉 자영업자'의 순서로 연금수령액이 정해진다. 연금수령액과 관련해선 사람마다 십인십색이다. 현역 시절 개인별 연금환경이 제각각이었던 만큼 획일화된 연금액수를 추정하기는 사실상 불가능하다.

먼저 매월 납부하는 보험료 수준부터 체크해보자. 국민연금은 모든 가입자가 똑같이 낸다. 확정적인 정액시스템이다. 매월 1만5,020엔_{2011년 4월~2012년 3월}씩 내는 게 그렇다. 하지만 납부액은 매년 변한다. 매년 변동되는 개정비율_{전년도 개정률×전년도 명목임금변동률}이 곱해져 산출되기 때문이다. 물가변동에 맞춰 수급액수가 반영되는 구조다. 가족의 연대납부 의무가 있어 납부예외자를 제외하면 반드시 내야 한다. 단 후생연금 가입자의 배우자라도 연봉이 130만 엔을 넘어서면 별도로 국민연금 가입대상이 된다.

봉급쟁이를 대상으로 하는 후생연금공제연금 포함 납부액은 월급비율에 따라 달라진다. 민간샐러리맨후생과 공무원·사립교원공제의 월 납부액은 월급표준보수월액의 16.412%다. 2011년 9월부터 1년까지로 노사 절반부담이다. 실제부담은 절반이니 8% 정도다. 연금재정 확충차원에서 2017년까지 후생연금 보험료율은 18.3%로 인상될 예정이다.

3층의 기업연금은 한도액이 정해진다. 확정기여형일 경우 갹출적립액은 확정되는 반면 수급액은 확정되지 않는다. 이는 두 종류로 다시 나뉘는데 기업형은 월 2만3,000~4만6,000엔까지, 개인형은 1만8,000~6만8,000엔국민연금 보험료 포함까지 낼 수 있다.

확정급여형의 적립액은 기업이 내지만 합의에 따라 가입자의 추가적립이 허용된다. 노후의 목표금액이 대개 확정됐다고 여겨지지만 실제로는 반드시 그렇지는 않다. 운용결과에 따라 연금소득이 줄어들 가능성이 상존한다. 또 연금수급 자격기간이 대개 20년 이내로 한정되기에 퇴직 이후 80~85세가 되면 수급이 끝나는 것도 특징이다.

이제 수급연령이 됐을 때 지급받는 연금액수를 살펴보자. 국민연금의 평균 연금 월수급액은 6만5,741엔2011년이다. 연간으로는 78만8,900엔이다. 부부 2인이 해당된다면 13만 엔을 넘는다. 다만 이는 최고치에 해당하는 액수다. 41년 4월 출생한 이가 40년20~60세간 보험료를 완전히 납부했을 때의 지급액이다. 그렇지 않으면 줄어들 수밖에 없다.

가입 중 사고·질병으로 장애가 발생했을 때 받는 장애연금은 1급월 8만2,508엔과 2급6만6,008엔으로 구분된다. 사망 후 유족에게 넘겨지는 유족연금은 자녀 1인일 때 월 8만5,000엔이 지급된다. 참고로 제3호 피보험자는 후생연금에 가입한 가족의 피부양 배우자인데, 이 경우 본인부담

없이 국민연금을 받는다.

국민연금은 보험료를 낼 때처럼 받을 때도 물가연동으로 연금이 조정된다. 이를 '물가슬라이드' 방식으로 부른다. 이에 따라 2011년 공적연금 지급액은 0.4% 인하됐다. 이는 5년 만의 조치다. 2010년 월 6만6,008엔 연 79만2,100엔을 지급받던 데서 이제는 6만5,741엔78만8,900엔으로 줄어들었다. 단순한 물가반영분이지만 악화일로의 재정압박을 감안하면 앞날도 장담하긴 어렵다. 줄이지 않으면 적자벌충이 힘들뿐더러 후속세대의 불안야기로 제도근간이 흔들리기 때문이다. 이미 국민연금의 국고부담률50%은 충분히 높은 상태다. 재원마련을 위한 소비세 증세방안까지 거론된다.

후생연금의 액수계산법은 한층 복잡하다. 일단 가입기간이 12개월 이상이면 60세부터 특별지급이 가능하다. 특별지급 후생연금은 보수비례

■ 공적연금 수급액 추이

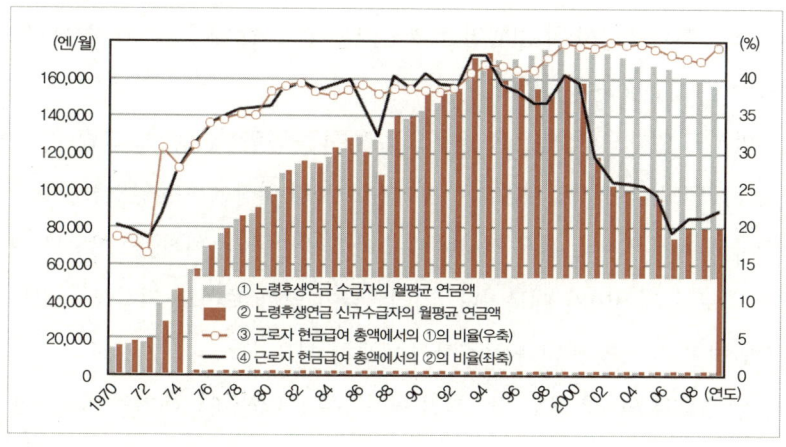

- 자료: 후생성

부분재직 중 급여에 따라 계산되는 부분과 정액부분가입월수에 따라 계산되는 부분으로 나뉘는데 보수비례부분은 60세부터 받을 수 있다. 정액부분은 성별·생년월일에 따라 지급연령이 달라진다.

워낙 계산법이 복잡해 일률적인 수급액은 언급하기 힘들지만 대략 후생연금 수급액은 10만 엔 정도로 알려졌다. 연봉이 적고 가입기간이 짧다면 그 밑이 보통이다. 사실 이 경우가 훨씬 많다. 남편이 후생연금 가입자라면 표준적인 부부 2인 세대의 경우 23만1,650엔을 수령하게 된다.

3층의 기업연금은 월급수준과 회사사정에 따라 또 달라진다. 같은 샐러리맨이라도 기업연금이 없는 경우도 있다. 따라서 평균금액을 추산한다는 건 불가능에 가깝다. 다만 확정급여형의 경우 이미 회사규정에 수익률배당률이 명문화돼 있어 어림짐작은 가능하다.

일반적인 인식은 대기업의 경우 10만~20만 엔대평균 15만 엔가 평균적이다. 파탄사태 이후 기업연금 내역이 드러난 JAL의 경우 기업연금 최고액이 월 48만 엔3층까지 합계에 달했다. 공적연금을 빼면 30만 엔 이상 받는다는 결과다. JAL의 기업연금 평균액은 월 25만 엔으로 경쟁사ANA의 10만 엔보다 월등히 높았다.

반론도 있다. 기업연금을 공돈으로 봐서는 곤란하다는 게 그렇다. 언뜻 퇴직적립금이 기업재원으로 쌓이기에 사원 입장에서는 납입보험료가 없다고 여겨지는데, 실은 정당한 보수라고 반발한다. 퇴직금이야말로 결국 근로자 자산이기 때문이다. 기업연금이 많아 보여도 퇴직금 규모를 감안하면 결코 많지 않다는 주장이 나오는 이유다.

실제 도쿄도내의 경우 중소기업 퇴직금은 1,300만 엔, 대기업 관리직은 3,000만 엔을 넘는 경우도 흔하다2004년. 민간기업의 평균퇴직금은 2,000

만 엔 이상이다. 이 돈이 기업연금의 종잣돈으로 기여하니 현역 시절 목돈을 맡겨 노후에 받는다는 점에서 전혀 수혜가 아니라는 반응이다.

모델연금은 월 23만 엔 수령…
해당자는 소수에 불과

● **정부가 자랑하는 '모델연금'의 한계** = 이쯤에서 일본정부가 공식적으로 발표한 평균적인 연금 규모를 보자. 기업연금은 빼고 2층까지의 공적연금만 대상으로 했다. 연금격차가 벌어지는 후생연금이 포함됐다는 점에서 샐러리맨의 표준세대로 이해할 수도 있다.

후생성이 5년마다 1회씩 실시하는 '모델연금'이 그렇다. 2004년 연금개혁 때 장기적인 재정전망 파악차원에서 재정검증을 실시토록 했는데 이 일환으로 후생연금 수급액을 시산하고자 도입됐다. 이는 샐러리맨을 대상으로 했다. 국민연금만 수령할 확률이 높은 자영업자는 제외했다.

'모델연금'은 40년 근속한 남편과 전업주부 가정이다. 2000년대 중후반부터 퇴직하기 시작한 전형적인 베이비부머단카이세대가 여기에 해당한다. 이 경우 2009년 현재 모두 23만3,000엔의 연금을 받을 수 있다. 현역세대 세후소득의 62.3% 수준이다. 일본정부가 현역시절 평균소득의 60% 이상을 연금으로 약속한다고 선전하는 배경이다.

구체적으로 남편이 16만7,000엔, 아내가 6만6,000엔을 수령한다. 남편은 국민연금6만6,000엔에 후생연금10만1,000엔이 합쳐진 금액이고, 아내는 국민연금만 해당된다. 만약 자영업자라면 부부가 국민연금만 받기에 월

13만 2,000엔을 수령한다. 샐러리맨세대에서 후생연금을 뺀 수치다. 국민연금은 40년을 꽉 채웠을 때로 가정했다.

결국 차이는 후생연금이다. 그런데 후생연금은 가입기간과 임금수준에 따라 수령액이 달라진다. 후생성 시산은 남성의 평균임금세전연봉 560만 엔으로 이를 40년 동안 받았다고 가정했다. 언뜻 봐도 상당한 수준이다. 더 받는 사람도 있겠지만 거의 대부분은 금액미달일 확률이 높다.

'모델연금'에는 적잖은 한계가 있다. 사람마다 다르기에 평균적으로 동일시해서는 곤란하다. 누구나 동일하게 받는 국민연금이 착시효과를 불러일으키지만 결정적인 기준은 현역 시절이 길고 연봉이 높을수록 더 받는 후생연금이다. 본인의 연금액수를 알고 싶은 건 당연하지만 그 질문에 답하기란 대단히 어려울 수밖에 없다. 이는 일본 연금제도의 특징이자 한계다. 복잡하고 불명확하다는 한계는 곧잘 연금불신의 원인으로 지

■ 세대종류별 표준적인 연금액(65세 시점)과 급부수준(모델연금)

남편	아내	2009년	2025년	2050년
40년 근속	전업주부	23.3만(62.3%)	23.9만(55.2%)	31.4만(50.1%)
40년 근속	40년 풀타임 맞벌이	27.9만(48.3%)	30.2만(43.1%)	40.4만(39.9%)
40년 근속	일시이직 후 28년 근속	26.2만(51.2%)	28.3만(45.6%)	37.7만(42.1%)
40년 근속	7년 근속 후 전업주부	23.3만(58.6%)	25만(52.1%)	33만(47.5%)
40년 근속 (남성단신)	–	15.7만(43.9%)	17만(39.3%)	23만(36.7%)
–	40년 근속 (여성단신)	12.2만(55.3%)	13.2만(49.2%)	17.4만(45%)

– 자료; 후생성(25년 및 50년 수치는 현재 화폐가치 환산. 괄호는 동시점 현역세대의 평균 세후임금과의 비율. 단위: 엔)

적된다.

당장 정책혼선이 확인된다. 현역세대의 평균적인 보너스 포함의 세후 임금에 대한 연금액 비율을 소득대체율이라고 한다. 이는 연금액수 설정을 위한 주요기준이다. 모델세대의 경우 이게 60% 수준이라는 의미다.

하지만 2004년 개정 때 그 약속비율을 60%에서 50%로 떨어뜨린다고 밝혔다. 문구로는 "50%의 수준을 장래에 걸쳐 유지한다"고 했지만 사실상 인하결정으로 해석된다.

〈표〉에서처럼 2025년 모델세대의 연금액은 월 23만9,000엔이다. 액수만 놓고 보면 적으나마 확실히 늘어났다. 하지만 같은 기간 현역세대 평균소득이 월 47만 엔대로 상승할 것을 예상했기 때문에 수급세대의 소득대체율은 50% 초반으로 떨어진다. 실질적인 연금급부의 삭감이다. 결국 시간이 갈수록 모델세대조차 연금소득이 감액된다는 얘기다.

무엇보다 '모델연금'을 받는 사례 자체가 소수그룹에 불과하다. 회사입사 후 정년퇴직 때까지 40년에 걸쳐 평균연봉 560만 엔을 받는 경우는 별로 없다. 샐러리맨 중에서도 아주 높은 고액연봉자에게나 해당되는 사례다. 정규직임은 두말할 필요조차 없다. 40년 근속조건도 어려운 전제다. 연공서열이 붕괴되고 조기퇴직이 확산되면서 정작 평균 이상 임금을 받는 기간은 짧아졌다. 임금피크의 연령대가 늦춰진 것도 중요한 변수다.

■ 3층 기업연금의 수급급액 결정변수

변수	내용
근속연수	근속연수 길수록 퇴직금 · 기업연금액 증가
평균급여 및 공헌도	재직기간 평균급여 높을수록 금액증가. 일부지만 일의 공헌도도 금액에 반영
정년퇴직 시 급여수준	연공서열처럼 반복해 급여상승 시 퇴직시점 급여를 기초로 계산식 결정. 계산식은 간단해도 경기상황 및 기업실적에 따라 금액변화. 최근 차용감소
퇴직사유	퇴직사유도 연금반영. 본인사정, 회사사정, 정년퇴직 등으로 구분. 본인사정일 경우 감액비율 엄격히 적용. 조기퇴직일 경우 증가하기도 함
회사규모 및 업계수준	퇴직금 수준검토 때 동종업계 타사상황과 비교. 회사규모가 클수록 수급금액도 비례해 상승하는 경향.

세수갈등과 연금감액
'연금생활자 때리기'

'고령자=약자'는 일본복지가 가정하는 기본상식이다. 즉 정년퇴직자·연금생활자로 일컬어지는 고령자는 경제적 약자라는 인식이 강하다. 실제 나이가 들수록 신체·정신적인 쇠락으로 다양한 배려가 필요한 게 현실이다.

다만 이게 경제적 의미라면 상황이 달라진다. 고령자가 지닌 전체적인 자산규모가 상당하기 때문이다. 비교잣대인 청년층과 놓고 보면 특히 그렇다. 다른 연령층보다 풍족한 생활수준을 유지하는 고령자도 많다. 갈등은 여기서 발생한다.

20~30대를 위시한 현역세대의 퇴직세대에 대한 불만·갈등은 위험수위를 넘어섰다는 게 중론이다. 1990년대 이후 경쟁논리가 지배하면서 격차심화가 가속화된 게 직접적인 자극제가 됐다. 성장과실을 고스란히 따먹은 퇴직세대를 타깃으로 뼈 빠지게 일해도 가난을 벗어나지 못하는 후

배 혹은 자식이 중심이 된 현역세대의 공격이다.

요컨대 세대격차 논쟁이다. 갈등구조는 부자노인과 빈곤청년으로 압축된다. 그리고 그 갈등이슈는 대부분 연금문제다. 갈등방향은 '고령자 때리기Bashing'가 대표적이다. 이때 고령자란 유유자적의 연금생활자와 동의어다.

고령자 때리기…
'내 보험료로 유유자적 연금생활?'

연금생활자 때리기의 주된 근거는 '세대격차'에서 찾을 수 있다. 즉 "왜 은퇴한 아버지의 수입이 일하는 아들보다 많은가"가 핵심이다. 30세 안팎의 아들은 대기업에 다녀도 연봉 400만 엔이면 아주 좋은 편인데, 퇴직한 아버지는 기업연금을 포함해 매년 500만 엔 넘게 받는다는 세대를 넘은 격차문제가 그렇다. 게다가 아버지의 연금소득은 고스란히 아들의 보험료로 벌충된다. 적립방식이 아니라 부과방식이기 때문이다.

즉 연금생활자는 상당히 풍족한 생활을 보내며, 그 풍족한 재원이 현역세대의 희생으로 떠받쳐지고 있다는 박탈감이다. 가난한 젊은이가 부유한 늙은이에게 돈을 넘겨주는 난센스다. 디플레이션도 노인의 승자논리를 지지한다. 디플레이션사회의 승자야말로 실업우려가 없는 연금생활자여서다 공무원도 포함. 한마디로 연금생활은 세금낭비라는 지적이다. 심할 경우 복지는커녕 부자의 빈자에 대한 약탈이라는 표현까지 등장한다. 이런 점에서 반발핵심은 노소갈등이다.

게다가 지금의 후속세대는 연금조차 제대로 받을지 의문이다. 재정압박에 따라 지금껏 수차례 연금개혁을 단행했지만 그 어떤 해법도 후속세대의 연금불안을 경감시키지 못했다. 개혁과정 때마다 후속세대에 불리하게 개편된 것은 당연지사다. 발본적인 대개혁이 없는 한 후속세대의 연금불안은 사라지지 않을 전망이다.

불안은 뜬금없지 않다. 꽤나 구체적이다. 퇴직세대보다 현역세대 연금이 줄어든다는 제반징후가 갈수록 뚜렷해지는 추세다. 당장 연금수급 개시연령만 해도 60세에서 65세로 연장됐다. 60세 퇴직 때부터 연금을 수령하는 것과 65세 이후부터 받는 건 천양지차다. 국민연금은 이미 65세 수급이 완성됐기에 후생연금(보수비례부분)만 계측하면 연 137만 엔 정도 손해다. 5년이면 685만 엔이다. 거액이다. 금전손해도 손해지만 재취업이 어려운 가운데 5년의 무직공백은 삶의 질을 저하시킬 우려가 높다. 이제 막 퇴직에 임박한 경우라면 선배세대보다 박탈감이 클 수밖에 없다.

65세 연금수급 연령대는 1961년 이후 출생자부터다_{2011년 기준 50세}. 이들 출생자의 2025년 65세 퇴직을 전제로 연령연장이 이뤄졌다. 그 이전 출생자는 2025년까지 단계적인 조정을 거친다. 즉 1961년 이후 출생자가 최초로 이전세대보다 손해를 보기 시작한다.

다만 각종예측에 따르면 이들은 65세 시점이 아닌 60세 시점에 퇴직할 확률이 높다. 정년연장 등 제도조치가 시행 중이지만 틈새가 많기 때문이다. 정년연장이 이뤄져도 현역 시절 수입보다 현격히 줄어들 수밖에 없다. 유유자적하는 60세 연금수급자들보다 노후상황이 열악해진다는 의미다.

내는 사람은 적고 받는 사람은 많은 인구구조에서 연금갈등을 해결할 방법은 결국 균형점을 찾는 수밖에 없다. 이것이 푸념과 반발 속에 좌절 중인 현역세대의 시정요구다. 세대격차를 조기에 바로잡지 않는 한 그들의 미래가 없다는 이유에서다.

가령 보험료의 경우 부과방식이 아닌 적립방식이 대안으로 거론된다. 혹은 고령자에게도 비용부담을 전가시킬 필요도 거론된다. 일정 이상 경제소득을 지닌 고령자의 비용부담은 오히려 사회정의와 공정실현 차원에서 필요불가결한 선택이라는 입장이다. 이를 단순하게 고령자 때리기 Bashing로 폄하하면 곤란하다는 인식이다.

이는 왕왕 일본적인 복지국가 재편논의로도 연결된다. 단순한 연령적 복지논쟁에서 벗어난 계층적 정책수혜가 대표적이다. 자민당에서 민주당으로의 정권교체 이후 복지방향이 고령화에서 저출산으로 다소나마 방향을 튼 것처럼 보이는 것도 이런 논의의 반영결과로 해석된다. 실제 민주당정권은 공약집에서 고령자에 대한 시혜적 정책보다는 아동수당·고교무상교육 등 출산율 제고방향을 우선순위에 두고 강조했다.

물론 반발도 거세다. 실제 알려진 것보다 연금생활자의 삶이 그다지 유유자적하지 않다는 의견이 대표적이다. 분명 돈 많은 고령가구가 존재하지만 이것이 전체노인의 삶을 대변하지는 못한다는 이유에서다.

노후생활의 질은 연금유무와 수급액에 크게 좌우된다. 연금이 없거나 수급액이 적다면 일부사례를 빼고 대다수가 빈곤생활에 빠질 수밖에 없다. 그런데 일반적인 상식과 달리 유유자적은커녕 기초생활마저 아슬아슬하다는 중산층 이하 빈곤가구가 수두룩하다.

그렇다면 평균적인 연금생활자의 진짜 삶은 어떨까. 연금소득으로 넉넉하게 사는 사람이 있겠지만 그렇지 않은 암울한 케이스도 존재한다.

현역시절 수입에 비례하는 후생연금의 경우 2010년 기준 국민연금을 포함해 평균 16만~17만 엔 정도를 수령한다. 부부라 해도 23만 엔 정도다 모델연금. 이 금액이 많든 적든 자영업자와 달리 정년 이후 일자리가 대부분 없어진다는 점도 고려대상이다. 이 경우 사실상 생활하기 힘든 게 일반적이다. 앞서 봤듯 가계부는 적자로 도배된다.

물론 모델연금에는 기업연금이 제외됐지 않았느냐고 반문할 수 있다. 옳다. 고령부부 월 23만 엔의 연금소득은 공적연금분이다. 다만 기업연금을 포함해도 선행사례인 연 500만 엔은 드문 케이스다. 이때 기업연금만 300만 엔이라는 뜻인데, 이 정도 받는 퇴직자는 소수에 불과하다. 일부로 전체를 호도해 불필요한 세대갈등을 조장한다는 반발이 나오는 배경이다.

할 말 많은 연금생활자…
'유유자적은커녕 생활도 힘들어'

샐러리맨 연금생활자의 볼멘소리 근거는 또 있다. 기업연금이 느닷없는 연금수혜가 아니라는 이유에서다. 즉 기업연금은 본인들이 받을 정당한 몫이라는 주장이다. 기업연금이 현역세대의 보험료가 아니라 퇴직세대가 현역 때 맡긴 목돈 본인보증금과 나중에 받을 일시퇴직금을 연간단위로 나눠 재원으로 삼았으며, 이 자금의 운용결과를 연금처럼 추후 지급받는 것에 불과하기 때문이다. 정당한 권리를 국민세금처럼 포장하지 말라는 반발이다.

게다가 기업연금은 JAL의 파탄목격 이후 수급액을 줄이는 추세다. 기업연금 감액논란이다. 많은 기업에서 기업연금의 적립부족은 심각한 사태다. 이는 이제부터 기업연금을 받아야 할 퇴직후보 세대의 퇴직금·기업연금을 선배세대보다 줄이는 게 바람직하다는 결론으로 연결된다. 이미 적잖은 기업이 기업연금 이율을 떨어뜨리는 작업에 착수했다.

그럼에도 불구, 1961년 이후 출생자의 지출부담은 선배세대보다 더 높다. 인플레시대 때 일으킨 주택대출을 비롯한 부의 유산을 안고 있기 때문이다. 이들이 주택을 구입한 시점은 대개 1980년대 중후반으로 버블이 한창일 때였다.

반면 소득원은 남성가장·여성가사의 전통모델에 따라 외벌이가 대부분이다. 자녀 출산도 선배세대보다 늦어져 50대 때 교육비가 절정에 달한다. 과거엔 55세를 피크로 임금상승이 이뤄졌기에 주택·교육비가 해결됐지만 이젠 임금이 50세 이후부터 떨어지는 추세다. 돈 들어갈 데는 많은데 소득은 줄어든 셈이다.

허리띠를 졸라매면 된다지만 이것도 마뜩지 않다. 월급이 줄어도 후배에게 밥을 사는 걸 당연하게 여기고, 가족에게 경제적 걱정을 시켜선 안 된다는 게 이들 1960년대 출생자의 프라이드다. 허세라고는 단정할 수 없지만 이런 프라이드로 씀씀이를 줄이지 못하는 최후세대다. 이들의 노후생활이 걱정되는 건 당연지사다.

남은 10년 안에 서둘러 '마摩의 5년연금수급 개시연령 때까지의 갭' 공백을 메울 방안마련에 답답해하는 중년가장이 넘쳐난다. 이들을 선배세대처럼 넉넉한 연금생활자로 비유하는 건 적절하지 못하다는 지적이 많다.

노후난민 300만 예약
'공적연금 사각지대'

정부가 자랑(?)하는 모델연금까지는 아니라도 일본노인 중 상당수가 연금수혜를 입는다는 것은 사실이다. 연금액수가 관건이겠지만 연금생활자는 주변에 널렸다. 일찍부터 준비한 3층짜리 연금제도 덕분이다. 세대갈등과 연금감액 등 부정적인 시선이 많은 만큼 퇴직세대에게 연금소득은 핵심적인 자금루트다. 연금생활자를 수식하는 단어가 '유유자적'인 것도 별로 이상하지 않다.

하지만 늘 그렇듯 제도란 완벽하지 않다. 의도적이든 비의도적이든 연금그물에 걸리지 않는 경우가 많다. 이른바 '공적연금 사각지대'다. 연금을 받지 못하거나 받아도 소액에 불과한 사실상 제도수혜의 사각지대에 놓인 이들이 의외로 많기 때문이다.

게다가 연금수혜자라도 필요자금에 턱없이 부족한 금액이라면 사각지대에 놓인 것과 별반 다를 것도 없다. 고령인구의 특성상 목돈이, 그것도 죽지 않는 한 계속될 지출항목이 부지불식간에 발생하기 때문이다.

고령인구의 관심사는 '불상사'에 대한 염려로 요약된다. 불상사란 노년 특유의 목돈수요가 생기는 일이다. 사고·질병 등에 따른 의료비용이 대표적이다. 이런 점에서 현역세대 관심사는 '의식주衣食住'인 반면 퇴직세대 이슈는 '의식주醫食住'다.

특히 돈 없는 빈곤노인일수록 의료불안, 구매난관, 주택불편 등의 자금수요에 봉착하기 쉽다. 연금수입으로 기본생활이야 가능해도 후자의 지출항목은 커버하지 못하는 게 보통이다.

국민연금 수령노인 900만 중 절반이 사각지대

결론부터 요약하면 현재 국민연금 수급자1층인 경우만인 65세 이상 고령인구 900만 명 중 절반 이상이 공적연금 사각지대에 빠진 것으로 이해된다. 10명 중 5~7명은 금액으로 봤을 때 유유자적과는 거리가 먼 경제적 곤란상태에 직면해서다. 그래도 이들 900만 명은 수급자다. 수급자가 아닌 고령인구도 최대 120만 명에 달하는 것으로 알려졌다.

공적연금 사각지대는 흔히 '무연금 혹은 저연금' 문제로 이슈화된다. 무연금이란 연금수급권 자체가 없는 미가입자 및 납부기한25년 미충족자가 해당된다. 원래부터 국민연금에 가입하지 않았거나 납부기간이 25년이 안 돼 수급권자가 되지 못한 경우다.

또 저연금이란 국민연금 수급조건을 갖췄지만 수급액수가 적어 실질적인 노후안전망 수혜를 입지 못하는 케이스다. 보험료 납부기간이 40년 미만이거나 수급연령을 65세보다 앞당겨 연금액이 줄어든 경우다.

실제 국민연금 사각지대에 속한 고령인구는 절대 소규모가 아니며 게다가 갈수록 그 추세가 늘고 있어 문제다. 무연금부터 살펴보자. 65세 이상 무연금자는 대략 40만~50만 명으로 추산된다닛세이기초연구소·2009년. 이는 당연히 후생연금도 받지 못하는 경우다. 다른 실태조사에서는 65세 이상 무연금자가 60만 명이라는 결과도 있다사회보험청·2001년. 세대로는 30만 고령세대가 무연금으로 조사됐다후생성·2004년.

보다 심각한 결과도 있는데 연금기록 누락피해까지 감안하면 최대 120만 명의 무연금자가 예상된다는 2008년 발표다후생성·2008년. 구체적으로는 60세 미만45만명, 60~64세31만명, 65세 이상42만명 등이다.

국민연금 수급권이 없는 무연금자는 나날이 증가세다. 불황으로 내수경기가 꺾이면서 보험료를 못 내는 이가 늘어나서다. 보험료를 못 내 25년 가입조건을 채우지 못하면 연금수혜를 입을 수 없다. 때문에 다른 나라보다 비교적 긴 수급조건 '25년 룰'을 완화하자는 요구도 적잖다.

실제 본인·배우자 모두 연금수급권을 가지 못한 노인인구는 1998년 37만 명에서 2004년 44만4,000명으로 증가했다. 본인은 수급권이 없지만 부부로 연금을 받는 이는 1998년 55만 명에서 2004년 63만 명으로 늘었다.

부담스러운 건 앞으로 펼쳐질 무연금 예비군의 양산추세다. 국민연금 미납자는 2010년 현재 모두 330만 명에 육박한다. 지금 퇴직세대야 미납자가 많이 잡아도 120만 명이지만, 60세 이하의 후속세대는 그 숫자가 3배에 가깝다. 과거 2년에 걸쳐 보험료가 미납된 경우로 미가입자까지 포함된 수치다. 공적연금 가입자의 5% 수준이라 별것 아닌 것 같지만 사실은 무시할 수 없는 규모다. 330만 명이면 완전실업자 규모와 맞먹는 수치여서다.

물론 무연금자의 일부를 차지하는 미가입자는 대폭 줄었다. 가입권유와 함께 제도적인 누수방지책을 적극적으로 추진한 결과다. 하지만 절대다수인 미납자 억제정책은 효과를 보지 못했다. 장기불황에 따른 경기침체로 보험료를 못 내는 이들이 급속히 늘어나서다. 실제 보험료를 내지 않는 이유로 '원래부터 소득이 적어 비싼 보험료를 낼 여력이 부족하다'와 '실업·사고로 소득이 줄어 보험료가 부담스럽다'는 답변이 대부분을 차지했다 사회보장심의회·2008년.

그렇다고 무연금자를 연금불신자로 보기는 힘들다. 제도 자체에 대한 불신은 비교적 낮아서다. 금전여유가 생기면 보험료를 낼 것이라는 응답이 미납자의 약 60%를 차지해서다. 물론 최근 젊은 층에서 연금불신은 높다.

하지만 나이가 들수록 노후불안에 대한 구체적 대안으로 연금소득에 의존하려는 성향도 그만큼 높아진다. 때문에 나이가 많을수록 미납자 중에서도 연금납부 의욕이 높다. 결국 미납하고 싶은 게 아니라 미납할 수밖에 없는 상황논리가 고려대상이다.

넘쳐나는 무연금·저연금자…
저연금은 고령여성에 특히 집중

무연금자는 아예 연금수혜 기대조차 없지만 저연금자는 사정이 또 다르다. 잘 알려진 모델연금처럼 풍족하진 않더라도 기본생활은 가능할 것으로 기대했던 연금소득이 정작 받아보니 생각보다 적은 경우가 속출해서다.

일례로 정부통계에 따르면 국민연금 수급자_{자영업자 등 1층만 받는 900만 명}만 대상의 월평균 연금액은 5만5,000엔으로 조사됐다_{후생성·2007년}. 2011년 기준 만액_{6만5,741엔}보다 적다. 특히 이중 절반 이상인 56%_{497만 명}의 수급액이 5만 엔대 밑인 것으로 나타났다. 3만 엔 미만도 99만 명이나 되는 것으로 조사됐다.

특히 이들 저연금자 중에는 고령여성이 많다. '빈곤노인=여성단신'의 등식을 뒷받침하듯 연금수입조차 남성보다 열악한 것으로 분석된다. 실제 65세 이상 여성의 30%가 월평균 3만~4만 엔의 국민연금을 받아 남성수급자보다 상황이 못했다.

이는 여성고령자 중 상당수가 국민연금만 받기 때문이다. 후생연금과 달리 국민연금의 유족연금은 그 수급조건이 까다로워 거의 해당되지 않

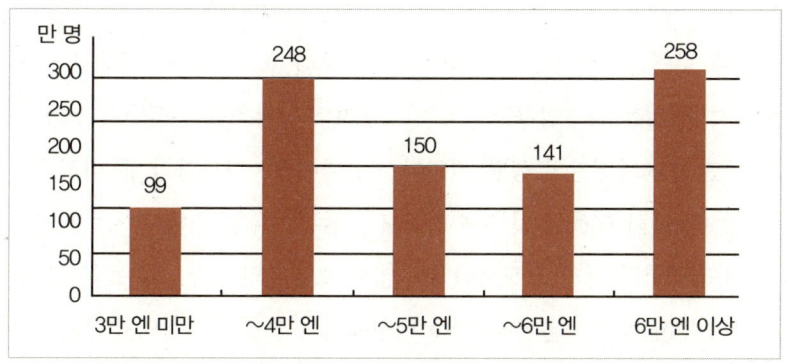

■ 연금월액별 국민연금 수급권자 규모

- 자료: 사회보험청(平成 19년도 회사보험사업의 현황)

는다는 점도 있다. 결국 남편사망 후 본인연금밖에 없어 생활은 더 힘들어진다.

연금액수가 적은 또 다른 부류는 비정규직이다. 이들 역시 국민연금만 해당될 개연성이 높다. 국민연금과 함께 공적연금을 구성하는 후생연금은 원래 샐러리맨이 가입대상이다. 단 주당 근로시간이 30시간 이상일 때 해당된다. 주당 30시간 이하의 파트타임·아르바이트라면 가입제외다. 이들은 국민연금에만 가입된다.

문제는 경기침체로 보험료를 미납하는 케이스가 증가하고 있다는 점이다. 열악한 비정규직에게 국민연금에 더해 2층 구조를 완성할 수 있도록 후생연금 가입조건을 완화해줄 필요가 있다는 주장이 제기되는 배경이다.

무연금과 저연금으로 사실상의 연금혜택을 못 받는 이가 늘어날수록 생활보호수급자 규모는 덩달아 늘어날 수밖에 없다. 연금도 없고 저축도 없다면 최종적인 국가복지인 공적부조생활보호를 받는 게 수순인 까닭에서다. 즉 무연금·저연금자의 생활보호수급자로의 연결이다. 노후생활비 자체가 없으니 마지막을 국가에 의탁하는 케이스다.

실제 무연금·저연금자는 늘어나는 추세다. 당장 국민연금에만 의존할 수밖에 없는 자영업자 등 1호 피보험자의 납부비율이 떨어지고 있다. 또 국민연금 가입자의 상당 인원이 아르바이트·파트타임 등 비정규직이라는 점에서 이들의 낮은 수입규모가 납부여유를 저하시키는 원인이다. 자영업자와 달리 고정수입원이 없어 보험료의 전부 혹은 일부를 면제받지 못하는 건 물론이다. 이들 비정규직의 상황이 개선되지 않는다면 생활보호가 최후의 생명줄이 될 게 명약관화다.

이 결과 무연금·저연금자의 부담경감을 위한 대책논의가 활발해졌다. 2010년 연금수급 사각지대에 빠진 빈곤노인의 실상이 드러나면서 더더욱 대책마련 필요성이 높아졌다. 와중에 또 다른 부작용까지 우려된다. 무연금·저연금의 빈곤노인을 구제하고자 생활보호망을 넓힌 게 부정수급으로 연결돼서다. 2009년 생활보호비 부정수급은 1만9,726건으로 집계됐다후생성. 과거 10년래 최고치다. 이중 절반가량이 근로소득을 신고하지 않는 경우다. 연금수입 무신고 사례도 4,000건을 넘겼다. 일부는 조직폭력배가 낀 악질사건도 있다.

공적연금 사각지대에 속한 이들이 부자라면 그나마 빈곤 걱정은 할 필요가 없다. 현역 시절 쌓아둔 금융·실물자산이 넉넉하면 공적연금 없이도 충분히 살아갈 수 있다. 푼돈에 불과한 공적연금에 기댈 필요가 애초부터 없어서다. 하지만 무연금·저연금자라면 십중팔구 부자노인과 거리가 멀다. 무연금·저연금자 보완대책의 핵심방향이 '가난구제'라는 점이 이를 증명한다.

공적연금 사각지대는 저축·자산 없는 빈곤가구와 일치

앞장에서는 고령 무직세대가 일본의 저축률을 갉아먹고 있음을 살펴봤다. 적자가계부를 지켜내자니 현역 시절 축적해둔 저축을 인출하지 않으면 생활 자체가 힘들어서다. 즉 '생활비=연금소득+저축인출'의 등식완성이다. 이 경우는 적자를 벌충할 금융자산이 있다는 점을 전제로 했다. 60대 이상 평균 금융자산이 2,000만 엔대를 넘긴다는 통계자료가 그 근거다.

하지만 반복해 강조하듯 저축 자체가 없어 쪼들리는 삶을 버텨내는 빈곤노인이 적잖다. 이들은 적자별충이 불가능하기에 기초생활조차 영위하기 힘들다. 이런 와중에 무연금·저연금으로 연금수혜를 제대로 받지 못하는 경우가 비일비재하다. 현역 시절부터 일찌감치 연금수혜를 입지 못할 열악한 생활수준을 유지했을 확률이 높기 때문이다. 이런 점에서 금융자산이 적거나 저축 자체가 없는 빈곤노인의 실상은 공적연금 사각지대와 맥이 닿는다.

즉 일본노인이 부자라지만 이는 평균치의 함정에 불과하다. 고령가구 중 금융자산이 평균치2,358만 엔를 웃도는 비율은 35.6%에 불과하다. 그것도 4,000만 엔 이상의 고액자산가가 17.6%에 달한다. 이들이 평균을 올려놓는다. 반면 평균 이하가 10가구 중 6~7가구다. 평균을 한참 밑도는 500만 엔 이하도 19%로 집계된다. 그나마 이 비율은 금융자산이 존재하는 경우다. '저축제로' 혹은 '무저축'의 여웃돈이 전혀 없는 고령가구는 통계에서 빠진다.

고령인구의 경우 저축 자체가 없거나무저축 저축여력이 없는 경우저축제로가 많다. 전반적으로 65세 이상 고령세대의 저축제로 비율이 전체평균보다 높은데 그 비율은 46%까지 치솟고 있다. 이는 전적으로 근로소득 여부와 관련이 깊다. 안정적인 근로소득이 없고 연금소득조차 부족하니 보유저축을 헐어 쓸 수밖에 없는데 이게 반복되면 금고가 텅텅 비는 게 당연해서다.

■ 연령별 무저축세대 추이

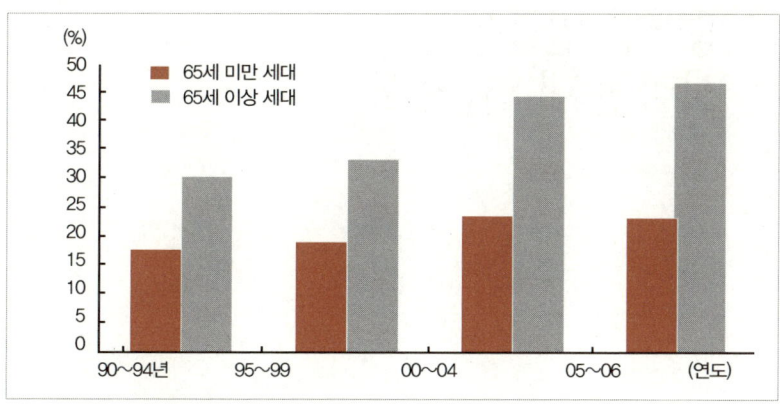

- 자료; 금융광보위원회(2006년 여론조사)

팽배한 연금불신
'사라진 내 연금은?'

연금불신年金不信.

　일본의 연금불신은 한국과 견줘 전혀 모자람이 없다. 그런데 불신 이유는 좀 다르다. 한국은 짧은 제도 역사와 생각지도 못한 고령화 속도가 원인이다. 연금적자를 우려해 더 내고 덜 받는 식의 개혁과제가 반발을 일으킨 주요원인 중 하나다. 공적연금이라고는 국민연금 하나뿐이니 그나마 의존·관심도가 높은 것도 심리적 반발의식을 키웠다.

　반면 일본의 연금불신은 모양새가 좀 다르다. 제도 자체가 달라 불신양상에도 차이가 있다. 재정문제와 감액개혁 등의 기본문제야 비슷하지만 이는 누구든 인정하는 이슈니 첨예하게 이슈화로 발전하지는 않는다.

　가장 큰 불신근거의 차이는 연금기록 관리미진에서 찾을 수 있다. 역사가 길고 자료가 방대하다 보니 기록통일 과정에서 공중에 떠버린 피해자가 속출하고 있기 때문이다. 이미 피해자가 상당수 확인되면서 연금무용론으로까지 연결되는 양상이다.

 연금불신은 전체 국민이 주체다. 남녀노소 불문하고 불신감이 팽배하다. 특히 심한 그룹은 상대적 박탈감에 치를 떠는 현역세대다. "내도 못 받을 것"이라는 극단적 인식이 지배적이다. 덜 내고 더 받는다는 현역세대의 질타를 받는 기존의 퇴직세대도 할 말이 많다. 통계오류로 알려진 이미지와 달리 평균 이하의 연금액을 받는데도 부자노인으로 오인된다는 볼멘소리가 그렇다.

 그나마 현역 시절 열심히 일한 정당한 대가퇴직금 등를 연금형태로 돌려받는 것뿐이라는 주장도 설득적이다. 이런 점에서 국민 전체가 연금불신의 피해자라는 극단적인 평가까지 제기된다. 불신이 깊을수록 아이러니컬하게 '신뢰와 안심의 연금제도'라는 정부 설득은 더 적극적이다.

현역세대 '내도 못 받을 것' 인식 지배적

 연금불신은 사실상 개전의 정이 없다. 2004년 여론조사를 보면 노후불안 83%이 압도적인 가운데 공적연금불신이 71%로 집계됐다요미우리신문. 이는 1997년 같은 조사의 결과53%보다 상황이 더 악화됐음을 뜻한다. 특히 20대의 경우 연금불신이 87%로 집계됐다. 동일조사를 2007년에도 했는데, 결과는 더 참담했다. 연금불신은 무려 76%로 조사됐다.

 불신을 초래하는 국민연금 이슈는 크게 4가지로 요약할 수 있다. 첫째는 미납문제다. 1호 피보험자를 대상으로 한 납부비율은 이미 60%선을 뚫고 내려왔다. 10명 중 4명이 보험료를 안 낸다는 뜻이다. 상황이 이런

데 전국민보험이라는 말은 어불성설일 수 있다.

하지만 이는 과장된 결과다. 1~3호 전체 피보험자를 분모로 둔 미납비율은 4.5%에 불과하다. 보험료 자동이체의 2~3호 피보험자가 반영되면 극소수에 불과해서다. 물론 면제자와 특례·유보자까지 합해도 12%에 머문다. 결국 미납문제가 연금제도 전체에 끼치는 영향은 크지 않다. 미납자가 늘어 연금재정이 파국에 치달을 것이라는 전망은 다소 섣부르다.

둘째는 연금재정의 불안이다. 국민연금 급부재원은 2009년까지 국고부담1/3과 보험료2/3로 구성돼왔다. 이후부터는 국고부담이 50%로 늘어났다. 다만 국고부담 인상분은 50%로 결정은 됐는데 재원이 아직 미지수다. 2010년까지는 매장금埋藏金으로 불리는 재정투융자특별회계의 잉여금을 끌어다 벌충했는데 앞으로는 알 수 없다.

국민들이 불안해하는 배경도 여기에 있다. 연금재정 악화문제는 후생연금도 포함되는데 경기침체로 보험료 수입이 줄어들며 막대한 재정압박이 되기 때문이다. 보수에 비례한 연금이라지만 공적연금이기에 정부부담이 클 수밖에 없다. 결국 증세 말고는 방법이 없다는 의견이 많은데 이 경우 부담은 고스란히 국민 몫이다.

셋째는 세대 간 격차론이다. 공적연금은 현역세대의 보험료로 퇴직세대의 연금을 대주는 이른바 '세대 간 부양' 성격을 갖는다. 때문에 저출산·고령화에 따라 급부와 부담 관점에서 세대 간 소득재분배를 둘러싼 격차가 발생한다. 이를 막고자 2004년 연금개혁 때 격차확대를 막을 제도장치가 마련됐다. 미래 보험료 부담의 상한을 고정하고 국고부담을 50%로 늘리며 미래를 포함한 수급세대의 전체 금액을 억제하는 형태로 정책방향을 잡는다는 방안이 그렇다. 그럼에도 불구, 젊은 현역세대일수록 연금손실은 피할 수 없다는 게 대세다.

　넷째는 보험료를 내지 않아도 되는 3호 피보험자 문제다. 샐러리맨 등 2호 피보험자의 피부양배우자전업주부 등는 보험료를 내지 않아도 연금수급이 가능하다. 반면 맞벌이라면 부부 모두 보험료를 납부하는 게 원칙이다. 가령 남편이 샐러리맨이고 아내가 자영업자라면 아내는 1호 피보험자로 분류돼 보험료 납부대상이다. 즉 남편이 직장인이면 아내가 전업주부3호 피보험자든 자영업자1호 피보험자든 65세부터 국민연금을 받는다. 당연히 불공평 문제가 거론된다.

2007년 연금기록 누락사건…
'내 연금이 사라졌다!'

와중에 메가톤급 악재가 터져 연금불신을 한층 증폭시켰다. 연금불신이라는 불꽃에 기름을 쏟아부은 건 2007년 발생한 연금기록 누락문제다. 사회보험청의 연금기록데이터에 납부자를 확인할 수 없는기초연금번호로 통합되지 않은 과거 연금기록후생연금번호·국민연금번호이 약 5,000만 건 발생한 사건이다. 그중 60세 이상의 약 2,880만 건의 기록에 대해 연금지급 누락의심이 제기됐다.

　특히 문제로 떠오른 것은 60세 이상의 2,880만 건이다. 이들의 경우 기본적으로 연금수급을 위한 재정청구가 완료됐기 때문이다. 즉 재정청구 때 확인을 잘해 통합과정을 거쳤다면 이런 문제는 발생하지 않는다. 피해는 고스란히 연금수급자에게 돌아간다. 훗날 알아차려 뒤늦게 청구해도 시효5년가 지났다면 수백만 엔의 연금을 못 받기 때문이다.

　문제의 심각성 때문에 5년 시효는 폐지됐다지만 그래도 피해자는 속출한다. 받아야 할 정당한 연금을 받지 못한 채 사망한 사람이 상당수에 달해서다. 귀책사유가 가입기록을 면밀히 따질 권리권자인 가입자에게 있어도 법률과 사회보험청 역시 비난을 피할 수 없는 사태였다.

　연금누락 피해를 받기 쉬운 경우는 다음과 같다. 우선 전직경험 보유자다. 젊은 시절 전직해 복수의 연금번호를 지닌 경우로 발생빈도가 제일 높다. 연금번호를 3개나 가진 경우도 드물지 않다. 결혼해서 성을 바꾼 사람도 피해후보군이다. 결혼 전 2~3년 근무한 뒤 남편배우자의 부양가족이 된 경우가 그렇다. 부양가족 때 신규번호를 받으면 미혼 때 번호는 공중에 떠버리게 되는 식이다. 또 미혼 때 가입한 연금을 못 받을 것으로 오해하는 사람이 많다.

　학생 때 부모가 대신 내준 국민연금도 아슬아슬하다. 취직 후 신규번호를 받으면 학생 때 기록은 역시 누락될 수 있어서다. 이 경우 추후 성명·생년월일·가입기간·주소지 등이 일치하면 통합관리를 받을 수 있다. 어려운 이름으로 전산입력 때 착오를 일으키기도 한다. 1980년대 사회보험청의 연금기록 입력 때 실수가 고쳐지지 않고 현재에 이른 경우다. 조회기록을 해도 이름이 달라 발견하기 어렵다. 과거기록이 발견되지 않는다면 이 케이스일 수도 있다.

　샐러리맨처럼 후생연금을 못 받는 경우 국민연금은 중요한 노후자금원이다. 그런데 기록누락으로 보험료가 줄어들면 노후생활은 힘들어질 수밖에 없다. 더 심각한 문제는 뒤지면 뒤질수록 새로운 기록누락자가 더해져 판도라의 상자처럼 비유된다는 사실이다. 정치문제에 비교적 둔

감한 일본인이지만 노후소득과 직결된다는 점에서 초미의 관심사로 부각됐다. 이를 두고 주요언론은 '사라진 연금'이라며 비난수위를 높였다.

연금기록 누락문제는 국민연금에 초점이 맞춰진다. 국민연금의 경우 과거 지자체가 기록을 관리했기 때문에 기록 자체의 정확성을 검증할 필요가 대두된 것이다. 실제 납부기록 등의 입력과정에서 대거 누락된 케이스가 적잖이 발견된다. 그렇다고 후생연금 관리제도가 정확하다는 것은 아니지만 국민연금보다는 상대적으로 낫다. 일본연금기구는 컴퓨터로 관리 중인 연금기록 5,095만 건이 해당자 불명으로 확인됐으며 2010년 10월 시점에 1,197만 명의 기록을 회복시켰다. 국민 10명 중 1명의 연금기록이 공중에 떴다는 얘기다.

'사라진 연금'은 역사가 길다. 앞서 언급한 1997년 효율적인 연금관리를 위해 도입한 연금번호 일원화 과정 이후 계속해 확인되고 있다. 성을 바꾸거나 직장을 옮길 때 이미 납부한 연금이 그대로 전환되지 않아 보험료를 내지 않은 것처럼 손해를 본 경우다. 결혼·전직 등 복수의 연금번호를 가진 이가 그만큼 많았다. 그중엔 전산담당자의 입력실수도 확인됐다.

'사라진 연금' 피해속출…
고령자·전업주부 등 수백만

연금기록이 통합되지 않아 납부 여부를 확인하지 못한 사례는 고령자일수록 더 많다. 과거기록이라 증명할 방법이 마땅히 없어서다. 결국 낸 보험료만큼 은퇴 이후 못 받을 우려가 높아진다. 국민들이 민감해할 수밖에 없는 노후생활과 직결된 돈 문제라는 점에서 '사라진 연금'은 언제든 수면 위로 부각될 시한폭탄과 다름없다. 2010년 후생성 백서에 이례적으로 정부당국의 공식적인 '사과와 반성문'이 게재된 이유도 여기에 있다.

2011년 3월엔 또 다른 연금누락을 이유로 관계부처 장관과 실무담당자의 급여반납 징계가 내려지는 초유의 사태까지 이뤄졌다. 즉 전업주부 연금누락 사건이다. 가령 직장인 남편을 둔 전업주부라면 별도의 국민연금 보험료를 내지 않아도 노후에 연금수령이 가능하다.

그런데 남편실직 혹은 자영업으로의 전환일 경우라면 별도로 국민연금에 가입해 보험료를 내는 게 필수다. 그렇지 않으면 자격상실 혹은 금액삭감의 페널티가 주어져서다. 피해사례는 100만 명에 달하는 것으로 집계됐다. 정부가 구제 차원에서 최근 2년간의 보험료만 납부하면 수급자격을 주겠다고 했는데 이는 형평성 시비를 야기했다. 질질 끌다 마침내 없던 일로 돼버렸는데 이게 또 공분을 샀다.

구설수는 끊이지 않는다. 2010년 10월에는 50세 이상 가입자·수급자 중 100만 명 전후가 연금기록과 원장내용이 일치하지 않는다는 새로운 결과가 발표됐다. 기록 문제가 예상 이상으로 심각하다는 걸 뒷받침하면서 주요언론이 톱기사로 실었다. 연금기록 문제의 대응책으로 총 9억 5,000만 건의 기록 중 중복치를 뺀 7억2,000만 건에 대해 4년에 걸쳐 인해전술로 일일이 대조한 결과 드러났다. 그나마 샘플조사이기에 실제 불일치는 더 많을 수도 있다는 지적이다.

대상이 된 샘플조사는 후생연금 가입근거가 있는데 국민연금에 들어가 있지 않은 50세 이상 1,800만 명이다. 이중 10%가량이 가입기간과 보수액 등이 잘못된 것으로 나타났다. 연령별로는 75세 이상13.7%이 가장 많았으며 65~74세8.7%, 65세 미만1.7% 등으로 조사됐다. 불일치사례 중 86%는 연금을 덜 받았다.

수정 결과 연금이 늘어난 최고사례는 연 105만 엔에 달했다. 65세 이상 1인당 증가액은 연평균 3만5,000엔이다. 놀라운 것은 연금정기편으로 기록누락·오차를 확인시켰음에도 불구, 70%가 "잘못된 게 없다"고 답했다는 사실이다. 본인조차 기록 미스를 전혀 눈치채지 못했다는 점에서 추가적인 대량발생 가능성이 점쳐진다.

한편에선 주인 없이 잠자는 기업연금도 드러났다. 2010년 미수령 연금액이 3,000억 엔에 달하는 것으로 조사됐다. 사람수로는 180만 명에 해당한다. 젊은 시절 직장을 옮긴 후 이직수속을 하지 않거나 연금급여 신청을 제대로 하지 않은 경우다. 퇴직 이후에야 기업연금을 받는다는 인식이 강해 은퇴 이전까지는 연금수속에 민감하지 않은 경우가 적잖기 때문이다.

고독사와 맞물려 부모의 연금수익에 의존하던 몰염치의 자녀세대가 2010년 대거 적발된 사건도 미숙한 관리문제로 연결된다. 이를 두고 고인故人연금이라는 말까지 나왔다. 죽은 부모의 연금소득이 산 자녀의 생활자금으로 변질됐다는 이유에서다.

사회병폐와 관련된 유행어 히트제조기인 야마다 마사히로山田昌弘 교수는 이를 '연금 패러사이트parasite'라고 명명했다. 부모연금을 받아 챙기는 기생충자녀의 의미다. 연금액수 등의 금액 여부를 떠나 그 정도로 은퇴 이후 일반가계의 연금의존도가 높다는 증거이다.

연금기록 확인은 당분간 지속될 전망이다. 워낙 방대하기도 하거니와 확인과정에서 재차 오류가 발생할 수 있어 신중함이 강조된다. 비효율성을 제거한다는 차원에서 대조작업 업자를 변경하는 조치도 나왔다. 민주당정권의 명명처럼 연금확인은 '국가적 프로젝트'이기 때문이다.

황혼이혼은 결국 손해(?)
황혼이혼 후 수급총액은 줄어드는 게 일반적

후생연금이 적지 않다 보니 웃지 못할 에피소드가 속출한다. 한국에선 황혼이혼으로 해석되는 '숙년(熟年)이혼'의 증가가 그렇다. 연금분할 때문이다. 후생연금을 이혼 때 부부가 나눠 갖도록 2007년 도입한 게 계기다. 1980년 이후 조금씩 증가하며 사회문제로 부각된 고령이혼이 이혼여성의 생활궁핍을 야기한다는 문제제기가 받아들여진 결과다. 일례로 전업주부로만 살아왔다면 국민연금이 전부다. 또 전업주부의 경우 1986년 이전에는 국민연금 가입의무가 없었다. 분할되는 것은 후생연금이다. 국민연금은 대상 밖이다. 그나마 부부였던 기간에 납입한 보험료만큼만 연금이 분할된다. 맞벌이였다면 2인의 후생연금을 합해 나눈다. 분할비율은 협의에 따른다. 최대 절반까지다. 2008년부터는 전업주부 기간에 한정해 상호합의가 없어도 절반을 받을 수 있게 됐다. 다만 이혼 후의 수급총액은 줄어드는 경우가 일반적이다. 부양하는 배우자가 있을 때 가산되는 후생연금의 가급(加給)연금을 받지 못하기 때문이다.

기업연금의 배신(?)
'믿었던 내 노후는 어쩌고'

"기업연금 하나만 믿고 죽어라 일했는데……."

3층의 기업연금은 일본 연금제도를 완성하는 일종의 마무리다. 최근에는 그 위에 자유선택에 따라 개인연금을 덧보태는 경우도 있지만 대부분의 일반가계는 3층에서 끝난다.

게다가 기업연금은 정부관할의 1~2층 공적연금의 부족분을 보태주는 결정적인 역할을 도맡는다. 연금액이야 직장경력·기업규모·연봉수준 등에 따라 달라지지만 기업연금 가입자라면 노후자금에 상당한 기여도를 보태는 게 기업연금인 까닭에서다.

실제 대부분 샐러리맨은 공적연금도 공적연금이지만 기업연금에 대한 기대가 크다. 공적연금에 기업연금이 합쳐짐으로써 비로소 꿈에 그리던 30만~40만 엔대3층까지의 총액의 비교적 풍요로운 노후자금원을 확보하기 때문이다.

실제 기업연금에 가입한 어지간한 대기업 퇴직자라면 이 정도는 받는다. 극소수이지만 간부퇴직자라면 50만 엔대 수령자도 있다. 이 정도면 남부럽지 않은 노후생활이 가능하다. 현역세대의 시샘과 질시도 이들 일부 고액연금 수령자의 실상이 알려지면서 시작됐다.

하지만 더는 곤란해졌다. 탄탄한 기업연금 수령세대는 앞으로 사라질 전망이다. 이미 퇴직했거나 정년에 임박한 경우가 아니라면 제도개혁의 결과 덜 받는 쪽으로 금액삭감이 적용될 확률이 높아서다. 총성은 이미 울렸다. 2000년대 이후 일부 대기업이 기업연금 감액조치에 돌입했으며, 이 추세는 연일 확대 중이다. 결정적인 제도개혁 계기는 JAL의 경영파탄과 법정관리가 제공했다. JAL 부도 이후 기업연금 수술은 일상적으로 진행되고 있다.

'일본의 날개'가 추락한 이유…
'OB를 먹여 살린 대가'

JAL은 '일본의 날개'로 불렸던 일본의 최대항공사다. 일본국민의 자존심으로 평가되며 경제성장과 정확히 맥이 겹치는 성공스토리를 써왔다. 이런 회사가 2009년 비틀하다 2010년 연초 법정관리에 들어갔다. 일본이 자랑하던 간판기업의 난파소식에 충격과 허탈감은 위험수위에 달했다. 일부 언론은 자극적인 표현을 동원, 열도침몰을 경고하는 보도로까지 연결했다. 사상최대 부도소식이라는 점에서 JAL의 법정관리가 JAL만의 문제로 끝나지 않는다는 경고도 계속됐다.

실제 JAL은 덩치가 큰 데다 직간접적인 산업연관효과가 상당한 기업이다. 직접적인 사업파트너만 2,900개 사가 넘고, 하청회사는 무려 1만 개를 웃돈다. 일본경제로선 부담스러운 악재일 수밖에 없다. 요컨대 자라 보고 놀란 가슴 솥뚜껑 보고 놀란 격으로 악재확대에 불안감을 감추지 못했다. 〈문예춘추〉는 "JAL의 다음 순서가 어디가 될지 살얼음판을 걷는 분위기"라며 "차라리 JAL은 매를 먼저 맞았다는 점에서 맘이 되레 편할 수 있다는 부러움까지 샀다"고 보도했다.

JAL의 경영파탄은 복합적이다. 경영자의 모럴해저드, 사원의 연령구조와 기득권, 무리한 빚더미 경영 등이 대표적이다. 그런데 이 제반원인의 기저엔 하나의 공통분모가 있다. 회사의 고령화 문제다. 중년층 이상의 조직적인 집단대응과 이기주의가 반민반관의 기업성격과 맞물려 재정파탄을 야기했기 때문이다.

이런 점에서 파탄의 주요한 원인 중 하나는 과도한 기업연금이다. 연금지급액 절감이 불가피한데도 중년층의 반발이 두려워 개혁을 미루고 있었기 때문이다. 여기엔 노조의 모럴해저드도 한몫했다. JAL노조를 비롯해 8개 노조가 서로 이권경쟁에 뒤엉키다 보니 결국 임금·복지만 늘어나고 생산성은 떨어지는 부작용을 낳았다. 이 과정에서 경영효율성이 먹혀들 여지는 없었다.

실제 JAL의 기업연금은 대단히 매력적이었다. 이는 연 4.5%로 약속된 급부이율적립금 운용수익률에서 확인할 수 있다. 즉 퇴직 때 받을 퇴직금을 미리 맡겨 운용한 뒤 이를 퇴직 이후 연금형태로 받는 과정에서 적용될 이율을 4.5%로 미리 정해둔 것이다. 사실상 제로금리인 일본에서 연 4.5%의 급부이율 약속은 그야말로 엄청난 특혜였다. 물론 운용을 잘해

■ 복잡한 JAL의 노동조합

구분	조합원	조합원구성
JAL 노동조합	9,492명	일반지상직, 객실승무원
일본항공노동조합	86명	일반지상직
일본항공승원조합	1,134명	부조종사, 항공기관사
일본항공캐빈크루유니언	1,364명	객실승무원
일본항공기장조합	1,135명	기장
일본항공선임항공기관사조합	88명	항공기관사
일본항공저팬노동조합	663명	일반지상직(구 JAS계)
일본항공저팬승원조합	668명	기장, 부조종사(구 JAS계)

– 자료: 닛케이비즈니스(2009년 3월 기준)

플러스 수익을 내고 이를 적립해 복리효과까지 누린다면 불가능한 건 아니다.

하지만 실제로는 시장평균을 따라가기도 힘들었다. 또 마이너스 수익을 내도 확정급여형이기에 회사는 부족분을 메워줄 의무가 있었다. 이 결과 JAL의 모델연금 액수1~3층 총액는 연 583만 엔으로 350만 엔대인 기타대기업보다 많았다. 기업연금만 계산하면 평균 25만 엔이다. 근속 42년의 극단적인 케이스지만 엄청난 거액이 아닐 수 없다. 경쟁사인 ANA보다 훨씬 많은 금액이다. ANA의 경우 1~3층 합계가 31만 엔에 기업연금만은 9만 엔대로 알려졌다. JAL의 월액 25만 엔을 나눠보면 5만 엔은 본인자금이고 20만 엔이 퇴직금2,000만 엔 적립분이다.

상황이 이러니 회사경영이 좋을 리 없었다. 회사가 매년 퇴직연금용으로 쌓아둬야 할 퇴직급부채무는 눈덩이처럼 불어났다. 퇴직급부채무는 9,000억 엔에 육박했는데 실제 연금자산적립액은 4,000억 엔을 겨우 넘겼을 정도였다. 차액만큼 빚이 생길 수밖에 없는 구조였다. 내는 사람은 줄고 받는 사람은 늘어나는 직원고령화도 큰 문제였다. 즉 가입자는 1만 6,000명인데 수급자는 9,000명에 달한다. 수급권자 비율이 56%이니 적립부담은 갈수록 가중됐다.

제로금리 상황에 퇴직연금 이율은 4.5%…
특혜논란

JAL의 몰락은 기업연금의 불행과 중첩된다. JAL의 채무총액2조3,000억 엔은 금융회사를 빼면 일본역사상 최대 파산규모다. 이를 자세히 들여다보면 이미 1980~1990년대부터 심각한 적립금 부족문제를 내포하고 있었다. JAL의 기업연금이 경영난을 악화시킨 주범이라는 얘기다.

일본에선 1990년대 장기불황 등으로 기업연금의 재정건전성이 심각히 악화되자 기업연금의 대대적인 개혁이 이뤄졌다. 확정기여DC형과 확정급여DB형의 제도도입이 대표적이다. 기존 기업연금은 DB형에 속하는 후생연금기금과 적격퇴직연금을 중심으로 운영됐다. 적격퇴직연금과 후생연금기금은 각각 1962년과 1966년 도입됐는데 사실상 퇴직일시금이다. 연금을 퇴직당시 일시금으로 받는 구조다.

JAL은 1992년부터 후생연금기금을 운영하기 시작했다. 이는 기업이 공적연금의 소득비례부분인 후생연금을 국가대신 운영대행하고 여기에 기업고유의 퇴직연금을 함께가산 굴려 지급해주는 형태다. 그런데 이 제도는 자산운용 환경악화 때 대행부분 채무까지 책임져야 하기에 고부담 위험이 있다. 실제 1990년대 이후 기업의 퇴직급여채무도 급증했다. 퇴직근로자의 사망 때까지 기업이 연금급여를 계속해 지급하기에 기업의 퇴직급여 채무부담은 한층 커져갔다.

이에 따라 문제해결을 위해 2000년과 2002년 각각 DC형과 DB형이 추가됐다. 제도개혁에 나선 기업이 잇따랐다. 2002년 3월 1,737개였던 후생연금기금이 2009년 3월 617개로 줄어들었다. 상당수 기업이 후생연금기금의 대행부분을 정부에 반환하고 신제도로 옮겨 탔다. JAL 퇴직연금의 적립금 부족은 기대수익과 실제수익의 갭에서 발생했다. 대략 과거 평균 3% 이상 괴리율을 나타냈기 때문이다. 이 부족분을 기업의 이익잉여금으로 부담했고 결국엔 경영파탄의 주범이 된 것이다.

파탄 이후 JAL은 재건카드를 꺼내들었다. 기업연금의 대폭적인 급부삭감 결정이 대표적이다. 급부이율을 1%로 줄이고 연금수급액을 30%퇴

■ 일본 기업연금제도의 개혁방향

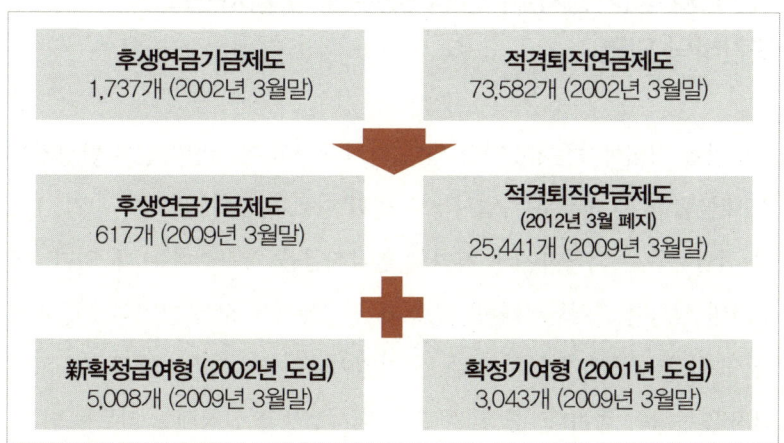

주: 후생연금기금제도는 기금수 기준, 적격퇴직연금은 수탁건수 기준, 확정기여형 및 신확정급여형은 규약건수 기준
자료: 후생성, 기업연금연합회(미래에셋 재인용)

직사원 혹은 50%현역사원 줄이는 개혁안이 그렇다. 인력의 구조조정이 단행된 건 물론이다.

다만 잘 진행될지는 미지수다. 직원 반발이 거세기 때문이다. 월 25만 엔에서 18만 엔으로 줄어드는 퇴직세대OB 반발이 특히 심하다. "이 금액에 맞춰 노후생활을 설계·영위하고 있는데 이를 줄이겠다는 것은 장부분식을 위한 배신"이라는 입장이다. 관건은 9,000명의 수급권자를 달래는 것이다. 이들의 동의 없이는 개혁이 불가피해서다. 급부삭감을 실행하자면 수급권자의 2/3 이상 동의가 필요하기 때문이다. 받을 줄 알았던 돈이 줄어든다는 데 쉽게 동의할지 의문스럽다. 반대로 감액저지를 위한 서명이 더 활기를 띨 정도다.

1만6,000명(가입자)이 9,000명(수급자) 지지구조···
곳간바닥 당연

기업연금 적립부족은 JAL만의 일이 아니다. JAL이 극단적인 파탄상황까지 내몰렸을 뿐 대부분 기업사정도 별반 다르지 않다. 일례를 보자. JAL의 적립부족은 퇴직자에게 거액의 연금지급을 약속했다는 데 있다. 그렇다면 심각한 고령화 상황을 봤을 때 연금문제는 모든 기업의 공통과제다. 또한 연금문제가 골치 아픈 건 기업이 존속하는 한 지불의무가 없어지지 않는다는 점이다. 경영파탄으로 회사갱생을 신청해도 의무는 남고, 약속이율도 낮추기 힘들다. 그러니 소송도 많다.

실제 적립부족은 정도 차이는 있으되 대부분 기업이 품고 있는 문제다. 2008년 노무라증권이 3,315개 사의 퇴직급부 상황을 조사했더니 부채76조1,000억 엔가 자산45조5,000억 엔을 넘긴 상태였다. 빚만 30조6,000억 엔이라는 계산이다. 적립률로는 59.8%다. 이는 금융위기도 직접적인 영향을 줬다. 연금자산의 40~50%가 투자되는 주식가격이 금융위기 이후 큰 폭으로 떨어지면서 운용수익이 -17%까지 추락했기 때문이다.

특히 업력이 길고 퇴직자가 많은 전기·전자업계의 연금부담이 크다. 산요三洋전기·도시바東芝·후지富士전기홀딩스·히타치日立제작소 등이 대표적인 적립부족 회사로 분석된다. 물론 대형메이커는 거액증자를 통해 연금문제를 개선할 수 있지만, 고율지급을 약속한 대부분 회사가 언제든 또 다시 어려운 상황에 봉착할 수 있다는 점에서 미봉책에 불과하다.

그나마 기업연금 적립부족금은 베일에 싸여 있다. 2001년 기업연금 자산과 채무의 차익을 장부에 반영하도록 했지만 혼란을 우려해 유예기간을 15년 부여했기 때문이다. 부족분은 최대 2016년까지 상각유예가 가능하다. 이것이 미확인의 기업연금채무로 불리는 판도라의 상자다.

기업연금의 부실문제를 풀자면 적립금을 늘리거나 수급액을 줄이는 수밖에 없다. 많은 기업은 후자를 선택 중이다. 물론 어렵다. 가입자 동의를 얻거나 경영파탄에 빠지지 않는 한 힘들다. 금융회사인 리소나홀딩스가 2004년 평균 13%의 연금감액을 선택했지만 퇴직자들과 법정다툼에 빠진 이유다. 비록 이기기는 했지만 이는 예외사례에 불과하다. NTT그룹은 현역직원·퇴직자의 연금삭감에 손을 댔으나 결국 좌절했다. 그만큼 연금액을 줄이는 건 어렵고 번거롭다.

하지만 연금을 줄이는 것이야말로 가장 효율적인 방안으로 거론된다. 끌어들일 자금여력이 별로 없는 상황에서 상당수 기업이 운용손실을 기록하고 있다는 사실이 이를 뒷받침한다. 아직은 소수지만 JAL 사태 이후 급부이율을 떨어뜨리거나 실제 운용결과에 연동해 연금액이 결정되도록 규약을 수정하는 기업이 증가세다.

미쓰비시중공업은 현직·퇴직자 일부를 대상으로 2010년 9월부터 기업연금 급부액을 연평균 1만2,000엔 삭감하고 있다. 자금운용이 곤란해져 급부이율을 내릴 수밖에 없다는 이유에서다. 월 1,000엔 삭감인데도 반발과 충격이 컸다. 반대로 그만큼 기업으로서는 개혁압박이 심해졌다. 기업연금이 과거에 기능했던 우상향의 기업성장을 전제로 만들어졌기에 그것이 깨진 현재 안정적인 지속성에 의문이 생기는 건 당연해졌다.

'기업연금액을 줄여라'…
반발 속 연금삭감은 대세

연금삭감의 후폭풍은 거세다. 그간 강 건너 불구경하던 샐러리맨들의 우려가 높다. 자칫 본인에게도 불똥이 튈 수 있어서다. 이제 막 퇴직연령에 돌입한 단카이세대와 그 후배세대가 대표적이다. 노후버팀목이라 여겨졌던 기업연금조차 더 내고 덜 받는 본격조정의 최초세대가 될 수 있어서다. 공적연금은 양보해도 기업연금만큼은 짭짤할 것으로 봤기에 그만큼 상대적 박탈감이 클 수밖에 없다. 기업경영진에 배신감을 느끼는 배경이다.

단카이세대의 배신감은 이해 못할 바가 아니다. 이들이 대학 졸업 후 취직한 1970년대는 말 그대로 호경기였다. 입도선매가 일상적이었다. 대학 3학년 기말성적이 나오기도 전에 내로라하는 유망회사에 취직이 결정됐다. 이들이 이전 세대의 연금을 지탱하는 피라미드의 밑바닥을 받쳐준 건 물론이다. 하지만 1990년대 이후 버블붕괴는 이들에게 큰 피해를 입혔다. 비정규직이라는 걸 처음으로 목격했고 구조조정에 따른 조기은퇴 바람에 휩싸이기도 했다.

기업연금 문제가 불거진 것도 이들이 힘들어지기 시작한 1990년대부터다. 급부이율에 미치지 못하는 운용이율이 많아지면서 연금지속성에 심각한 의문이 들었다. 돈을 굴리는 금융기관의 형편없는 실력도 문제로 불거졌다. 장기간 호송선단방식으로 경쟁 없는 성장을 반복해온 금융기관이 태반이었기 때문이다.

그렇다고 후배세대에 기댈 수도 없다. 경기악화로 제 한 몸 추스르기 힘든 젊은 세대에 부담을 주기 힘들거니와 현실적으로 그 가능성도 극히 낮기 때문이다. 기업연금 하나만 믿어왔던 경우라면 JAL의 경영파탄이 짜증날 수밖에 없는 이유다.

기업연금 규모와 가입자 현황
직장인 중 40%(1,400만) 가입… 확정급여형이 대세

기업연금 가입자는 2009년 3월 기준 1,386만 명이다. 동일기준 후생연금 피보험자(3,457만 명)인 직장인의 40%가 가입했다는 얘기다. 후생연금기금(466만 명), 확정급여형(570만 명), 적격퇴직연금(348만 명) 등으로 구분된다. 수탁자산으로는 확정급여형(33조 엔), 후생연금기금(26조 엔), 적격퇴직연금(8조 엔) 등으로 모두 67조 엔 규모다. 수탁자산은 전년 동기 대비 18% 감소(약 15조 엔)한 수치다.

가입자와 수탁자산 모두 과거 10년에 걸쳐 하락추세다. 특히 감소한 것은 가입자다. 2000년의 경우 기업연금 가입자가 2,200만 명을 넘겼는데 지금은 1,400만 명선까지 뚫고 떨어졌다. 이는 확정급여형 등 새로운 제도도입에 따른 조정결과로 해석된다. 다만 수탁자산은 전체적인 하락추세에도 불구, 가입자 감소분보다는 그 폭이 적었다. 이는 기업이 연금자산을 적극적으로 적립했고, 적립수준을 둘러싼 정부규제가 강화된 결과로 보인다.

■ 기업연금 가입자수와 자산잔액 추이

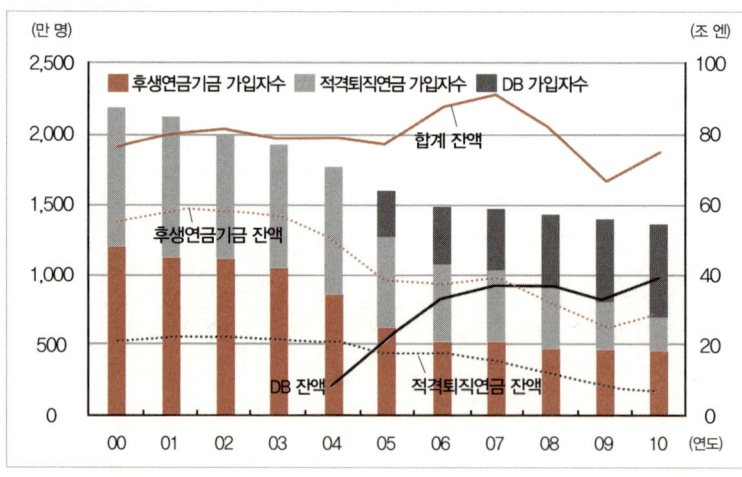

― 자료: 신탁협회

• 제6부 •

고령근로
숙명이 돼버린
평생현역의 길

늙은 일본의 고민
'장수국가의 딜레마 풀기'

일본은 노인천국·장수대국이다. 5명 중 1명이 노인이다. 2006년 세계 최초로 초고령사회65세 이상 인구가 20% 초과에 진입한 결과다. 때문에 '고령화'는 일반명사가 됐다. 뭐든 '고령화'라는 말만 붙이면 모든 현상·원인은 깨끗이 설명된다. 사회문제건 사업모델이건 고령화는 뺄 수 없는 앙꼬다. 늙어가는 국가답게 은퇴관심이 뜨거운 건 물론이다.

고령화수명연장는 다분히 이중적이다. 축복 혹은 재앙일 수 있어서다. 안타깝게도 그 기준점은 '돈'이다. 돈이 많은 이들에겐 축복이지만, 빈털터리 빈곤세대에겐 재앙에 가깝다. 특히 상대적 박탈감이 가득한 후속세대에게 고령화는 엄청난 시한폭탄이다. 넘어질 수밖에 없다는 점에서 물구나무를 섰다는 표현까지 나온다.

결국 노후대책의 해법은 '경제적 자유'로 압축된다. 특히 살아갈 날이 많은 청장년층의 경우 대안 마련이 시급하다. 그들이 늙을 즈음이면 노후안전망인 연금 잔고도 바닥날 수 있다. 노후자금을 위한 해법마련은 다양하다. 얼추 노후소득원은 공적연금국민 · 사적연금개인 · 사적이전자녀봉양 · 자산소득 · 근로소득 등이 거론된다. 현실적으로 가장 유력한 대안은 정년 이후에도 꾸준한 일거리로 월급루트를 확보하는 것이다.

일본가계에 장기 · 지속적인 근로소득 확보가 필연인 이유는 간단하되 절박하다. 무엇보다 고령화 심화로 향후 살아내야 할 인생후반기가 그만큼 길어졌다는 점을 뺄 수 없다. 물론 금전여유가 있다면 고령화는 축복이지만 실은 재앙으로 느끼는 이가 더 많을 정도로 빈곤세대가 적잖다. 돈이 있어도 끝을 알 수 없는 소비생활만 지속되면 불안한 건 매한가지다. 언제 죽을지도, 언제 노인질환 · 사고가 발생할지도 모르는데 아무리 쟁여둔들 불확실성은 사라지지 않는다. 정부곳간도 바닥난 상태라 60세면 주던 공적연금은 이제 65세가 돼야 받도록 줄여졌다. 60세면 퇴직인데 그나마 믿었던 공적연금은 65세부터 받는다니 퇴직딜레마의 체감정도는 심각할 수밖에 없다.

축복 혹은 재앙⋯
길어진 후반기와 줄어든 정부곳간

먼저 일본의 고령화, 즉 늙어가는 속도부터 체크해보자. 평균수명 83세2009년를 자랑하듯 일본의 고령화 정도는 심각하다. '추계인구'에 따르면 1억2,751만 명2009년 10월1일 중 22.7%2,901만 명가 65세 이상 고령인구다. 그중 65~74세1,530만 명가 75세 이상1,371만 명보다 다소 많다. 구체적으로

65세 이상 인구 비중은 1970년 7%고령화사회, 1994년 14%고령사회를 넘었고, 2006년 20%초고령사회를 초과했다.

초고령사회에 진입한 국가는 일본이 세계 최초로 지난 2010년 독일이 가세함으로써 2개국으로 늘어났다. 일본의 향후 추세를 보면 2055년 전체인구8,993만 명은 물론 15~59세4,006만 명가 급감하는 가운데 75세 이상 2,387만 명 인구는 오히려 2배 이상 증가할 것으로 예상된다. 이로써 노인부양비율은 3.3명2005년에서 1.3명2055년으로 떨어지며 사회경제적 부담은 더 늘어나게 됐다.

반면 노후생활로 요약되는 평균수명은 매년 증가세다. 간이생명표2008를 보면 60세 시점 평균여명은 지난 60년 남성14.84년 · 여성22.58년에서 2008년 남성17.83년 · 여성28.12년으로 평균 4~5세가량 늘어났다. 한편 평균수명은 2055년 87세까지 연장될 것으로 전망된다.

고령화 심화원인은 몇 가지로 요약된다. 우선 사망률 저하에 동반한 평균수명 연장이다. 생활환경 개선과 식생활 · 영양상태 개선, 의료기술 진보 등으로 사망률이 현저하게 감소한 덕분이다. 저출산에 따라 약년인구가 감소한 것도 고령화에 영향을 미친다.

한편 고령화는 매년 과거최고치를 경신하는 사회보장급부비 부담을 늘린다2007년 91조4,305억엔. 국민소득 대비 점유비율은 1970년 5.8%에서 24.4%까지 증가했다. 〈고령사회백서〉2010에 따르면 전체세대 중 65세 이상 고령자가 있는 세대비율은 41.2%2008년에 달한다. 1990년 26.9%에 비해 상당히 증가했다. 거주형태는 29.7%가 고령 · 부부세대로 단신세대22.0%를 합할 경우 절반 이상이 고령자만의 가구로 구성된다. 다만 '고령자 일상생활에 관한 의식조사'를 보면 생활만족도가 평균 80%대일 정

■ 일본의 노동력인구 추이

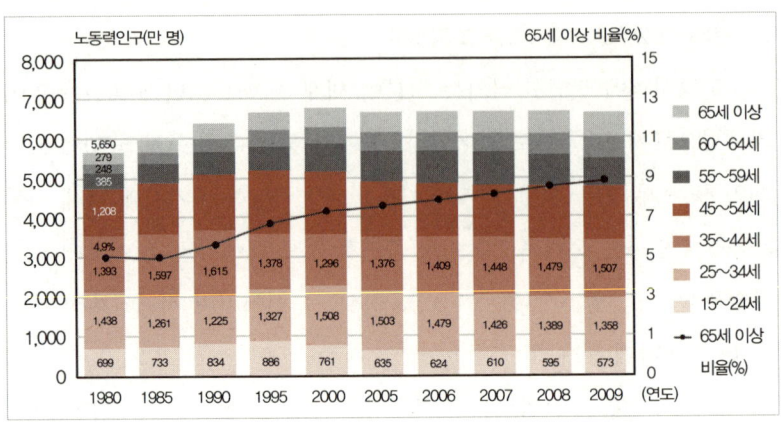

— 자료: 고령사회 백서(2010)

도로 높지만 그 만족도는 시간이 갈수록 떨어지는 추세다1994년 89.3%→2009년 81.9%.

이렇듯 수명연장이 심화돼도 그것이 남부러운 축복이라면 문제될 것이 없다. 하지만 대부분 가계에 장수는 재앙에 가깝다. 노후를 즐길 여유는 둘째치고 기초생활을 위한 필수불가결한 생활비조차 없는 경우가 많아서다. 정년 이후에도 꾸준한 근로소득이 필요한 이유다. 게다가 근로소득이 더해질 때 3층의 연금수혜도 비로소 빛을 볼 수 있다.

'장수=재앙'의 등식을 뒷받침하는 근거는 셀 수 없이 많다. 현재 일본사회를 지배하고 있는 장수대국을 둘러싼 부정·폐쇄·절망적인 분위기가 대표적이다. 2010년의 경우 무연無緣사회·고독사·노후난민 등 고령그룹을 둘러싼 사건사고가 일본사회에 큰 충격을 던졌다. 일부라지만 고령그룹의 이 같은 빈곤실태가 알려지면서 반성과 대안마련 요구도 높아졌다. 그만큼 고령세대의 실제 상황이 그간 수면 밑에 가라앉은 채 배제·소외됐다는 얘기다.

한편에서는 '예비군'이라는 수식어에서 확인되듯 향후의 본인문제로 우려하는 젊은 청장년세대의 긴장감도 나날이 높아진다. 특히 주목되는 것은 고령세대의 경제적 빈곤문제 확인이다. 일본적 고용시스템의 절정기 적용계층답게 연공임금·퇴직금·상속금 등 막대한 금전수혜를 입어 금융자산의 60% 이상을 소유한 고령인구의 상당수가 퇴직과 함께 빈곤생활에 진입하기 시작했다는 것은 상상하기 힘든 현실이기 때문이다. 즉 '고령자=부자'라는 이미지가 흔들리기 시작했다. 중앙치가 아닌 평균치에 전도된 통계착오의 그늘을 인지하지 못한 채 막연히 고령층 중에는 부자가 대부분일 것이라고 판단한 것에 대한 반성이 대표적이다.

연금수급 연령연장과 함께 '정년연장 압박증대'

이때 빈곤노인이 생각보다 많다는 인식변화를 제공해준 게 공적연금 수급개시 연장조치다. 고령화로 은퇴 이후 삶의 길이는 길어졌는데 정작 기대했던 연금수급은 더 늦춰지면서 '마의 벽60세→65세'으로 요약되는 보릿고개를 못 넘기는 빈곤노인 증가현상이 곳곳에서 목격되기 시작했기 때문이다. 부자노인으로 여겨졌던 이들의 감춰진 빈곤실태가 본격적으로 이슈화된 것이다.

즉 정년연장이 필요한 또 다른 이유는 연금수급 개시연령의 연장조치에서 찾아진다. 재정압박에 시달리는 일본정부가 연금지급 타이밍을 65세로 늦춤으로써 60세 정년제에 묶인 이들의 자금압박을 한층 높였기 때문이다. 물론 정부가 손을 놓은 건 아니다. 연금수급 개시연령 연장과 함께 정년연장·계속고용·정년폐지의 선택지를 법률로 의무화해 실질적으로 65세까지 계속 일하도록 기업을 압박하고 있다.

다만 현실은 다소 변칙적이다. 대다수 기업이 정년연장·폐지보다는 60세 정년시점에 일단 고용계약을 끝낸 뒤 임금 및 처우수준이 급락한 형태로 근무연장·재고용 방법을 선택하고 있어서다. 입었던 유니폼을 벗긴 채 별도 관리에 동의할 경우 새 옷을 지급하는 형태다. 그나마 희망자 전원이 계속고용을 보장받는 경우는 절반에도 미치지 못한다. 이렇게 되면 60세 정년 이후의 연금생활이라는 과거의 일반적인 노후생활은 기본적으로 힘들어질 수밖에 없다.

결국 방법은 근로의사·능력을 갖춘 고령자가 가능한 한 장기간 현역근로에 준해 근무하는 환경정비의 마련으로 요약된다. 게다가 실제 고령근로자의 근로의욕은 상당히 높다. 특히 정년연장의 제도안착은 한층 고령화가 심화될 시기를 살아야 하는 후속세대 근로자를 위해서도 상당한 합리성을 갖는다. 이런 점에서 양보를 대전제로 한 노소老少갈등과 임금구조 등 정년연장의 제도안착을 위한 검토문제가 서둘러 해결될 필요가 있다.

개정고령자고용안정법 시행2006년 이후 정년연장에 관한 관심은 늘어났다. 다만 고령화보다는 저출산에 정책포커스를 강조하는 민주당으로의 정권교체 이후 정년연장은 소수 이슈로 전락한 분위기다. 담당부서와 전문기관 등에서 관심제고를 위한 꾸준한 문제제기는 지속되고 있지만 아동수당·고교무상교육 등 저출산 이슈보다 순위가 다소 밀리는 분위기다.

경제성장과 사회적 에너지 충전을 위해서도 고령인구의 경제활동은 바람직하다. 고령인구가 1% 늘어날 때 GDP가 0.041% 감소한다는 통계 IMF가 있을 정도로 고령화는 성장률 하락을 고착화한다. 또 저축률 하락으로 자본공급을 저해한다. 잠재적 성장력을 훼손한다는 의미다. 반면 사회보장급부비는 늘어날 수밖에 없다. 이런 시각은 모두 고령인구가 뒷방생활을 한다는 게 전제다. 근로소득으로 한층 탄탄한 가처분소득을 확보하면 일정부분 해결되는 이슈다.

고령인구의 지속적인 경제활동은 부족한 노후자금을 확보한다는 점에서 개인 차원에서 필수불가결한 주제다. 하지만 시각을 넓히면 유휴노동력의 활용을 통해 성장 에너지원을 유지·확보한다는 점에서 국가경제에도 바람직하다. 실제 노동력의 미스매치 취업자 눈높이와 현장의 일자리 갭가 문제지만 노동력이 부족한 생산현장이 적잖다. 그래서 여女, 노老, 외外, 로봇을 활용하자는 목소리가 높다. 여성근로자, 고령근로자, 외국인근로자, 로봇 등이다. 이중에서 가장 무난하다고 평가되는 게 고령근로자와 여성근로자 활용증대다. 정년연장이 복합적인 함수로 풀이되는 이유다.

퇴직 이후 빈부격차 관건은
'근로소득 보유 여부'

풍경 1 = 노인대국답게 일본 길거리엔 고령자가 넘쳐난다. 한낮에 대중교통을 이용해보면 특히 그렇다. 동네 근방을 다니는 마을버스 승객은 열에 아홉이 노인탑승자다. 당연히 일하는 노인도 많다. 누가 봐도 쉴 나이(?)인데 앞치마를 두르고 가게 안팎을 오가는 노인점원이 적잖다. 온천 등 서비스 접객공간도 예외는 아니다. 톨게이트 징수원이나 골프장 캐디도 할아버지·할머니가 많다. 특히 공사현장 교통안내원은 거의 대부분 고령근로자다. 현장통제를 위해 공사현장 전후방에 배치되는 간단한 일은 노인이라도 손쉽게 할 수 있기 때문이다. 근로시간에 따라 소득수준은 천차만별이지만 이들 고령근로자의 만족감은 비교적 높다. 큰돈은 아니라도 공적연금 부족분을 벌충하기엔 충분하다. 하루 5시간에 주 3일만 근무해도 시급 1,000엔일 경우 6만~7만 엔 수입은 가능해서다. 이 정도 근무시간이면 노동압박이 적고 취미생활을 즐기는 데 제한도 없다.

다만 이 경우는 아르바이트에 가깝다. 정년연장 등의 풀타임근로자라면 월 평균 20만~30만 엔이 대부분이다.

풍경 2 = A씨는 2009년 정년60세을 맞아 퇴직했다. 한평생 회사만을 위해 달려왔기에 그간 소홀했던 가족관계를 복원하고 삶의 보람을 느끼고자 고용연장 대신 퇴직카드를 선택했다. 고용연장을 신청해도 지방의 관계회사에 단신부임될 것이라는 풍문도 한몫했다. 하지만 요즘 후회 중이다. 40여 년 만의 가족복귀는 새 갈등을 낳았고 연금수입만으로는 실질적인 가장역할을 할 수 없었다. 미혼자녀 둘은 30을 넘겼는데도 비정규직 프리터로 용돈을 받아간다. 결국 A씨는 재취업을 결정했다. 그런데 '잘나가던 그'를 반기는 곳은 없었다. 알음알음 네트워크를 총동원해도 다들 제 코가 석자였다. 눈높이를 낮춰 집 근처 헬로워크공공직업안정소와 실버인재센터에 눈도장을 찍지만 일자리는 묵묵부답이다. 일반사무직은 어려울 것이라는 말만 돌아올 뿐이다. 자존심은 상할 대로 상했다. 그래도 먹고살자니 방법이 없다. 포기하기엔 살아갈 날이 너무 길어서다.

퇴직자; "어디든 상관없다. 일하고 싶다."
퇴직예정자; "무서운 시대가 왔다. 지금부터가 정말 지옥이다."

퇴직 이후의 빈부격차를 결정짓는 관건은 '근로소득' 여부에 달렸다 해도 과언이 아니다. 장기·지속적인 근로소득이 있다면 현역 시절 쌓아둔 축적자산을 헐어 생활비로 벌충하는 경우보다 지갑사정이 훨씬 여유로워지기 때문이다. 심리적 안정감은 두말할 필요가 없다. 돈이 들어올 루트가 없다면 지출구멍의 체감크기는 더 커질 수밖에 없어서다.

하지만 많은 이들에게 정년은 곧 실업이다. 노후공포가 본격화되는 시점이 바로 정년퇴직 그다음 날부터다. 고령화·저소득의 이중압박이 던지는 삶의 무게가 결코 녹록지 않기 때문이다. 게다가 65세가 될 때까지 5년 동안은 연금조차 안 주도록 법까지 바뀌었다. 60세부터 배고픔을 염려하는 시선이 결코 소수파가 아니라는 주장에 힘이 실리는 건 이 때문이다. 결국 배고픈 노후를 피하고 목돈이 드는 진짜 겨울을 준비하자면 방법은 하나뿐이다. 취업이다.

쌓아둔 금융자산보다 들어올 근로소득이 중요

앞장에서 자세히 살펴봤듯 일본노인은 생각보다 가난한 편이다. 종신고용·연공서열에 따른 성장과실을 집중적으로 받아 나이가 들수록 임금커브 수혜를 입었고, 은퇴 시점엔 막대한 퇴직금을 수령하며, 이젠 평균수명에 임박한 부모세대의 상속자금까지 받는 운 좋은 경우는 물론 존재한다. 적지도 않지만 그렇다고 일본노인의 상징모델로 삼기는 힘들다. 대개는 그렇지 않을 뿐만 아니라 이제부터 정년을 맞는 후속세대에겐 그림의 떡에 불과해서다.

실제 노노老老격차는 상당한 수준에 달했다. 65세 이상 고령자의 가처분소득등가 및 지니계수는 각각 203만 엔·0.331로 전체 평균각각 223만 엔·0.324보다 열악하다. 세분화한 가처분소득·지니계수는 고령단신160만 엔·0.368, 단신자녀+단신고령185만 엔·0.384, 고령부부200만 엔·0.308, 단신자녀+부부고령212만 엔·0.330, 부부자녀+부부고령230만 엔·0.297, 부부자녀+단신고령254만 엔·0.302 등의 순으로 나쁘다熊野英生·2010년. 즉 고령단신 혹은 단신자녀와의 동거고령일수록 가난하다. 그런데 인구비중은 자녀와의 비동거 고령세대가 54%부부세대=39%, 단신세대=15%로 절반을 차지한다. 단신자녀+부부고령15.6%까지 합하면 70%의 고령자가 평균 이하 가처분소득이라는 결론이다.

특히 고령자의 가처분소득은 은퇴여부와 직접연관이 있다. 2004년 자녀와 동거하지 않는 고령세대의 가처분소득을 은퇴그룹과 비은퇴그룹으로 나눠 살펴봤다. 그 결과 은퇴179만 엔·비은퇴279만 엔로 나타났는데 2007년 조사은퇴 169만 엔, 비은퇴 279만 엔 때보다 은퇴세대 소득수준이 한층 힘들어졌음을 알 수 있다. 평균 60~70%의 공적연금 가처분소득 기여도도 은퇴그룹90%이 비은퇴그룹40%보다 의존도가 훨씬 높다. 은퇴에 따른 근로소득 상실이 이후의 가처분소득 감소에 결정적이라는 뜻이다. 즉 소득격차가 근로소득에 기인한다는 얘기다.

결국 당면생활비는 물론 노후자금의 이중적인 금전부담을 해결할 대안은 소득을 추가적으로 확보하는 환경제공으로 모아진다. 실제 고령자 복지의 핵심은 일자리 확보를 통한 근로소득 유지다. 정년과 무관한 꾸준한 근로소득이야말로 현실생활비와 노후자금원을 확보하는 가장 안정적이고 바람직한 해결책이기 때문이다. 게다가 고령자 지원을 위한 막대한 재정부담도 경감시킬 수 있다. 동시에 정년연장을 통한 근로유지는 재정건실화를 위해 도입한 연금수령 연령조정 등의 연금개혁에 따른 공백기를 벌충해줄 유력카드다.

특히 중간층 이하 저소득층은 정년연장이 필수다. 65세부터 연금을 수령해도 어떤 형태든 계속해 일하지 않을 수 없는 상황에 놓여 있기 때문이다. 여기엔 자영업자가 포함되는데 이들은 원래 보험료 부담과 급부가 적은 국민연금 가입자로 정년퇴직도 없는 게 보통이다. 이보다 더 열악한 경우가 평생직장 없이 단기적인 경기부침에 휘둘리면서 저소득·장기실업에 노출된 고령그룹이다. 게다가 비정규직 등 저소득 근로자는 다른 소득계층보다 상대적으로 건강상태도 열악해 고령일수록 취업이 힘든 경우가 일반적이다.

이들의 경우 연금생활은 불가능하고 일도 못하면 노후생활이 궁핍해지는 것은 시간문제다. 실제 일본의 연금급부 수준순연금소득대체율은 OECD 평균70%을 하회하는 60% 수준에 머문다. '고령자의 소득계층별 가처분소득 구성변천'에 따르면 근로소득 구성비는 저소득층25%과 중간소득층39%에 이르러 각각 5%대·10%대인 스웨덴·영국·미국 등보다 높다. 축적자산·평균소득 모두 빈곤상태로 전락한 고령세대가 노후생활을 안정적으로 영위하자면 정년 이후의 꾸준한 근로소득만이 유일한 방법이라는 얘기다.

중간층 이하일수록 정년연장 통한 근로소득 필수

정년연장을 통해 꾸준한 근로소득이 필요한 것은 고령세대뿐만 아니다. 더 심각한 것은 '노후난민 예비군'으로 일컬어지는 정년에 임박한 4050세대의 불안감이다. 이는 최근 정년연장 이슈가 일시적인 계속고용 확대적용이 아니라 장기·지속적인 제도안착으로 연결돼야 하는 이유 중 하나다.

갈수록 경제사정이 저성장구조로 전환되면서 이들 4050세대의 은퇴 이후 노후자금 마련압박이 심화되고 있다는 점도 정년연장의 필요를 높인다. '퇴직금과 노후생활에 관한 조사결과샐러리맨 1만 명 대상'를 보면 응답자의 70%가 "본인노후가 지금의 고령자 생활보다 나빠질 것"으로 내다봤다. 현재생활과 비교해 그 정도를 물어도 49.5%가 "지금보다 나빠질 것"으로 답했다.

"좋아질 것"이라는 응답은 단지 6%뿐이었다. 노후난민 예비군을 둘러싼 불안감의 표시다. 퇴직 이후 최대불안은 공적연금에 대한 불신88.9%이며 재원고갈과 급부감액이 원인으로 거론됐다. 연금수급만으로는 생활이 힘들 것85%이라는 게 절대다수였다피델리티퇴직투자교육연구소 · 2010년

㈜일본의 신화붕괴
'사라진 회사의 노후 책임'

회사인간, ㈜일본, Economic Animal…….

일본경제론을 언급할 때 빠지지 않는 단어들이다. 즉 1960년대부터 본격화된 '황금의 30년'이라는 고도성장을 규정하는 핵심근거들이다. 성장 우선에 경도된 탓에 비난적인 코멘트로 출발했지만 어쨌든 자본주의 역사의 한 축을 담당한 것은 분명하다. 이를 완성한 것이 바로 종신고용·연공서열·기업노조 등으로 압축되는 일본적 고용시스템이다.

고도성장기 당시 일본의 샐러리맨은 지금과 비교할 때 상대적으로 행복(?)했다. 잔혹할 정도의 고강도 근무환경과 회사중심주의에 따른 가족방기 등 경제동물답게 특유의 부작용이 상당했지만 최소한 먹고사는 문제는 해결해줬다. 당장의 생활비는 물론 향후의 노후자금까지 보상해줬다. 라이프사이클로 봤을 때 목돈이 필요한 40~50대에 생활급이라는 명목으로 기여도 이상의 금전보상이 이뤄졌기 때문이다. 요컨대 종신고용·연공서열의 수혜다.

가령 일본의 주요기업은 주택마련, 자녀교육, 노후자금 등 3대 목돈항목을 회사내부에서 대개 해결해주는 시스템을 갖췄다. 주택마련은 사택제도 등으로 생활기반을 제공했다. 영화나 소설 등에 회사사택이 자주 등장하는 것도 그만큼 사택제공이 일반적이었다는 증거이다. 교육비는 월급 이외로 제공되는 부가급fringe benefit 등의 각종 수당을 통해 회사가 지불하는 경우가 많았다. 또 노후자금은 일시퇴직금으로 비교적 넉넉히 주어졌다. 젊은 시절 회사를 잘 골라 들어가면 평생 잘릴 일 없이 늙어 죽을 때까지 돈 걱정 없는 삶이 가능했다는 얘기다. 경기침체·경쟁격화 등의 이유로 많은 게 사라진 지금의 후속세대 입장에선 부러울 수밖에 없는 대목이다.

실제 일본의 사회안전망에 기업부문의 역할은 결정적이었다. 흔히 일본의 복지모델은 3대 요소로 나눠진다. 기업복지, 지방통합, 사회보장 등이다. 기업복지란 사실 정부가 해야 할 사회안전망을 기업에 전가시킨 형태다. 샐러리맨이 되면 하층으로의 전락 없이 최소 중산층 이상의 삶은 기업이 유지시켜줬기 때문이다. 그 반대급부로 정부는 기업에 많은 특혜를 줬다. 기업복지에서 벗어나는 지방민심 수습차원에서는 막대한 공공투자로 돈을 뿌려 복지근간을 유지해왔다. 농촌에 돈이 돌도록 농한기 계절공에게 일자리를 제공한 형태다. 이도 저도 안 되는 절대빈곤층의 경우 그때서야 정부가 나섰다. 생활보호자 등 최소한의 안전망이 대표적이다.

그만큼 기업복지는 파워풀했다. 반대로 기업복지에 속하지 못할 경우 정부의 복지안전망이 취약한 까닭에 충격은 더 클 수밖에 없었다. 기업복지가 탄탄한 대기업 혹은 정규직이 아니면 일상적인 생활비 마련조차 힘들어하고 주택마련, 자녀교육, 노후자금 등은 스스로 해결하지 않으면 안 되는 극히 어려운 과제인 셈이다. 동일 고령세대라도 자산·소득격차가 현격히 벌어지고 그 와중에 빈곤노인이 늘어나는 이유도 여기에 있다. 동시에 최근의 일본적 고용시스템과 그 변화과정도 기업복지에서 제외된 빈곤노인의 양산과 밀접한 관계를 갖는다.

정부가 떠안긴 기업복지
주택·교육·노후자금까지 해결

원래 일본의 고용시스템은 경제성장을 발판으로 젊고 저렴한 청년근로자를 안정적으로 대거 흡수하기 위해 고안됐다. 이를 위해 일본의 고용시스템은 입구 신졸채용부터 출구 정년퇴직까지 꽤 큰 기울기의 연공서열·임금적인 처우를 제공한다. 이는 고용계약이 근본적으로 Job이라기보다는 Membership을 설정하기 때문으로 이해된다. 여기서부터 종신고용, 연공임금, 내부훈련, 기업노조 등이 자연스레 발생한다.

한편 연령비례의 임금상승을 통해 기업이 고용책임을 떠맡음으로써 간접적인 사회보장도 담당했다. 고토우 미치오 後藤道夫는 이를 일본 특유의 생활보장을 위한 고용시스템으로 규정했다. 다만 종신고용이라는 표현은 오해의 소지가 있다. 일본적 고용시스템은 기본적으로 연령에 비례해 근로자를 기업 외부로 배출하는 정년제를 불가결한 구조로 포함하기 때문이다. 의미대로 종신고용이 아닌데 이는 연공임금커브가 언제까지 계속해 오를 수 없어서다. 애초 자녀독립 등 생활급의 의존도가 떨어지는 55세에 정년이 맞춰진 이유도 여기에 있다.

일본적 고용시스템을 특징짓는 종신고용·연공서열 등은 90년대 이후 변화하기 시작한다. 2000년대 이후 신자유주의적인 이데올로기가 급속히 도입되며 일본적 고용시스템의 기능부전·제도철폐가 힘을 얻었기 때문이다.

95년 닛케이렌日經連의 '신시대의 일본적 경영'이라는 보고서가 일종의 계기로 작용했는데 이후 무차별적인 종신고용·연공서열의 해체·재편을 촉진하는 목소리가 주류로 등장했다. 요컨대 '경기침체→실적하락→고용잉여→인원정리급여감소→실업증가→소비하락'의 악순환 탓에 일본적 고용관행에 브레이크가 걸린 것이다.

더 이상 일본적 고용시스템을 유지할 능력도 이유도 없었던 기업은 자구책이 필요했다. 신자유주의적인 철학에 준해 기업재편·도태를 위한 정리해고를 용인함으로써 생산성 향상을 꾀했다. 이후 유연한 고용구조를 위해 인건비를 고정비에서 변동비로 보는 인식이 확산됐다.

이때 기업선택지는 사실상 신졸채용을 줄이거나 기존사원을 정리하는 방법뿐이다. 특히 기업은 정부용인 하에 고비용 임금구조를 고치고자 비정규직 등 저부담 근로그룹을 적극 활용했다. 격차사회 논란은 이때부터 본격화됐다.

전통적인 일본적 고용시스템의 수정압력은 대부분 20~30세의 청년계층에 집중됐다. 하지만 고령자그룹에도 상당한 직간접적인 충격을 안겨줬다. 앞서 설명했듯 승자그룹으로 일컬어지는 기득권자 대부분이 정규직 근로자로 살아왔던 고령자인 것은 분명하지만 그중에서는 통계착오로 가려진 빈곤한 고령세대도 상당수에 이르기 때문이다.

오히려 2000년대 이후 노동시장의 유연성 강화를 위한 일련의 제도개혁이 가속도를 내면서 중산층에서 빈곤층으로 추락한 고령가구가 급증하는 추세다. 실제 금융위기 이후 일본노인의 빈곤문제는 일본사회의 주요화두로 떠올랐다. 어제오늘 일은 아니지만 출구 없는 인생 2막을 염려하는 시각이 부쩍 늘었다. 빈곤노인의 열악한 실상이 일본사회를 충격에 빠트린 건 물론이다. 거의 매년 빈곤노인이 주체인 놀라운 사건사고가 끊임없는 이유다.

노인인구 중 최소 10%가 절대빈곤이며, 건강보험 체납세대 중 절반이 노인가구라는 통계도 있듯 일본적 고용시스템이 붕괴되기 시작하며 사회복지에서 제외된 노인인구는 계속해 증가세다. 그나마 정부주도의 복지안전망이 기능하면 다행인데 이것조차 기대하기 힘든 상황이다. 고령빈곤자의 최후의 보루인 생활보호자 지정과정도 복잡하기 짝이 없다. 실상은 생활보호자로 지정돼 최소한의 삶을 유지할 필요가 있는데 막상 신청창구에 가보면 까다로운 행정편의적인 수급조건 적용 때문에 지정을 받지 못하는 경우가 비일비재하다.

신자유주의 이후 기업복지 끝…
'주먹밥을 달라' 빈곤노인

좀 더 자세히 살펴보면 생활보호 수급조건은 신청 당시 저축·부동산 등 자산이 없고 현금은 5만 엔 이하에 가족의 금전원조가 없으며 최저생활수준 이하의 수입일 경우에 한정된다. 금전원조 등 보기에 따라 주관적인 평가항목도 많다. 생활보호 부정수급 문제가 급부상한 것도 정작 수혜를 입어야 할 빈곤노인에겐 장벽이다. 부정수급 증가로 지자체 체크가 엄격해졌기 때문이다.

그도 그럴 것이 부정수급액은 90억 엔2006년으로 사상 최고치를 기록했다. 이는 전년 대비 30% 증가수치다. 실제 피해는 고스란히 빈곤노인인 약자에게 돌아간다. 2007년 큐슈에서 발생한 생활보호 중지로 인한 아사 사건이 대표적이다. 당시 사망한 남성의 일기장엔 "주먹밥이 먹고 싶다"는 작은 바람이 있었지만 이것조차 못 해준 게 일본의 현재모습이다.

일본정부의 사회안전망은 그만큼 열악해졌다. 정확히 말하면 애초부터 사회안전망이 미약한 수준에 머물렀다는 분석이 더 타당하다. 정부가 할 일을 기업에 맡기고, 그 보상으로 기업특혜적인 정책을 대거 도입했기 때문이다. 하지만 2000년대 초 신자유주의에 경도된 일본정부의 선택은 한층 매몰찼다. 개인복지를 스스로 알아서 해결해야 할 자기책임 영역으로 던져놨기 때문이다. 적자생존·승자독식의 파워게임을 복지영역에까지 도입한 것이다.

그렇다면 자구해결을 위한 기반정비라도 했어야 옳다. 하지만 이것도 방기했다. 빈곤노인을 줄일 일자리 제공에는 그다지 관심이 없는 모양새다. 기업에만 정년을 늘리라고 강제할 뿐 실효성 확보 차원의 정책대안은 찾아보기 힘들다. 주먹밥을 먹고 싶은 이들에게 공짜로 주먹밥을 안 주겠다면 벌어서 사 먹을 수 있게라도 해야 하는데 이것조차 난제다.

일본의 복지체계와 빈곤문제

정부역할 도맡은 기업복지… '기업 손 들자 안전망 붕괴'

일본의 복지체계는 크게 3대 요소로 완성된다. 기업복지, 지방통합, 진성복지(사회보장) 등이다. 좀 자세히 수식하면 정부역할을 대신한 기업사회의 복지제공, 지방민심 통제를 위한 공공투자, 절대빈곤의 어쩔 수 없는 사회보장 등이다. 일본은 이 3대 요소의 적절한 조합을 통해 고도성장을 일궈냈다. 지금이야 3개 모두 상당한 부작용이 드러났지만 당시엔 어쨌든 잘 기능한 모델이었다.

가령 정규직은 종신고용·연공서열을 보장받기에 노조도 기업에 협력하는 편이 유리하다. 요컨대 기업복지다. 또 기업성장의 복지혜택을 못 받는 지방산업·중소기업·농촌 등은 정부가 공공사업으로 재정지출을 보장함으로써 이들의 민심지지와 복지수혜가 교환될 수 있었다. 즉 자민당 이익유도 정치에 의한 지방통합이다.

실제 복지국가의 경우 재정지출 최대비목은 사회보장비다. 하지만 일본의 경우 가장 큰 비목은 공공사업투자로 세수를 사회보장으로 투입하는 대신 공공사업투자로 지방에 투입해 이들을 통합하는 효과를 갖는다. 자민당이 지방의 농업만으로는 살 수 없는 주민에게 공공사업으로 직업을 제공해 지지를 획득하는 형태다. 고속도로 건설에 20~30년 걸리는 이유가 여기에 있다. 농한기 겸업농가가 현지에서 일자리를 얻을 수 있는 것도 공공사업 덕분이다.

이도 저도 안 될 때 보완적인 수준에서 위약한 사회보장제도가 활용된다. 보완복지다. 일본의 주요기업은 하청과 비정규직을 통해 저임금 노동력을 확보해왔다. 피라미드 하부의 하청근로자와 지방농가로부터 조달된 임시·사회공 등 비정규직은 기업사회와 지방통합의 주변에 존재하며 사실상 국가의 복지수혜로부터 방치돼왔다. 혹은 국가가 이들을 기업사회와 지방통합의 복지모델에 위탁했다. 전통적인 일본의 복지모델은 이렇게 구성·기능해왔다.

하지만 2000년대 중반 이후 신자유주의 제도개혁은 그간 일본의 사회통합을 유지시켜온 복지모델을 순식간에 왜곡·분열시켰다. 이른바 대기업 중심의 기업사회, 자민당 이익유도의 지방통합, 보완적인 사회복지 등 3대 사회안전망이 급격히 파괴된 결과다.

즉 신자유주의 이데올로기에 따라 적극적인 구조조정으로 기업경쟁력 강화에 치중한 결과 노동시장에는 비정규직이 대량 발생했다. 극히 일부만 제외하면 대졸신입조차 종신고용·연공서열의 정규직은 하늘의 별 따기로 졸업과 함께 실업자로 전락하는 게 일상적이다. 자민당 구태파괴를 기치로 단행된 삼위일체 개혁은 지방재정을 고갈시켜버렸다. 천문학적인 거금으로 지방경제의 금고 역할을 담당했던 공공투자마저 중단되며 농촌·중소기업 등 지방경제도 추락했다.

이 둘이 깨지면 결국 믿을 것은 사회보장제도뿐이다. 그런데 사회보장제도의 안전망은 애초부터 위약하고 보완적인 수준에서 만들어졌고, 그나마 재정삭감 차원에서 연금·의료·개호·생활보장 등 각 부문의 제도축소·폐지마저 진행된 상태다. 해고된 근로자가 도시하층을 떠돌다 지방가족에게 돌아가도 천대받는 모습은 일상적인 풍경이 돼버렸다. 3대 사회안전망의 붕괴는 신자유주의 제도개혁의 결과물로 일본사회의 통합수준을 급격히 악화시켰으며 각종의 심각한 파생문제로 연결되고 있다.

고령근로의 힘
'84세에 월 25만 엔 근로소득'

사례 1 = 이무라井村조선은 토쿠시마德島에 위치한 작은 조선업체다. 3D업종이라는 한계에도 불구, 잔업제로를 실현해 고령근로자가 일하기 좋은 회사로 알려졌다. 회사엔 정년이 없다. 본인이 그만둘 의사가 없는 한 퇴직은 없다. 그러니 근로자 평균연령이 53세다. 70세를 넘긴 근로자도 6명이나 있다. 회사는 고령근로자의 충성심이 높고 젊은 사원의 모범이 된다는 점에서 고령근로를 반긴다. 잔업을 없앤 것도 고령근로자를 위한 조치였다. 최고령근로자는 77세다. 정규직으로 하루 8시간 일하는 조선공이다. 그는 "정년제가 없고 잔업조차 없어 상당한 도움이 되고 있다"며 만족해한다. 후배사원 지도가 전업이며 월평균 27만 엔을 번다.

사례 2 = 84세 A씨는 의료법인 코료우高嶺병원의 촉탁사원이다. 하루 8시간 근무하는 간호사인데 평균 월급이 25만 엔대다. "건강유지와

일하는 보람을 느껴 아주 좋다"는 입장이다. 72세의 또 다른 간호사 B씨는 파트타이머다. 역시 하루 8시간 일하며 시급 1,480엔을 받는다. 하루 1만2,000엔 정도로 월 20일 근무하면 약 24만 엔의 수입이 보장된다. 병원시설답게 전문적인 특수노하우를 보유한 이들이 연령을 이유로 그만두는 것을 낭비라고 보고 적극적인 고령근로를 추진한 결과다. 알코올 의존증 전문병원으로 야마구치山口에 위치했다. '숙년파워의 완전연소'를 위해 1992년 정년제를 폐지했다. 65세 때 퇴직금은 지급하되 이후 고용연장을 실시하는 형태다.

위의 두 가지 고령근로 사례는 일본의 고령·장애자고용지원기구JEED가 '70세까지 일할 수 있는 기업'이라는 슬로건으로 전국에서 찾아낸 모범사례2010년 4월 현재 100개 사 중 2개사 케이스다. 이 조직은 2008년부터 매년 고령취업 대표기업을 뽑아 발표한다. 놀라운 것은 이들 모범기업의 고령근로 및 소득보장 수준이다. 60세 정년이 절대다수인 와중에 정년을 70세로 늘리거나 아예 정년폐지를 선언한 기업이 적잖아서다. 소득수준도 의외로 높아 고무적이다.

사례 1과 2의 고령근로 주인공은 사실상 빈곤과 거리가 멀다. 이 정도 월급이면 공적연금만 합해도 넉넉한 생활이 가능해서다. 근로의지·능력만 있다면 정년이 없다는 점에서 불확실성도 상당 부분 떨어뜨린다. 정년연장 등 계속고용이 고령인구에게 필요한 이유가 여기에 있다.

무엇보다 회사 규모가 크지 않고 사업모델이 탄탄한 게 아닌데도 이렇듯 고령근로자를 대우해 계속 일하게 한다는 건 적잖은 의미를 갖는다. 노사 양자의 높은 만족도도 의미심장하다. 결국 은퇴대국 일본의 노인빈곤을 줄이자면 사실상 근로소득 유지·확보가 가장 유력한 카드라는 점을 위 사례는 잘 설명해준다.

정년연장의 경제합리성
'노인빈곤을 막아라!'

정년연장은 말 그대로 퇴직시점인 정년연령을 연장하는 뜻이다. 인구구조 및 재정상황 변화로 과거 설정한 정년제도의 설명력이 떨어지면서 이를 적절하게 수정·적용하자는 개념이다. 이는 일본뿐 아니라 연금수급개시연령을 늦추고 있는 대다수 고령국가에서 목격되는 공통이슈다. 일본의 경우 1990년대 이후부터 고령인구의 노동력 활용과 세수확보, 성장활력 등을 이유로 본격화됐다. 지금은 고령가계의 소득확보 차원에서 자주 언급된다.

먼저 정년제부터 살펴보자. 일본의 정년제도는 메이지明治시대 말기에 일부 대기업에서 도입하기 시작한 게 유래다. 이후 1920년대부터 점차 정년제 도입사례가 증가해 1935년에는 대기업의 절반 정도가 55세 정년을 도입했다. 정년제가 지배적으로 확산된 것은 1950년 전후지만 중소기업의 경우 여전히 도입비중은 낮았다. 고도성장기 이후 대기업은 거의 대부분 제도화됐으며 중소기업에도 점차 확산됐다. 60세 정년은 1980년 법제화됐고 1998년 이후에는 60세 이상 정년제를 의무화했다. 2013년까지는 65세 정년으로 확장된다.

정년연장의 경제적 합리성은 다양하게 확인된다. 국가 전체로는 적극적인 고령노동력 활용으로 구조적인 저성장 딜레마를 극복할 수 있는 데다 정부로서는 세원확보를 통해 안정적인 재정운영이 가능해진다. 요컨대 일본경제의 주요이슈 중 하나인 내수침체의 해결 실마리를 찾을 수 있다. 개인차원에서는 장수화로 잉여인간화의 대표집단인 고령자에게 새로운 인생모색과 삶의 만족감을 증가시키는 심리적인 장점도 뺄 수 없다.

실제 정년연장은 다양하고 포괄적인 경제적 합리성을 가진다. 연금과 취업기회 등을 둘러싼 노소老少대결이 없진 않지만 고령화 추세의 속도·강도를 볼 때 오히려 현재보다 더 미래지향적인 설명력을 가지기에 충분히 세부갈등은 조정할 수 있다고 보는 게 타당하다. 청장년 근로자로서도 조만간 그 수혜를 예상할 수 있기 때문이다.

정년연장은 무엇보다 고령인구가 간절히 원하는 이슈다. 실제 각종 설문결과를 봐도 정년 이후의 계속고용을 원하는 것이 일반적이다. '중고령자의 고용·취업실태에 관한 조사2010년'를 보면 고령인구의 취업희망은 아주 높다. 이유는 근로소득 확보차원에서다. 취업이유 1순위가 경제적 소득확보73%로 조사됐다. 아직은 삶의 보람과 사회참가23%나 시간여유12% 및 건강생활12% 등 비경제적 이유는 소수응답에 그쳤다. 또 고령근로가 경제적 이유 때문이라고 답한 응답비율은 연령이 낮을수록 높다. 또 생활향상7%보다는 생활유지89%라는 현실적인 답변이 많았다.

주간 『동양경제』2010/10/2의 설문결과도 비슷하다. 응답자의 35%가 정년 이후의 적극근로를 희망했다. 일하고 싶지 않지만 일하지 않을 수 없다30%까지 합하면 65%에 육박한다. 희망정년은 65세 이상이 압도적이었다. 자영업·영세기업 등에 종사할수록 70세 이상까지 일하고 싶은 의욕이 높았다. 이유는 연금수령 공백벌충40%과 연금부족분 벌충45%대이 대부분이다. 근로보람 · 건강유지 · 사회연대 등은 일부에 그쳤다.

　근무형태는 다양하다. 응답자의 50% 이상이 풀타임 일자리를 원하는 것으로 조사됐다. 실제결과도 범주를 벗어나지 않는다. 고령고용자 중 풀타임근무가 57%를 차지한 가운데 단시간근로34%가 그 뒤를 이었다. 단시간근로는 하루 반나절을 일하거나 혹은 1주일에 2~3일만 일하는 경우다. 당연한 얘기지만 연령이 높아질수록 풀타임근무자는 줄고, 단시간근로 등 변형근로자가 늘어난다. 특히 고령여성의 단시간근로 비율이 높다중고령자의 고용 · 취업실태에 관한 조사, 2010년.

저연금 · 무연금자↑
'정년 없이 일하고 싶다'

이런 이유로 일본의 고령취업률은 대단히 높은 수치다. 경제적인 이유로 고령자 경제활동이 활발해질 수밖에 없어서다. 실제 일본의 고령자는 세계에서 유례를 찾아보기 힘들 정도로 경제활동에 적극적이다. 2008년데이터북 국제노동비교 2010 70%대 후반인 60~74세 일본남성의 노동력비율취업자+완전실업자/15세 이상인구은 세계 최고 수준이다. 미국 · 영국60%은 물론 스웨덴68%조차 제친 수치다JILPT · 2008.

　또한 이들 60세 이상 취업자의 대다수는 연금수급자다. 연금수급자이면서도 생활비가 부족해 추가적인 근로소득에 나선다는 결론이다. 고령자취업실태조사결과2004에 따르면 연금수급자이면서 취업자인 경우는 남성 45%, 여성 25%로 매년 증가세다후생성 · 2010년. 이들 중에는 특히 국민연금만 받는 농민 등 자영업자와 현역시절 중소영세기업 근무자나 파트타이머 등 저액연금자가 많다. 연금수급 중인데도 일을 하지 않을 수 없는 (준)빈곤가구다. 이들의 안정된 노후생활을 위한 정년연장의 제도적 안착이 거론되는 건 어쩌면 당연한 귀결이다.

고령자의 취약한 소득상황을 한층 위기상태로 내모는 것은 연금개혁 때문이다. 연금개혁에 따라 후생연금의 지급개시 연령이 늘어나면서 설상가상 고령자의 자금사정을 한층 악화시키기 때문이다. 고용과 연금의 접속불일치다. 정부는 후생연금의 정액부문94년 개정과 보수비례부문2000년 개정의 지급개시 연령을 60세에서 65세로 일정단계를 통해 상향조정하기로 결정했으며 현재는 정액부분 64세와 보수비례부문 60세일 경우 연금수령이 가능한 상태다.

즉 대다수 샐러리맨이라면 60세 정년 이후 어떤 형태로든 기존세대에 비해 연금수입이 지연될 수밖에 없다. 이런 이유로 대부분 기업이 정년 이후에도 계속고용특히 재고용의 형태로 실질적인 정년연장 조치를 취하고 있다. 아직은 소수에 그치지만 65세까지의 정년연장과 정년폐지를 도입한 기업도 존재한다. 이런 점에서 '정년퇴직=은퇴'의 고정이미지는 일정부분 탈피하는 중이다.

문제는 앞으로다. 연금수급 때까지 일정기간을 버티기 위한 60세 정년 이후의 근로만으로는 부족하기 때문이다. 2013년부터 후생연금 보수비례부문의 지급개시 연령이 올라가 2025년 완전히 도달하면 65세까지 연금을 못 받는 상황에 직면해서다. 결국 최소한 65세까지 현업과 동일한 취업필요가 불가피해진다. 일각에서 65세까지의 정년연장은 필수불가결하며 70세까지 추가적으로 일할 수 있는 환경제공이 거론되는 이유도 여기에 있다.

아직은 공론화 단계가 아니지만 고령화로 재정압박에 고심 중인 일본 정부 입장에서도 연금구조의 고부담·저급여와 함께 70세까지의 추가적인 수급연령 연장조치를 취할 개연성이 없잖다. 이 차원에서도 정년연장의 자연스러운 연착륙이야말로 거시·재정부활을 포함한 국가경제의 활력요소로 이해할 수 있다.

■ 연금수급 개시연령 연장스케줄과 수급공백 시나리오

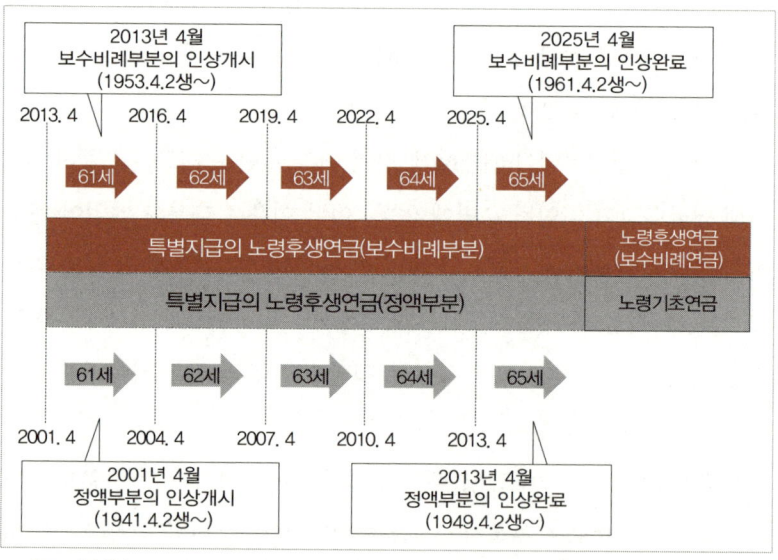

— 자료: 후생성

거세지는 정년무용론
'연령차별 없는 평생현역'

'젊은 할아버지·할머니'는 더 이상 모순적이지 않다. 할아버지·할머니를 구분하는 연령잣대가 상당히 무의미해졌기 때문이다. 젊게 보이고 건강한 육체를 지닌 고령인구가 그만큼 늘어나서다. 의학·미용기술이 좋아져 겉보기만으로 연령을 평가하기도 힘들어졌다. 둘러보면 "나이는 숫자에 불과하다"는 말에 동의하지 않을 수 없는 고령인구가 적지 않다.

그렇다면 노인·고령자의 기준은 뭘까. 가장 손쉬운 게 연령기준이다. '연령·가령에 대한 의식조사 2003년'를 보면 일본인들은 70세가 넘어야 비로소 고령자로 인식하는 느낌이다. 응답자의 48%가 노인연령으로 70세 이상을 꼽았다. 75세 이상도 13%에 달했다. 10명 중 6명이 최소 70줄은 들어가야 노인대접을 한다는 의미다. 65세 이상 비율은 19%에 불과했다. 2004년 조사에서는 75세 이상을 꼽은 비율이 더 늘어나 20%에 달했다. 갈수록 노인연령의 상향조정 추세가 심화됨을 뜻한다. 적어도 60대는 양로원에 명함도 못 내밀게 됐다.

이제는 노인·고령자의 정의를 바꿀 때가 됐다. 이는 단순한 개념수정에서 벗어나 법·제도차원의 후속조치가 불가피한 과제라 신중할 필요는 물론 있지만 더 이상 미루기에도 목에 찬 이슈다. 시대변화를 반영하지 않은 채 몸에 맞지 않는 옷을 계속해 입었을 때의 부작용이 훨씬 크기 때문이다. 이 글의 관심사인 노후준비와 관련된 정년퇴직·연금제도 등이 대표적이다.

엇갈리는 노인규정
'법·제도는 65세, 체감인식은 70세↑'

그렇다면 늙었다는 기준은 과연 뭘까. 고령자의 명확한 정의는 없지만 기준은 있다. 대표적인 게 65세다. 1956년 UN보고서에 선진국의 고령화 수준을 체크할 때 65세 이상을 고령자로 규정한 게 유래다. 전체 인구에 대한 65세 이상 인구비율을 고령화율로 정의했는데, 이때부터 '고령자=65세 이상'이 정착됐다. 일반적으로 전체 인구에서 65세 이상 인구가 7%, 14%, 20%를 넘어서면 각각 고령화사회, 고령사회, 초고령사회로 부른다. 물론 대체적이고 암묵적인 기준일 뿐 명확한 의미는 없다. 일부 데이터에서는 50세를 노인경계로 삼기도 한다국제보건기구·Minimum Data Set Project.

학계정의는 보다 구체적이다. 브린Breen은 생리·육체적 변환기, 심리적 정신기능의 감퇴, 사회적 관계축소 등을 고령인구의 특징으로 봤다. 환경변화 적응결손, 본인능력 감퇴시기, 신체적 쇠퇴현상, 정신적 생활결손, 저장소모의 적응감퇴 등의 정의도 있다국제노년학회.

노인천국답게 일본에선 고령인구 정의가 꽤 다양한 편이다. 연령기준으로 살펴보면 얼추 65세가 노인정의의 출발점이다. 최근엔 보다 세분화해 65~74세를 전기前期고령자, 75세 이상을 후기後期고령자로 구분한다. WHO세계보건기구는 75~84세를 후기고령자로, 85세 이상을 말기末期고령자로 보기도 한다. 정부기관끼리도 시각이 다르다. 세제상 노인부양을 따질 때는 70세 이상인데 노인보건법에서는 최근 75세로 상향됐다.

노인혹은 고령자정의의 수정작업은 복잡한 과제다. 그간의 많은 정책·제도기준이 바뀌기에 다양한 금전·수고가 동반된다. 반대로 고령인구의 상향조정은 그만큼 다양한 가능성의 확대를 뜻한다. 과거 만들어진 정의·범주규정과 여기에 매몰된 탓에 원천봉쇄가 불가피했던 한계를 풀어줌으로써 새로운 기회창출이 가능해서다. 65세에서 70세로만 늘려도 사회는 확연히 달라질 수밖에 없다.

정년연장도 이 맥락에서 이해할 때 추구가치가 한층 높아진다. 잉여 혹은 불요노동력의 적극적인 생산 참가가 가능하기 때문이다. 동시에 가처분소득의 유지·확대는 내수침체의 돌파구를 제공하고 세수확보를 통한 재정안정에도 도움이 된다. 무엇보다 노후자금이 없어 고전 중인 중산층 이하 빈곤노인의 생활수준을 업그레이드시킬 수 있다.

일본은 고령화이슈가 본격적으로 부각된 1990년대 이후 정년연장을 추진 중이다. 먼저 1994년 고령자고용안정법의 개정을 통해 1998년부터 60세 정년을 의무화했다. 이후 고령자고용안정법2000년 개정은 65세까지의 계속고용을 기업에 촉진하는 노력을 의무규정으로 뒀다.

하지만 강제가 아닌 노력 의무규정은 한계에 봉착했다. 이에 따라 65

세 정년의무를 규정한 고령자고용안정법이 2004년 개정됐고 2006년부터 발효 중이다. 연금지급 개시연령이 65세로 높아지면서 그 공백기를 매우기 위해 65세 정년제 등 계속고용제도고령근로자가 희망할 때 정년 이후에도 계속해 고용하는 제도의 단계도입을 의무화한 것이다.

구체적으로는 △정년상향 △계속고용 △정년폐지 등이며 대상은 근로자가 있는 전체기업이 해당된다. 계속고용은 근무연장과 재고용으로 나뉜다. 근무연장이란 정년연령이 설정된 상태로 그 연령에 도달한 근로자를 퇴직시키지 않고 계속해 고용하는 제도다. 재고용이란 정년연령에 도달한 근로자를 일단 퇴직시킨 뒤 다시 고용하는 제도다. 정년상향 스케줄은 2007년62세 이상, 2010년63세 이상, 2013년64세 이상 등이며 2013년 4월부터 정년은 65세 이상으로 설정된다.

■ 개정고령자고용안정법에 따른 계속고용제도 도입흐름

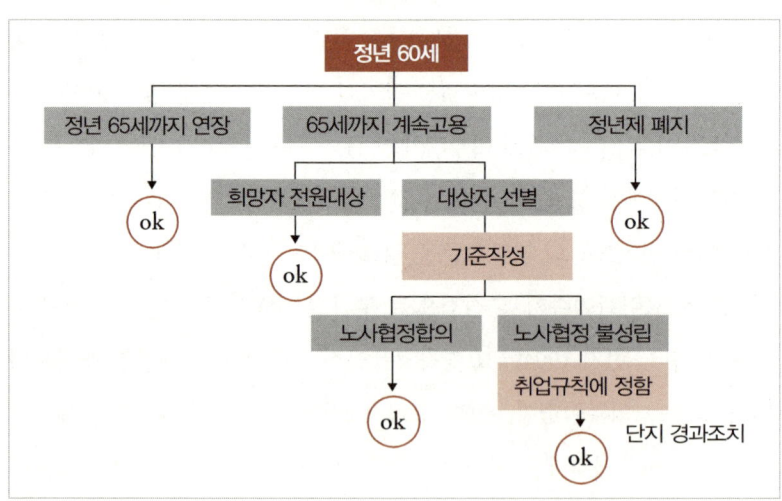

— 자료: 후생성

한편 2006년 개정고령자고용안정법 발효 이후 65세에서 70세로 정년을 확대·연장하는 방안이 필요하다는 여론도 증가세다. 세계 최고의 고령화 속도·규모를 감안할 때 추가적인 연금수급 개시연령 연장이 불가피할 것이라는 주장이 대표적이다. 이를 대비해 70세까지 일할 수 있는 환경정비가 필요하다는 이유에서다.

특히 65세까지 일하도록 강제한 현행제도에서 대다수 기업이 여전히 60세 정년을 유지한 채 일종의 타협책으로 계속고용 형태에 머문다는 것은 추후 또 다른 한계봉착을 의미한다고 볼 수 있다. 때문에 보다 장기·근본적인 대응책으로 70세 정년목표를 설정함으로써 사실상 정년폐지 효과를 기대하자는 의도다.

2013년까지 정년 65세
'70세 넘어 정년무용론까지'

고령화에 따른 공통문제에 봉착한 서구선진국의 경우도 비슷한 추세다. 유럽의 경우 이미 연금수급 개시연령을 67~68세로 끌어올리려는 분위기가 일반적이다. 프랑스는 정년연장60→62세과 함께 연금수급100% 개시연령을 늘리는65→67세 연금개혁안을 채택했다. 영국은 연금수급 개시연령여성을 65세까지 늦추고 최종적으로 68세까지 연장하는 계획을 발표했다. 독일의 경우 2004년부터 연금수급 개시연령을 67세로 늘렸고 조기은퇴의 경우 연금급여를 삭감했다.

2008년 자민당정권도 70세 정년기업을 20%까지 늘리는 등 65세→70

세로의 정년연장 의지를 밝힌 바 있다. 다만 민주당으로의 정권교체 이후 인구문제의 무게중심은 고령자에서 청년층으로 다소 옮겨진 분위기다. 2009·2010년 매니페스토大選公約를 보면 청년실업·육아지원·교육개선 등 후속세대에 대한 강조가 확인되기 때문이다.

정년 자체를 아예 없애는 게 낫다는 의견도 힘을 얻는다. 일찍부터 '정년파괴·평생현역' 등 정년제 무용론을 주장한 세이케 아츠시淸家篤는 정년퇴직제의 존재 자체가 고령자 취업에 명백하게 부정적인 영향을 미친다는 입장이다. 일례로 근로의욕이 있어도 정년제도 때문에 일을 그만두는 경우가 많아서다. 동시에 정년 이후 제2의 직장에서 근무한다고 해도 제1의 직장에서 획득한 기능을 충분히 발휘하지 못하는 경우도 많다. 야마다 아츠히로山田篤裕는 정년퇴직 관행과 정년전후의 유연한 임금체계가 고령자 취업의 주요결정변수라는 점에서 세이케의 정년무용론에 동의하며 정년연령을 보다 연장할 필요가 있다고 본다.

반면 일각에서는 70세까지의 정년연장이 연금수급 개시연령의 또 다른 연장빌미를 제공할 수 있다는 점에서 염려하는 것도 사실이다. 70세까지의 정년연장과 관련해 꾸준히 목소리를 내는 곳은 고령자 고용문제

■ 고용연장제도의 내용과 장단점

		장점	단점
정년연장		- 숙련근로자 계속확보	- 무차별적 전원고용 - 임금·퇴직금 등 비용부담
계속고용	근무연장	- 대상자 선택기준 규정	- 근로조건 변경불가
	재고용	- 대상자 선택기준 규정 - 근로조건 변경가능	- 조건 미충족 때 재고용 불가
정년폐지		- 숙련근로자 계속확보 - 고용종료는 해고·퇴직만 존재	- 젊은 신규채용 어려움 - 무차별적 전원고용

를 전담하는 '고령·장애자고용지원기구'와 노동이슈 연구기관인 '노동정책연구·연수기구JILPT' 등이 있다. 특히 '고령·장애자고용지원기구'는 2010~2011년 연속 70세 정년을 위한 특집 연구결과를 발표하는 등 여론조성에 적극적이다.

정년연장 위한 다양한 정부지원 봇물

한편 계속고용 등 고령자 고용확보를 효율적으로 실현하자면 고용권한을 쥔 기업의 동의가 필수다. 그런데 기업입장은 고용비용 증대우려와 임금시스템 기존제도 개혁압박 등을 이유로 신중한 편이다. 때문에 순조로운 정년연장 제도정착을 위해서는 정책 차원의 지원과 배려가 필요하다.

이에 일본정부도 다양한 형태의 지원과 자금보조를 실시하고 있다. 먼저 2010년 고령사회대책관계예산의 분야별 시책 중 취업·소득과 관련한 내용을 보자.

크게 △고령자 고용확보 충실장려금 창설희망자 전원이 65~70세까지 근무가능한 고용확보 조치 때 조성 △텔레워크 보급·촉진취업자 중 20%까지 재택근무 확대지원 △실버인재센터 지원 등고령근로자 위한 취업기회 제공 △연금기록 문제의 대응2013년까지 관련대책 확보 △공평·투명하고 이해 쉬운 연금제도 검토2013년까지 소득비례연금과 최저보장연금으로 연금일원화 목표 △국민연금보험료 납부 관한 개선조치납부환경 개선해 무연금·저연금 방지 등 등으로 구분된다.

관련예산은 2008년 7조6,684억 엔에서 2010년 10조6,133억 엔으로 확대했다내각부·2010년. 다만 이중 절대다수10조6,104억 엔가 공적연금의 안정적 운영항목에 배치돼 고령자의 정년연장과 관련한 직접적인 정부지원은 턱없이 부족한 것으로 분석된다.

보다 구체적으로 고령자 계속고용정년연장·폐지 포함에 한정된 직접지원은 다음과 같다. '고령자고용확보조치에 대해'를 보면 먼저 각종 조성금지원금이 있다. 정년연장 등의 실시기업에 △중소기업 정년연장 장려금 △고령자 고용모델 기업 조성금 △고령자 고용확보 충실 지원금 등을 지원한다.

중소기업 정년연장 장려금은 계속고용을 위한 제도변경에 나선 상용근로자 300명 이하 기업주를 대상으로 지급한다.

고령자 고용모델 기업 조성금은 정년연장을 위해 새로운 직역개척과 처우개선·외부활용 등을 도입한 사업주에 대해 필요자금인건비 제외의 1/2에 해당하는 금액500만 엔 상한을 지급하는 제도다.

고령자 고용확보 충실 지원금은 65~70세의 고용확보 조치를 지원하는 사업을 실시한 사업주단체에 최대 500만 엔을 지급한다.

한편 고령자 고용계속 기본급부금 지급은 5년 이상 고용보험 피보험자였던 60~65세 근로자의 60세 이후 임금이 이전보다 75% 미만일 경우 월급의 15% 상당액이 지급된다. 취업이 곤란한 이를 고용할 경우에는 중고령 시행고용 장려금도 지원된다. 이밖에 상담지원서비스와 사업소세 등 세제상의 우대조치가 동반된다.

■ 계속고용 도입에 따른 장려금(중소기업)

현행 정년연령	기업규모(인)	정년연장 (65~70세)	정년연장 · 폐지 (70세 이상)	70세 이상 계속고용	65세 안정 계속고용
60~65세	1~9	40	80	40(20)	20(10)
	10~99	60	120	60(30)	30(15)
	100~300	80	160	80(40)	40(20)
65~70세	1~9	–	40	20	–
	10~99	–	60	30	–
	100~300	–	80	40	–

– 자료: 후생성(괄호 안은 희망자 전원을 대상으로 한 65~70세 계속고용제도 도입 경우, 단위; 만 엔)

정년연장 현주소
'제도는 좋은데 현실은 글쎄'

강조컨대 고령근로는 일본정부에게 피할 수 없는 선택이다. '연금+α'의 단순한 가계차원 생존전략보다 한발 진척된 거시적인 세제확보·재정안정에 기여하기 때문이다. 고령인구의 생산기여로 경제성장이 확대되는 건 물론이다. 각종 노인문제가 줄어드는 사회적 활력은 덤이다. 세대에 걸친 고질적인 격차논쟁도 비켜설 수 있다. 가난한 현역세대의 무조건적인 부양대상에서 탈피해 본인부담은 본인세금사회보험료으로 떠받치기 때문이다. 즉 현역기간의 연장이 후속세대의 1인당 부양부담을 줄여준다. 이런 점에서 평생현역 주장이 힘을 받는다.

실제 일본의 고령취업은 벤치마킹하기에 좋을 정도로 아주 높은 수준이다. 일본사회에서 일하는 고령자는 특이현상이 아닌 일반론에 가깝다. 세계최고의 고령국가답게 일하는 할아버지·할머니 비중도 최고수준이다. 좀 지난 통계지만 2006년 기준 65세 이상 고령인구의 노동력률경제활

■ 각국의 65세 이상 경제활동인구 비율(노동력률) 추이

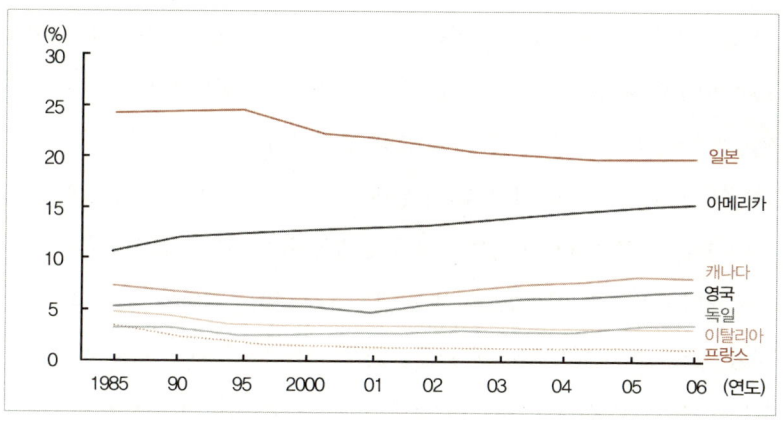

- 자료: OECD(Labour Force Statistics)

동인구를 국제비교해 보니 일본이 월등히 높았다OECD. 복지선진국이라는 10%대 언저리의 유럽은 물론 미국15%대보다 높은 20%대를 기록 중이다.

일본 국내 자료도 비슷한 추세다. 60~64세의 취업률은 2009년 현재 57%대로 비교적 높다. 이는 1990년대 이후 가장 높은 수치에 근접한 결과다. 특히 경기회복이 본격화된 2002년 이후 고령취업률이 꾸준히 늘어나는 추세다. 성별로 나눠보면 남성이 71%로 고령취업을 주도하고 있는 가운데 여성이 43%를 차지한다. 60~64세의 고용규모고용자만는 1999년 255만 명에서 2009년 408만 명으로 늘어났다. 해당연령대의 정년연장 제도가 개시된 2006년 이후 증가세가 본격화됐다. 65세 이상은 같은 기간 207만 명에서 305만 명으로 증가했다.

반대로 실업률은 비교적 안정적이다. 상대적으로 불안정한 정년적용

직후의 60~64세 고령인구도 5%대 중반에 불과하다2009년. 그나마 2008년 금융위기로 4%대에서 늘어난 수치다. 65세 이상은 이보다 더 낮다. 1990년대 이후 실업률이 3%대를 넘어선 적이 한 번도 없다. 이는 전체 연령15세 이상의 평균치보다 낮아 왕왕 청년실업의 상대적 박탈감이라는 논쟁의 씨앗이 되기도 한다. 다만 뒤에서 살펴보겠지만 여기에는 연령증가에 따른 취업포기자가 실업통계에서 제외된다는 점이 결정적이다.

고령인구의 경제활동이 활발해진 것은 2006년이 분기점이다. 법적 강제력을 가진 정년연장 조치고령자고용안정법가 시행됐기 때문이다. 비용부담 등의 이유로 고령근로자 취업확대에 부정적이던 일본재계가 법률시행에 맞춰 문호를 개방함으로써 노인취업의 새로운 전기가 열렸다. 2013년에 65세 정년이 마무리되면 고령취업자는 안정적인 고수준을 유지할 전망이다.

고령근로자 세계 최고 수준…
2006년 법률시행이 결정적

정년연장에 따른 고용확보 실제조치는 기본적으로 계속고용 형태가 많다. 정년연장 효과를 갖는 3가지 선택지△정년상향 △계속고용 △정년폐지 중 계속고용이 압도적이다. '고령자고용상황2010'에 따르면 2010년 6월 현재 65세까지의 계속고용 실시기업은 96.6%에 달한다. 이중 대기업98.7%이 중소기업96.3%보다 활발하게 고용확보조치를 도입했다. 내역을 보면 정년폐지2.8%, 정년상향13.9%보다 계속고용83.3%이 광범위하게 채택됐다후생성·2010년. 정년연장 및 폐지는 일부 중소·영세기업에 한정되며 그 수

■ 고령취업자 추이(전체산업)

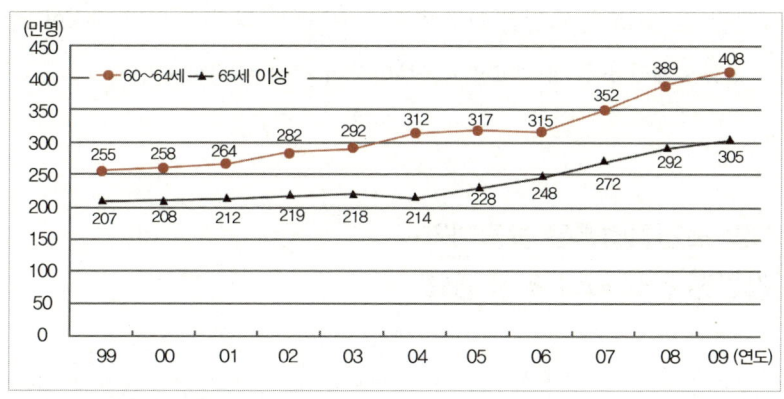

- 자료: 총무성(노동력 조사)

도 극히 일부분에 그친다.

고용확보조치는 정년제도 보유기업일수록 적극적이다. '취로조건종합조사결과'에 따르면 2010년 정년제를 도입한 기업비중은 93.1%에 달한다. 이 중 일률적인 정년규정을 지닌 경우가 98.7%로 절대다수를 차지했다. 일률정년제 도입기업의 정년연령은 60세82.7%가 압도적이며 65세 이상13.3%은 일부에 그쳤다. 다만 65세 이상의 경우 2008년10.9%보다 소폭 늘었다.

특히 기업 규모근로자수가 작을수록 65세 이상 정년연령 기업이 많은데 30~99명16.5%에 비해 1,000명 이상3.4%은 극소수에 머물렀다. 대기업일수록 정년연장과 관련한 제도개혁이 복잡·난이하다는 증거로 이해된다. 또 일률정년제 기업은 대부분 계속고용제91.3%를 도입했다. 이는 대기업일수록 비중이 높다1,000명 이상=97.6%, 30~99명=89.2%. 내용별로 보면 재고용68.5%, 근무연장11.5%, 양자병행11.3% 등이다.

결국 60세 정년제가 여전히 건재한 가운데 60세 이후에도 계속고용이 가능한 관련제도를 도입한 경우가 절대다수라는 의미다. 일단 퇴직한 뒤 다시 근로계약을 통해 재고용·근무연장이 시작된다는 얘기다.

정말 노인취업률은 높을까?…
'감춰진 진실 많아 조심 필요'

고용연령 상한선 설정의 경우는 재고용77.1%, 근무연장55.8%으로 나타났다. 연령상한이 규정된 재고용은 65세 이상91.9%이 일반적이며 이는 2008년88.1%·2009년87.6%보다 증가했다. 연령상한이 규정된 근무연장은 65세 이상92.5%이 많은데 역시 2008년84.4%·2009년90.8%보다 늘었다. 적용대상자의 경우 재고용과 근무연장 모두 원칙상 희망자 전원 적용이 각각 42.3%·57.5%로 집계됐다. 노사협정·취업규정에 따라 기준해당자에 한정한 계속고용이 절반 정도로 이들은 희망과 무관하게 퇴직할 개연성이 상존한다후생성·2010년.

다만 기준해당자의 조건은 비교적 장벽이 낮은 편이다. 출퇴근이 힘들거나 인사고과가 현격히 나쁘지 않은 경우 희망하면 대부분 계속고용이 가능한 것으로 알려졌다. '고령자 고용상황에 대해2009'라는 보고서에 따르면 계속고용을 희망하지만 기준에 해당하지 않아 이직준비 중이라는 응답은 단지 1.7%에 불과한 반면 대부분은 계속고용71% 예정으로 집계됐다. 나머지 18%는 본인희망으로 정년퇴직할 예정으로 나타났다.

정년도래 예정자의 상황을 보면 2009년 458만 명 중 327만 명71%이 현재직장에서 계속고용 예정인 걸로 나타났다. 20%만 정년으로 회사를 떠날 것으로 집계됐다. 70%대 초반의 계속고용 비율추이는 정년연장이 본격화된 2006년부터 줄곧 유지되는 추세다. 정년에 따른 퇴직예정자는 반대로 감소세다. 이는 제도도입 이전인 2005년과 구분된다. 2005년 248만 명의 정년도래자 중 120만 명48%이 계속해 고용됐고, 절반 이상인 128만 명52%이 회사를 떠났다.

결과적으로 정년연장 제도도입은 일단 합격점 이상이다. 수치 자체만 놓고 봤을 때 65세까지 계속해 일할 수 있는 고령취업 환경이 안착됐다고 평가할 수 있기 때문이다. 하지만 현실은 좀 다르다. 〈주간동양경제 2010.10.2〉에 따르면 정년연장 현실은 규정보다 다소 미묘하게 운영되고 있다. 통계결과를 그대로 받아들일 수 없는 각종 한계·장벽이 존재해서다.

가령 고령자 노동잉여가 심한 대기업·은행의 경우 50세 이후 직역정년이 적용돼 세컨드라이프를 위한 직업교육 등을 통해 인재선별이 시작되는 게 일반적이다. 즉 50세부터는 회사의 암묵적 평가에 따라 자발적으로 계속고용을 포기하는 층이 적잖다는 의미다. 강제하진 않지만 본인의 계속고용이 가능할지 혹은 이런 이유로 회사에 폐를 끼치는 건 아닌지 우려하며 스스로 정년은퇴를 선택하는 경우가 다수 존재할 수 있다는 얘기다.

고령취업을 뒷받침하는 취업·실업률 관련통계의 낮은 신뢰성도 문제다. 즉 취업률을 뒤집어 해석할 수 있는 실업률의 허상과 함정문제다. 정부의 공식발표와 시장의 체감지수가 꽤나 달라서다. 정부통계대로라면 고령자 취업시장은 안정적이고 무난하게 보여야 하는데, 실제로는 일자리보다 취업희망자가 더 많은 과공급상태가 계속되고 있다.

물론 애초부터 실업률 통계에는 말이 많다. 어떤 기준이냐에 따라 실업률 계산결과가 완전히 달라져서다. 대개는 실제 실업인구가 수치에 반영되지 못해 지나치게 실업률이 낮게 나오는 경우가 많다. 일본도 여기서 자유로울 수는 없다.

일본의 실업률 계산법_{완전실업률=완전실업자/취업자+완전실업자}은 다음과 같다_{한국과 동일}. ILO 기준에 따라 △일을 하지 않고 △취업이 즉시 가능하며 △일자리를 찾는 자_{구직활동} 등을 충족할 때 완전실업자로 규정된다. 즉 취업활동을 안 하거나 1시간_{1주일 조사기간 이내}이라도 아르바이트를 하면 실업자가 아니다.

즉 학생·주부·고령자 등은 기본적으로 비노동인구에 해당해 통계에서 제외된다. 실제로는 이들 중 상당수가 취업을 희망한다는 게 정설이다. 반면 미국은 아르바이트도 실업자에 포함된다. 역시 관건은 취업의지다. 약 450만 명으로 추산되는 취업포기인구가 실업률 계산 때 분모_{취업자+완전실업자}에 들어가지 않아서다.

상당 규모의 취업포기 고령인구…
'취업해도 소득수준은 의심'

고령취업을 논할 때는 이런 통계의 뒷면을 잘 챙겨볼 필요가 있다. 60세 정년이 일반적인 가운데 노후자금 추가확보 차원에서 계속해 일을 하려는 60세 이상 고령인구는 셀 수 없이 많다. 근로능력만 갖췄다면 대부분

취업의사가 있다 해도 과언이 아닐 정도다. 하지만 실제 취업환경은 녹록지 않다. 대기업 정규직 퇴직자는 좀 낫겠지만 대부분은 원하는 일자리를 찾기 힘들어서다. 불안정한 근로환경도 근로의사를 떨어뜨린다.

이렇게 시간이 지나면 상당수의 고령인구는 취업의사를 포기하게 된다. 당장의 생활비가 꼭 필요한 절대빈곤이 아니면 더더욱 포기유인이 높아진다. 자발적 포기다. 하지만 이들 중 상당수는 적극적인 의사표명 없이 실업률에 포함되지 않는 게 보통이다. 정밀하고 치밀한 통계조사가 이뤄지지 않는 건 물론이다.

이런 점을 감안하면 노인취업률은 실제보다 낮을 전망이다. 물론 정년 전후세대의 취업률은 연금지급 개시연령 상향조정과 계속고용 등을 의무화한 법률조항 덕분에 2013년까지 계속해 늘어날 확률이 높다. 하지만 실제로는 자발적 퇴직 혹은 취업포기처럼 가려진 피해자가 적잖을 것으로 추정된다. 이는 고령자의 근로의욕을 조사한 실태조사가 심증을 뒷받침한다. '고령자 지역사회에의 참가에 관한 의식조사'를 보면 가능한 연령대까지 일하겠다50%는 응답이 가장 많다.

실제 실업률의 함정을 조장하는 취업포기자는 연령증가에 따라 증가세다. 취업비희망자와 취업희망자를 합한 미취업자남성는 55~59세9.4% 때보다 60~64세26.9%, 65세 이상49.9%이 크게 늘었다. 이중 구직포기 등으로 취업희망을 잃은 인구가 60~64세16.9%에서 65세 이상38%으로 2배나 늘어났다. 여성 취업비희망자는 각각 45.7%와 62.4%로 남성보다 더 높았다.

또 고령근로는 경기악화 때는 고용조정의 1순위가 될 여지가 충분하다. 인적조정이 불가피할 때 비정규직이 대부분인 고령근로자가 우선해

■ 고령 남성근로자 연령별 취업률(60~64세)

	60세	61세	62세	63세	64세
2002년	72.1	65.5	62.8	60.9	57.3
2004년	74.7	68.3	64.8	62.4	56.8
2006년	76.9	72.2	67.5	62.4	59.3
2008년	80.3	77.3	71.9	67.1	62.4
2009년	78.2	75.2	72.2	66.2	59.5

- 자료: 총무성(노동력조사. 단위: %)

해고될 수 있기 때문이다. 실제 금융위기 이후 2009년 60~64세 근로자의 연령별 취업률을 보면 62세71.9%→72.2%를 빼면 60세80.3%→78.2%, 61세77.3%→75.2%, 63세67.1%→66.2%, 64세62.4%→59.5% 모두 전년보다 하락했다.

또 다른 통계착오도 있다. 정말 고령근로자가 월급을 제때 받으며 '연금+α'의 노후소득 보장체계를 갖출까 하는 의문이 그렇다. 이는 취업내용을 보면 알 수 있다. 즉 취업자로는 잡히는데 실제로는 월급을 받는 고용자가 아닌 경우가 훨씬 많아서다.

순수고용자는 60~64세44.8%, 65~69세24.5% 모두 절반에 미치지 못한다. 대신 농민 등 자영업자가 각각 16.4%와 17.1%를 차지했다. 실제 65세 이상 고령취업자의 산업별 내역은 농림업24.4%이 가장 많고, 도소매업17%.4%, 서비스업16.4%, 제조업12.5% 등이 뒤를 달린다. 평균소득을 감안할 때 노인농민이 고령취업자에 포함되면 소득보장 체계완성은 다소 부정적일 수밖에 없다. 도소매업 중 상당수도 영세자영업자일 확률이 적지 않다. 또 많은 고령근로자는 비정규직이다. 남성근로자의 경우 비정규직 비율이 55~59세14.2% 이후 60~64세55.1%, 65세 이상70.6% 등 연령이 높아질수록 현격히 올라가는 추세다2007년. 소득수준이 떨어질 수밖에 없다.

　그럼에도 불구, 정년연장은 일본노인의 꿈이다. 평생현역이야말로 걱정 없는 노후생활을 영위할 최소한의 전제조건일 수 있어서다. 이를 뒷받침하듯 희망하는 은퇴연령은 고령근로의 필요성을 보다 강화시킨다. 응답자의 30%가 연령과 무관하게 계속해 일하고 싶다고 답해서다. 언젠가는 은퇴하겠다는 이는 35%로 나타났는데, 연령별로 보면 65~69세17%와 70세 이상11%이 은퇴를 고려하는 10명 중 8명으로 조사됐다. 65세 은퇴제도로는 부족하다는 얘기다. 원하는 은퇴연령은 65세42%와 70세27%가 제일 많았다. 응답자 평균으로는 66세로 나타났다. 반면 연령대가 낮을수록 평생현역 지향성이 높다중고령자의 고용·취업실태에 관한 조사·2010년.

노후웃음의 전제조건
'정년연장 위해 필요한 것'

65세 정년제든 평생현역이든 고령근로를 완성하자면 품이 많이 든다. 고도성장기 때 깔아뒀던 레일을 걷어내고 새로운 길을 놓아야 하기 때문이다. 이를 위해서는 정부·기업·가계 등 모든 노동시장 참가자의 이해와 동의가 필수다. 특히 새로운 제도도입은 그 선순환 기대효과만큼 상대적으로 손실·피해가 불가피한 대상이 생겨나게 마련이다. 모든 이를 만족시킬 최선책이란 사실상 존재하기 힘들기 때문이다.

정년연장의 당위론과 불가피성은 지금껏 잘 살펴봤다. 이제 제도안착을 위해 필요한 것이 뭔지 알아보자. 먼저 가장 앞서 진행돼야 할 작업은 사회적 공감대 형성이다. 정년연장은 필연적으로 청년실업을 악화시킨다는 여론이 많다. 정년연장을 둘러싼 반발이 발생하는 이유다. 특히 연금부조와 관련한 세대갈등 차원의 반발을 뺄 수 없다.

'고령자=부유함'의 이미지가 일반적이라는 점에서 이들의 추가적인 고용확보는 불필요하다는 의견이다. 요컨대 '세대 간 불공평론'이다. 실제 치자와 슈우이치遲澤秀는 디플레경제의 승자야말로 실업 위험이 없는 연금생활자라는 점에서 이들을 금전지원이 필요한 경제적 약자로 보는 건 부적절하다고 봤다. 장시간 일해도 워킹푸어인 젊은 세대의 보험료를 기득권자인 고령자 생활향상을 위해 쓰는 건 복지가 아니라는 이유에서다. 오히려 세대 간 부조구조를 발휘하고 싶다면 고령자가 자녀·손자를 지원하는 것이 바람직하다는 주장이다.

이 논리에 자주 활용되는 또 다른 근거는 가계 금융자산의 60% 이상이 65세 이상 고령자에 집중돼 있다는 통계다. 앞서 설명처럼 물론 이는 통계적 착시현상으로 일부 고소득 고령자의 자산기여도가 상대적으로 큰 결과일 뿐이다. 고령세대의 경우 지니계수가 가장 높으며 동일세대의 자산격차도 훨씬 심하다. 때문에 일부 고령 고액자산가에 의해 포장된 '고령자=부유함'의 항등식이 정년연장의 불가피성을 가로막아서는 곤란하다. 상당수의 고령세대가 연금수입만으로 생활이 불가능한 자금압박에 노출된 게 현실이기 때문이다.

고령인구는 디플레이션경제의 승자?…
세대갈등 치유시급

정년연장이 청년실업을 초래할 것이라는 갈등이슈도 제도안착을 위해 확인해볼 문제다. 청년실업의 바로미터로 이해되는 2010년 봄 취업내정률은 91.8%로 과거 10년에 걸쳐 최저수준인데 7만5,000명이 미취업상태로 대학·고등학교를 졸업했다. 경기침체와 엔고영향을 감안하면 2011년 상황은 보다 심각해질 전망이다.

이런 청년실업의 불안감과 반발심을 언급할 때 빠지지 않는 것이 정년연장 등의 고령근로자 고용확보조치다. 청년일자리를 고령근로자가 빼앗았을 가능성이다. 실제 '노동력조사'를 보면 60~64세의 고령근로자 취업률은 65세 고용연장 의무화가 시작된 2006년 이후 확실히 늘어난 53%→57% 반면 20~24세 청년취업률은 감소65%→62%했음을 알 수 있다총무성.

반면 유럽사례를 통해 고령자와 청년세대의 고용사정이 오히려 역의 관계를 갖는다는 반대논리도 있다. 1970년대 복합불황 때 높은 실업률을 해소하고자 고령자의 조기은퇴를 촉진해 청년층의 고용확대를 도모하려는 시도가 있었지만 결과적으로 청년실업 해소에 도움이 되지 않았다는 실증사례다. 하마구치 케이치로濱口桂一朗는 고령자 은퇴 이후 기업이 숙련도가 낮은 청년층으로 대체하려는 수요는 거의 없었다는 점에서 유럽사례는 완전한 실패모델이라고 본다. 오히려 재정악화로 이후 정책방향을 전환했고 당시 39%였던 고령자 취업률은 50%까지 높아졌다고 덧붙인다.

이런 점에서 이치가와 유스케市川雄介 등은 열악한 청년취업의 원인을 다른 데서 찾아야 한다고 지적한다. 특히 2011년 취업 예정 신졸에 대한 구인배율이 1.28배라는 점에서 대기업·공무원 등 안전지향을 선호하는 청년층과 구인난에 허덕이는 중소기업의 미스매칭이 자주 거론된다.

결국 타협책은 고령자와 청년층의 공존모델의 추구에서 찾을 수 있다. 갈등지향적인 이분법적인 취업대책 대신 생애 연장선상에서 청년층과 고령층이 공생하는 협력모델과 그 의의를 강조함으로써 사회적 공감대를 획득하는 게 시급하다. 작업현장에서도 연령대별로 협조를 했을 때 시너지를 낼 수 있는 근로모델을 개발할 필요가 있다. 가령 고령직원과 신입직원을 한조로 편성해 매뉴얼로는 부족한 현장경험을 공유하는 형태가 대표적이다.

역시 결정적인 제도안착의 키는 직접고용의 관할권자인 기업부문에 있다. 핵심적인 결정권을 쥔 기업이 60세 정년제를 놔둔 채 계속고용 형태에 안주하는 최대이유는 역시 비용염려 때문이다. 이런 점에서 정년연장·폐지는 물론 70세까지의 장기조치 등에 대해 재계의 부정적인 입장표명은 일견 당연하다. 업종·업태별 세세한 조정 없이 65세까지 계속고용을 강제한 일률적인 법률적용도 마찬가지로 한계가 분명하다.

정년연장 키는 기업 몫…
거국적 양보 통한 비용부담 필요

이를 해결할 수 있는 방법은 실질적인 정년연장에도 불구, 비용부담을 최소화할 수 있는 임금시스템의 재설정에 있다. 기존의 연공서열적인 임금구조와 처우제도를 고치지 않는 한 기업의 비용부담이 클 수밖에 없다. 관건은 고령근로자의 임금커브를 평평하게 만드는 데 달렸다.

현재 계속고용을 채택한 기업은 대부분 정년당시 수준의 절반 전후로까지 임금을 삭감하는 게 일반적이다. 이 과정에서 상당한 충격과 반발은 불가피하다. 때문에 임금부담 없이 희망자 전원이 정년연장·계속고용을 확보하자면 임금커브를 40대 전후에까지 앞당겨 평평하게 만들 필요가 있다.

반면 임금커브를 너무 평평하게 해 60세 정년 때와 동일하게 생애임금을 유지하면 자녀교육·내집마련 등 4050세대 근로자의 필요임금 감소도 상정할 수 있다. 결국 이를 위해서는 모두가 조금씩 임금상승을 감내하는 거국적 양보가 필요할 수밖에 없다_{JILPT·2010년}.

한편 현행 개정고령자고용안정법은 65세까지 원하면 일할 수 있도록 설계됐다. 이때 대다수 기업은 계속고용을 위한 재고용을 광범위하게 선택했다. 이 때 문제가 되는 것은 예외조항이다. 예외조항 때문에 실제수혜가 일부에 그칠 수 있기 때문이다. 노사협정·취업규칙에 의해 대다수 기업이 선별기준을 둬 기업에 필요한 경우에 한정해 계속고용을 제공할 가능성이다. 아직은 희망자 전원의 계속고용이 가능하다지만 향후 경기악화로 기업환경이 급변할 때는 변칙적용이 증가할 수 있어서다.

이를 위해 고령근로자를 위한 다양하고 유연한 근무형태를 설정해두는 것이 방법이 될 수 있다. 직종에 따라 65세 이전에도 체력·건강·의욕 등 개인차가 존재하기에 획일적이지 않은 선택지를 고를 수 있는 다양한 정년연장 방법확보가 그렇다. 고령근로자 필요에 맞춘 단시간근로 등이 대표적이다. 즉 고령근로자의 장점을 극대화할 수 있는 유연한 근로환경의 설정이다.

이는 기업 차원에서도 경기부침에 호응하는 탄력적인 수급운용이 가능해 장점이 될 수 있다. 실제 조사결과를 보면 70세 고용실현을 위한 조건으로 다양한 근무형태 도입44.4%이 철저한 건강관리41.0%, 맞춤형 근로개발38.6%, 근로조건의 개별설정32.1% 등의 순으로 집계됐다_{고령·장애자고용지원기구, 2010년}.

고령근로자 본인도 상황변화에 유연히 대응하는 게 필요하다. 정년연장을 위한 고령근로자의 자발적인 인식개선이다. 사실 노인취업에는 거부감이 많다. 고용여부를 결정짓는 기업도 그렇지만 고령근로 희망자 본인 자체에도 상당한 이질감이 존재한다. 요컨대 "내가 왕년에……"로 요약되는 심리적 좌절감이 대표적이다. 정년은 사실 샐러리맨에겐 지위·수입 등이 클라이맥스일 때다.

그런데 정년퇴직일 다음 날부터 이 인생은 완전히 역전된다. 수많은 노인 중 하나로 전락하며 재취업을 시도할 때는 연하·부하사원에 고개를 숙이거나 저임금조차 감수해야 해서다. 현역 시절 프라이드가 높았을수록 이런 정신적 이질감은 상상을 초월한다. 하지만 굶어 죽지 않으려면 프라이드는 빨리 버릴수록 이득이다.

같은 맥락에서 눈높이를 낮추는 것도 좋다. 일하고 싶은데 취직을 못하는 가장 큰 이유는 일자리를 둘러싼 기업과 취업자의 미스매치 때문에 발생한다. 고령근로도 예외는 아니다. 입맛에 맞는 일자리만 연연해서는 고령빈곤을 피할 수 없다는 점에서 눈높이 조정은 꼭 필요하다.

더불어 부족한 노인일자리를 스스로 찾아내는 적극성도 필요하다. 정년제도라는 연령차별적인 근로시스템이 존재하는 한 고령취업엔 중대한 장벽이 잔존함을 의미한다. 때문에 필요한 경우 기꺼이 일하겠다는 적극성을 전제로 새로운 고령근로의 가능성을 발굴할 필요가 있다. 현재 양질의 일자리는커녕 고령노동 수요 자체가 별로 없다. 취업희망자의 미취업원인 중 '적당한 일을 찾지 못했다41%'는 응답이 가장 높다는 점에서 이런 미스매치 가능성은 확인된다. 본인의 건강상태에 대해서는 좋다70%는 응답이 나쁘다30%보다 더 많아 결국 일할 수 있는 체력은 충분한

데 적당한 일자리가 없다는 이유가 고령취업을 가로막는 최대장벽으로 이해된다.

제일 중요한 건 연령차별 폐지…
'사회전반의 의식전환 필요'

무엇보다 중요한 성공관건은 연령차별을 없애는 것에 달렸다. 기업은 평생현역을 가로막는 제도개혁 차원에서 과거의 연령기준을 바꿀 필요가 있다. 이제 피라미드형 인구구조 때 만들어진 저연령·저임금 고용제도 연공임금의 합리성은 낮아졌다. 상황이 변해 고령근로자가 상대적으로 풍부한 노동자원으로 부각됐다. 즉 이들을 적절한 임금에서 고용하는 게 바람직하다. 첫 출발은 연령차별 금지다. 정년퇴직제도와 모집·채용의 연령제한을 없애자는 얘기다. 일할 의사와 능력을 갖췄다면 연령을 이유로 제한을 해서는 안 된다는 게 요지다.

개인차원의 준비과제도 있다. 즉 장거리 경주형 사고·행동원칙을 익힐 필요가 있다. 사실상 연공임금은 꽤 깨졌다. 그만큼 주도적인 생애설계가 불가피해졌다. 이런 점에서 고령근로를 내다 볼 필요가 있다. 짧고 굵은 단거리보다 길고 얇은 장거리에 맞춘 고령근로·소득구조의 설정이다. 대표적인 게 정년 이후 연봉감소를 둘러싼 공감대 형성이다. 즉 정년 이후라는 이유만으로 능력 차이도 없는데 임금이 깎이는 데 반발해선 곤란하다. 받아들이지 못하면 평생현역은 불가능하다. 만약 더 높은 연봉을 받자면 그에 걸맞은 경쟁력을 갖추면 된다. 평생능력개발이 그렇다.

연령을 기준으로 하는 고용사회 구축을 위한 정부역할도 크다. 그나마 지금껏 고령근로가 일본에서 활발했던 것은 일찍부터 관련대책에 적극적이었던 정부 존재감이 결정적이었다. 여기서 한발 더 나아간 평생현역 제도완성도 최종마침표는 정부가 찍는 게 옳다. 즉 평생현역이 가능하도록 조건정비 차원의 정책필요다. 연공임금을 대체할 다양한 소득증대 제도마련과 능력재개발 기회제공 등이 그렇다. 시간이 걸리겠지만 후생연금·고용보험 등 고령근로자의 근로의욕을 꺾는 제도개선도 필요하다. 지원금 제도를 활용하는 게 한 방책이 된다.

UN은 1999년을 '국제고령자의 해'로 삼았다. 이때 고령자의 5원칙을 내놨는데 자립, 참가, 건강, 자기실현, 존엄 등이다. 본인의 존엄과 건강을 지키며 건강하게 지역사회에 참가해 만족감을 느낄 때 사회전체의 후생이 증가한다고 봐서다.

곰곰이 따져보면 이들 행복한 고령자를 위한 5대 원칙의 공통분모는 사실상 일하는 노인이라는 이미지로 중첩된다. 튼튼한 육체건강를 기반으로 안정적인 일자리를 구해 사회에 기여참가하면 보람을 느끼고자기실현 주변에 부담존엄을 주지 않을 뿐더러 노후소득 보장체계자립를 한층 두텁게 실현할 수 있기 때문이다.

정년연장 모범기업
'베테랑을 모시는 이유'

다이킨공업은 고령근로자의 천국으로 비유된다. 정년걱정 없이 일할 수 있는 환경을 여러모로 갖췄기 때문이다. 연봉도 생각보다는 많이 깎이지 않아 일할 맛을 북돋운다. 고령근로자를 위한 우수한 근무환경은 역사가 길다. 결국 생각이 트인 회사인 셈이다.

그렇다고 고령근로자만 우선하진 않는다. 고령근로자를 위한 실질적인 정년연장 등의 선구적인 근로환경은 오히려 종업원 전체를 위한 수많은 제도적 배려의 일부분에 불과하다. 일할 맛이라는 걸 전체임직원이 고루 느낀다는 의미다.

이는 휴가사용에서 단적으로 확인된다. 2009년 유급휴가 취득률은 제조업평균54.5%보다 월등히 높은 90.6%에 이른다. 눈치 보지 않고 필요에 따라 쉴 수 있는 조직이라는 얘기다. 이밖에도 다양한 근로형태를 비롯해 직원행복을 위한 배려는 상당하다.

이 회사는 1951년 일본 최초로 에어컨을 개발한 중견메이커다. 지금은 일본 최대 에어컨空調機업체로 유명하다. 주력인 공업용 에어컨은 40%대의 확고부동한 점유율을 기록 중이며 가정용도 20% 안팎을 유지한다. 덕분에 공조분야 일본 1위 자리에 올랐다. 가정용은 후발업체의 딜레마를 극복하고 지금은 파나소닉과 호각을 다툰다.

또 64%의 해외매출은 회사를 세계 2위에 올려놨다. 1990년대 중반엔 15%에 불과했었다. 호주를 포함한 아시아와 유럽시장 비중이 특히 높다. 시스템에어컨으로 불리는 고효율 에너지절약형 공조기는 판매량 세계 1위다. 다만 다이킨공업은 일반에겐 비교적 덜 알려진 업체다. 애초 B2B의 업무용 에어컨을 판매했기에 일반소비자에겐 감춰진 회사였다.

정년 이후에도 맘 놓고 일하는 회사…
장수기업 랭킹 3위

주간 『동양경제』는 2008년 다이킨공업을 장수기업 조건을 갖춘 일본국내 랭킹 3위 회사로 선정했다. 7가지 장수조건인 돌파력·획득력·연속력·인간력·레버리지력·회수력·진출력 등을 종합해 분석한 결과 다이킨공업의 향후 장수확률이 최고 수준에 도달했다고 봐서다. 회사매출은 부침이 없진 않지만 비교적 안정성장에 돌입했다는 평가다.

회사는 1994년 취임한 이노우에 노리유키井上礼之 회장당시 사장이 키를 쥔 후 급성장했다. 일본 경영학계선 이를 이노우에이즘Inoueism으로 부르며 벤치마킹 교과서에 등재했다. 핵심은 수평적 조직운영을 통한 과감한 의사결정·실행력으로 압축된다. "리더가 직접 참여하며 충분히 토론한 뒤 60%만 검증되면 일단 결정한다"며 "애매한 건 결정 이후 고민하며 수정하면 충분하기 때문"이라고 CEO는 설명한다. 수직적 의사결정으로 대량생산·판매하던 고도성장기와 달리 지금은 선견지명·통찰력을 지닌 인재를 적재적소에 배치하는 조직능력이 중요하다고 봐서다.

CEO의 독특한 경영철학을 뜻하는 이노우에즘은 직원 열정을 끌어내 일할 맛 나는 근무환경을 제공한다는 게 요지다. 지식·기술로 돈을 버는 회사지만 연수 땐 오히려 동기부여·성장자극 등을 강조하기 일쑤다.

결국 이노우에즘의 근간은 사람에 포커스를 맞춘다. 직원중시다. 수평조직Flat인데도 과감한 의사결정Speed이 가능한 것도 그 주체가 인재이기 때문에 가능하다. 또 인재는 연령·직급 등과 무관하게 자질·의욕을 갖췄다면 누구나 리더가 될 수 있다. 유연한 인재발탁이다. 실제 2001년 가정용 에어컨시장에 돌풍을 일으킨 홍보캠페인은 입사 4년차 젊은 직원이 리더로 발탁된 후 추진됐다. 이런 분위기가 성장발판이 됨은 물론이다.

높은 직원행복은 곧 탄탄한 복리후생을 뜻한다. 회사는 먼저 인재차별 없는 채용기준을 철저히 준수할 뿐 아니라 직원만족도와 직결되는 여러 종류의 근로형태를 고르도록 했다. 본인의 라이프스타일에 맞게 적절한 근로형태가 제공된다는 의미다. 다양한 근로형태를 한층 빛내주는 부가제도도 많다. 가령 고령근로자를 위한 실버연금제도, 개호지원책, 인간도크, 종합그룹보험 등이 있다.

개호지원은 개호휴가·개호근무로 나뉘는데 간호가 필요한 가족이 있을 경우 쓸 수 있다. 개호휴가는 대상자 1인당 1년 동안 쓸 수 있는데 상황악화요개호도 때마다 1회씩 취득할 수 있다. 개호근무는 역시 1년에 걸쳐 시차근무 · 플렉스근무 · 단시간근무1일 6시간 등이 가능하다. 55세부터 정년퇴직까지 3일간 유급 특별휴가를 주는 제도실버휴가도 있다.

직원이 전부라고 느끼는 기업답게 인재확보에 특별한 제한은 두지 않는다. 기업경쟁력의 원천을 가려 뽑는다는 건 있을 수 없어서다. 오히려 남녀노소 · 국적 · 학력차별 없이 다양한 인재가 상호가치를 인정하며 이를 조직력으로 업그레이드시키는 편이 훨씬 이롭다는 입장이다. 덕분에 여성근로자는 2006년 635명에서 2010년 897명으로 늘었다. 외국인직원도 같은 기간 22명에서 53명으로 증가했다. 특히 여성관리기간직은 2001년 2명에서 2009년 15명까지 늘어났다.

베테랑으로 표현되는 고령근로자 활용은 일본기업 중 최고수준이다. 1979년 정년을 55세에서 60세로 늦춘 것을 필두로 지금은 65세 이후의 실질적인 정년연장까지 적용 중이다. 장애인 고용에도 적극적인데 특례자회사인 ㈜다이킨선라이즈셋츠의 경우 74명의 장애근로자가 근무 중이다.

베테랑 존중 위해 일 · 가정 양립조화 추구

실제 다양한 인재의 능력발휘를 위한 근로형태의 선택지는 다양하다. 회사는 그래서 1991년부터 플렉스타임Flex-time제를 채택했다. 2001년에는 연구개발부에 더해 사업운영을 위한 부서에 재량근로제도 도입했다. 보다 유연한 근무형태와 근무시간을 골라 일할 수 있도록 하기 위해서다. 결과적으로 이는 퇴직률을 크게 낮췄다. 정년퇴직을 포함해 다이킨공업의 퇴직률은 3.5%인데 이는 전체 산업평균14.6%보다 낮은 상태다.

같은 맥락에서 과로사로 연결되는 일본 특유의 장시간근로 문제도 제도적인 해결방안을 강구했다. 단순한 양적 근무시간에 얽매이지 않는 대신 주체·창조적인 능력발휘를 위한 환경조성이 그렇다. 결과는 역시 근로형태의 다양화 카드도입이다. 연구·개발·설계·정보추진 등 전문분야만 아니라 지원·사업부문은 물론 재택·외근 등 사업장 이외 근무도 대상으로 했다. 잔업수당 등 시간수당이 아니라 기본급 및 정액수당으로 지급하는 게 그렇다.

다이킨공업 근로자가 일할 맛 나는 가장 중요한 이유는 역시 돋보이는 고령자 복리후생 정책에서 찾을 수 있다. 사실상 일본 최고 수준이기 때문이다. 덕분에 일본에선 고령근로자 활용을 잘한 대표적인 성공기업으로 자주 평가된다. 〈주간동양경제2010.10.2〉가 70세 정년연장을 커버스토리로 다룰 때 다이킨공업의 기업사례를 3페이지에 걸쳐 심층 보도했을 정도다. 반면 다른 소개기업은 거의 1페이지 분량에 머물렀다.

그도 그럴 것이 다이킨공업의 고령자 근무환경은 비교잣대가 거의 없는 최고 수준이다. 2006년 법률이 정한 정년연장·계속고용재고용·근무연장·정년폐지 중 계속고용제도를 선택했는데 재고용비율이 83%에 이른다. 대부분 고령자가 정년60세 이후에도 계속 일한다는 얘기다.

1991년 도입된 재고용제도는 희망자 전원이 65세까지 일할 수 있다. 고령근로의 뜨거운 감자인 임금체계도 아주 심플하다. 공적연금을 포함해 연봉은 일률 540만 엔이다. 정년 이전과 비교하면 20% 떨어진 데 그쳤다. 보통 정년 이후 연봉이 정년 이전의 50~60% 수준임을 감안하면 상당히 만족스러운 수준이다. 다양한 근무형태를 제공해 선택하게 함으로써 직원배려도 실현했다. 단시간근로와 격일근무, 정상근무 등이 그렇다. 다만 대부분은 현역 시절처럼 9시~5시30분의 정규근무를 택한다.

많은 기업이 그렇듯 문제는 65세 이후다. 기업이 자발적으로 채용하지 않는 한 65세 이후 고령근로를 위한 조치는 아무것도 없다. 게다가 65세까지의 계속고용도 재고용 · 근무연장이 대부분으로 일단 정년퇴직 후 노사협정 · 취업규칙에 따라 선별하는 경우가 적잖다. 이때 평균임금은 정년 이전보다 현격히 줄어든다. 더 일하는 대신 덜 받는 구조다. 그나마 취업자 전원이 65세까지 일하는 기업은 절반 정도에 그친다. 나머진 일하고 싶어도 못한다는 얘기다.

와중에 다이킨공업은 65세까지는 물론 그 이후의 고령근로를 위한 제도장치를 마련했다. 2001년 전문지식과 대량인맥을 보유한 경우 얼마든 일할 수 있는 '시니어스킬계약사원제도'가 그렇다. 2010년 10월 현재 모두 70명이 이렇게 근무 중이다. 최고령자는 72세다. 임금수준은 기본적으로 64세 때와 큰 차이가 없다. 언론이 주목할 수밖에 없는 이유다.

정년 이후 평균연봉
현역 시절 80% 유지

회사가 고령자 근로환경 정비에 착수한 건 역사가 길다. 회사필요에 의한 것이긴 해도 대부분 기업은 생각지도 못한 1975년부터다. 당시 1차 오일쇼크로 판매급감이 계속되면서 공장가동률은 급락했다. 그래서 전국판매망 구축지원을 위해 공장근로자 1,800명 중 600명을 영업으로 돌렸다. 유연성을 갖춘 젊은 사원이 중심이 됐다. 신입사원 채용은 힘들었기에 공장근로자의 고령화는 불가피했다. 이때 고령화대응을 위한 조직개혁에 나섰다. 고령자 고용흡수와 근로자 복지향상 차원에서 ㈜복지서비스를 설립해 물품판매·사택관리·서적보관·차량점검 등의 사업을 시작했다.

고령자라도 편한 자세로 작업할 수 있도록 불편한 근무공간과 중량물 등은 조금씩 제거했다. 1981년엔 고령자대응의 라인개선공사를 마쳤고 이후에도 관련 프로젝트를 다수 진행했다. 풍부한 경험을 완전히 활용토록 하는 하드웨어가 개선된 이후엔 고용제도라는 소프트웨어도 개선대상에 올랐다. 1992년의 경우 본인희망 63세·회사선택 65세의 재고용제도를 만들었다.

근무형태도 등록파견·단시간근무·주3일근무·소호SOHO·프로젝트근무 등으로 다양화했다. 회사관계자는 "고령근로자는 회사의 지혜주머니인데 출세경쟁 같은 것도 없어 조직문제를 정확히 조언받을 수 있다"고 평가한다. 뿐만 아니라 왕년경험을 되살려 경영부진에 빠진 자회사를 회생시킨 고령근로자도 적지 않다. 2010년 3월 현재 6,379명의 종업원 중 60~64세 근로자는 484명에 이른다. 65세 이상도 57명으로 집계된다.

고령근로의 상징 코레이샤(高齢社)
'고령자의, 고령자에 의한, 고령자를 위한 회사'로 유명

일본에는 고령근로를 목적으로 설립한 회사가 많다. 아직은 퇴직사원의 일자리 마련을 위해 기존회사가 관계회사 형태로 설립한 게 대부분이다. 다이킨공업이 고령자 고용흡수와 근로자 복지향상 차원에서 설립한 ㈜복지서비스가 대표적이다. 모회사 및 임직원을 대상으로 한 물품판매·사택관리·서적보관·차량점검 등의 사업구조를 영위한다. 다만 OB취업을 목적으로 한 자회사는 성공모델로는 좀 부족하다. 자주성이 떨어져 경쟁력이 약하기 때문이다.

반면 고령근로자가 뭉쳐 영리추구를 도모하는 회사도 있다. 코레이샤(高齢社)가 대표적이다. '시니어가 시니어를 위해 창설한 주식회사'다. 체력과 경험을 지닌 고령자의 사회활동을 위해서다. 2000년 도쿄가스 OB를 중심으로 설립된 고령자를 위한 인재파견회사다. 입사조건은 60세 이상이며 정년제도는 당연히 없다. 성적표는 좋다. 2003년 매출 3,500만 엔에 파견희망자 80명이던 회사가 2010년 현재 4억 엔에 500여 명으로 성장했다. 취업률은 평균 60%대다. 종업원은 20명이다(2011년). 경기침체에도 불구 비교적 건승했다는 평가다.

사원은 대부분 계약직원이다. 주 2~3일 근무하는 경우가 많다. 가스검침, 품질관리, 수리, 잔업지원 등이다. 사원들은 "연금+α가 가능 하고 삶의 보람을 느끼며 건강까지 키운다"며 대만족이다. 이들의 월 평균소득은 7만~8만엔대다. 전업이 아니니 취미활동을 포기할 이유도 없다. 연령대는 65~74세가 대다수로 75세를 넘긴 고령직원도 있다. 평균연령은 67.5세다. 절대다수가 "하루하루가 일요일"인 연금수급자로 휴일조차 수당증액 없이 기꺼이 일한다. 취업기회 제공 차원에서 한 사람의 일을 두 사람이 나누는 경우도 다반사다.